小学館文庫

逆説の日本史㉕明治風雲編

井沢元彦

小学館

人公の芝居が堂々と上演された「非常識」／冷酷非情な大久保の心の中にも生きていた「怨霊の祟り」への恐怖／怨霊の出現を防ぐもう一つの「手段」とは？／寛政の改革の「迷君」に弾圧された江戸期の落語／言文一致運動にも影響を与えた初代三遊亭圓朝の偉大な功績／国民の知的レベル向上とともに姿を消していった「珍芸」の数々／隆盛をきわめていた「講談」はなぜ衰微してしまったのか？／「祭文」を起源とするがゆえに「差別」されていた浪花節／歌舞伎座での浪花節公演を実現した一人の天才／軍国歌謡に押されて消えていった「反戦歌」としての演歌／西洋近代化よりも「平等社会」への対応が重視された「新しい文化」

第三章／ロシア帝国の横暴と満洲——日英同盟に狂喜乱舞した日本国民

日露戦争への道Ｉ

319

「泥棒に弟子入り」せざるを得なかった大日本帝国の葛藤／「火事場泥棒」のように清国の一部を奪い取ったロシアの横暴／大虐殺事件『アムール川の流血や』が見せつけたロシアの残虐さと狡猾さ／友好的だった国を「魔物」に変えた「頑迷固陋」な幕府外交／「寄らなくてもいい国」に立ち寄ったロシア皇太子の「日本人女性」への憧れ／「大津事件が日露戦争勃発にきわめて大きな影響を与えた」と断言できる理由／ロシアの満洲進出を許したイギリスの「近代帝国主義」／資本主義の欠陥を正し「悪」を清算すべく生まれた「共産主義」の幻影／戦争の歴史的評価を「冷静」かつ「論理的」に考えることの困難さ／国際社会に初めて「人種差別撤廃」を求めた国は大日本帝国だった／「満洲、旅順の次は朝鮮、そして最終的には日本もロシアの餌食に」という恐怖／「臥薪嘗胆」を合い言葉に戦争準備のための増税に耐えた日本国民／イギリスを味方にして日露戦争を勝利に導いた「ニコポン」総理桂太郎／「火中の栗」を拾い帰国した小村寿太郎を守

第一章

明治の文化大変革I

日本語改造計画の悲喜劇

闇に葬られた「日本語廃止計画」

■西洋近代化の流れの中で生まれた小説における「言文一致」運動

昨日は御来訪被下候處、何の風情も之無く失敬仕候

さて、読者の皆さん。これは明治《めいじ》の文豪夏目漱石《なつめそうせき》が友人に出した手紙の書き出しなのだが、お読みになれるだろうか？　団塊の世代も一回り下である私も、こういう文語文は大学の国文学科ででも学んでいない限りは読めなくても不思議では無い。

読み下せば「さくじつはごらいほうくだされそうろうところ、なんのふぜいもこれなくしっけいつかまつりそうろう」となる。意味はおわかりだろう。「せっかく来ていただいたのに、なんのお構いもせず失礼しました」ということだ。

これは漱石が愛媛《えひめ》県松山《まつやま》の尋常中学校から熊本《くまもと》の第五高等学校に赴任する直前に、漱石の同僚だった猪飼健彦《いかいたけひこ》宛に書かれたもので、二〇一四年（平成《へいせい》26）に発見された。最後に添えられている新発見の俳句「死にもせで　西へ行くなり　花曇《はなぐもり》」が、当時の漱石の「失恋」の状況を語るものだとされており文学史的にも貴重な史料だが、ここで問題にしたいのはこれが一八九六年（明治29）に書かれたものだということだ。この松山時代の体験をもとにした小説『坊《ぼ》っちゃん』は、ご存じのようにこんな調子である。

おれと同じ数学の教師に堀田《ほった》と云うのが居た。これは逞《たくま》しい毬栗坊主《いがぐりぼうず》で、叡山《えいざん》の悪僧と云うべき面構《つらがまえ》である。人が叮嚀《ていねい》に辞令を見せたら見向きもせず、やあ君が新任の人か、些《ち》と遊びに来給《きたま》えアハハハと云った。何がアハハハだ。そんな礼儀を心得ぬ奴の所へ誰が遊びに行くものか。おれはこの時からこの坊主に山嵐《やまあらし》と云う渾名《あだな》をつけてやった。（中略）画学の教師は全く芸人風だ。べらべらした透綾《すきや》の羽織を着て、扇子《せんす》をぱちつかせて、御国はどちらでげす、え？　東京？　そりゃ嬉《うれ》しい、御仲間が出来て……私《わたし》もこれで江戸っ子ですと云った。こんなのが江戸っ子なら江戸には生れたくないもんだと心中に考えた。

（『坊っちゃん』新潮文庫）

前の手紙からこの作品まで十年（発表は一九〇六年）の開きがあるのだが、この間は国語上の大変革があったわけでは無い。大変革があったのはもっと前であり、じつは小説の文体と書簡の文体はこのようにまったく違うのが当時の常識であったのだ。ちなみに、この小説のタイトルも今は『坊っちゃん』と表記するが、発表当時は『坊つちやん』であった。仮名の表記も現代とは違うということだ。文体は、冒頭の葉書のような書き方を文語体《ぶんごたい》、小説のような書き方を口語体《こうごたい》と言うが、口語体というのも最近の言葉で明治初期には言文《げんぶん》一致体《いっちたい》と言った。つまり、これも明治期に実行されたさまざまな改革の成果の一つなのだ。ちょんまげをザンギリ頭にしたり、軍服を和服から洋服にするのは目に見える変化である。だから目立つし記録も残りやすい。しかし言葉は、文章として残されたものはまだしも話し言葉は記録に残しにくく、その変化がなかなか実感として感じられない。だから『坊っちゃん』いや『坊つちやん』などは、むしろ貴重な資料と言えるかもしれない。もちろん明治になってもマゲを切ろうとしなかった島津久光《しまづひさみつ》のように、言文一致体は文学の本道では無いとして拒否した文学者もいる。明治の文学者として夏目漱石と並び称される森鷗《もりおう》外《がい》も当初はそうであった。

余がエリスを愛する情は、始めて相見し時よりあさくはあらぬに、いま我数奇《さっき》を憐《あわれ》み、また別離を悲みて伏し沈みたる面《おもて》に、鬢《びん》の毛の解けてかかりたる、その美しき、いぢらしき姿は、余が悲痛感慨の刺激によりて常ならずなりたる脳髄を射て、恍惚の間にここに及びしを奈何《いか》にせむ。

（『舞姫《まいひめ》』岩波文庫）

高瀬舟《たかせぶね》は京都の高瀬川を上下する小舟である。徳川時代に京都の罪人が遠島《えんとう》を申し渡されると、本人の親類が牢屋敷《ろうやしき》へ呼び出されて、そこで暇乞《いとまごい》をすることを許された。それから罪人は高瀬舟に載せられて、大阪へ廻されることであった。それを護送するのは、京都町奉行の配下にいる同心で、この同心は罪人の親類の中で、主立《おもだ》った一人《いちにん》を大阪まで同船させることを許す慣例であった。

（『高瀬舟』岩波文庫）

鷗外の代表作『舞姫』と『高瀬舟』の一節である（旧仮名は新仮名に改めた）。同じ作家の文章とはとても思えないが、『舞姫』は一八九〇年（明治23）、『高瀬舟』は一九一六年（大正《たいしょう》5）に発表された。それぞれ『坊っちゃん』より十六年前と十年後だが、『舞姫』から『坊っちゃん』までの十六年間で言文一致体が普及したということでは無い。むしろ、漱石より五歳先輩だった文久《ぶんきゅう》生まれの鷗外（漱石は慶応《けいおう》生まれ）は、「文学作品は文語体であるべき」という信念を当初は持っており、時代の変化とともにその考えを変えていったということだ。一九一六年と言えばもはや大正五年である。ちなみに、この年に漱石のほうが先にこの世を去った。

問題を整理しよう。

この言文一致運動、つまり「書き言葉」も文語体では無く「話し言葉」であるべきという考え方は、どのような目的で誰が始め、そしてどのように定着していったのか。

一言で言えば、これも明治という時代が国家として民族として西洋近代化を進めていこうという流れの中の現象であった。勝海舟《かつかいしゅう》は幕府軍が負けたのは官軍が「カミクズヒロイ」のような恰好をしてきたからだと述懐した。小銃や大砲を扱いにくい和服にくらべて、洋服は万事機能的だったということだ。じつは国語の面でもそれはあった。西洋では基本的に小説の文章と書簡の文書がまったく異なるということは無い。逆に日本では書簡を書くためには冒頭に示したような特別な語法をマスターしなければならなかった。公家や武士は当然の教養としてそれを持っており、そうした文体（書簡体）で手紙が書けることは教養のある人物の証明でもあった。だからこそ、昭和《しょうわ》になってもそうした習慣は続いた。小説は口語体つまり言文一致体で書いた漱石が、書簡はしばしば文語体で書いたのもそのためである。しかし効率第一が求められ、合わせて四民平等《しみんびょうどう》が進められた明治の世の中では、こうした「旧来の陋習《ろうしゅう》」（「五箇条の御誓文」）は捨て去るべきだと考えた人々も少なからずいたのである。

初めて言文一致という言葉を使ったのは、個人で日本大百科事典とも言うべき『広文《こうぶん》庫《こ》』を編集した博覧強記の国学者物集高見《もずめたかみ》である。その主張を展開した論文のタイトルがまさに『言文一致』であった。じつは言文一致の書物は小説以外まったく存在しなかったわけでは無い。早くも一八七二年（明治5）に出た福澤《ふくざわ》諭吉《ゆきち》の『学問のすゝめ』など、一般大衆を読者に想定した啓蒙書は言文一致体であったし、その後作られた子供向けの教科書、絵入り新聞なども言文一致体であった。また一八八四年（明治17）に落語界で不世出の名人と言われた三遊亭圓朝《さんゆうていえんちょう》口演の『牡丹灯籠《ぼたんどうろう》』が、日本初の速記本（速記者がそのままを書き取って本にしたもの）として刊行された。レコードやCDが無い当時は、ナマで口演を聞く以外に「圓朝」を楽しむにはこれしか無い。そのころになると明治の新体制で教育を受けた子供が大人になっており、読み書きできる新たな読者層が生まれていたのである。

■簡略化と効率化が「自然」に進んだ分野とは？

こうした中、翌一八八五年（明治18）から言文一致を推進することが文芸の近代化にもつながると考えた坪内逍遥《つぼうちしょうよう》が、評論『小説神髄《しょうせつしんずい》』でその方向性を示した。それまで日本の小説と言えば江戸時代の「戯作《げさく》」に類するものしか無かった。そもそも小説というものは東洋社会ではフィクションであるがゆえに単なる「ウソ話」としか評価されず、文芸というよりきわめて下等な娯楽としか見られていなかった。従来の日本にはそうした偏見が無かったことは『源氏物語《げんじものがたり》』や『平家物語《へいけ》』の評価のところですでに述べたところだが、江戸時代に朱子学《しゅしがく》が奨励されたことによって、英語で言う「Nobel」を「取るに足らない小人の言説（小説）」として蔑《さげす》む朱子学的偏見が日本にも蔓延《まんえん》してしまった。

逍遥はこの傾向に断固異を唱え、西洋社会では小説こそ文学の最高峰であり芸術として高く評価されていることを、この『小説神髄』によって初めて日本人に広く知らしめた。当然、日本の小説は西洋の小説を模範として改良されなければならない。そのための技術論も逍遥はこの著作で展開していた。写実主義に徹することだ。小説は写実によって展開する、それが近代小説の特色であり長所でもある。そしてその写実をより精密なものにするためには、西洋では当たり前のように行なわれている言文一致体こそ望ましい、と逍遥は考えたのである。そして逍遥はこの理論の実践を試みた。小説『当世書生気質《とうせいしょせいかたぎ》』を自ら著わして「お手本」を示したのである。

しかし実作者としての逍遥は、評論家としての逍遥にはおよばなかった。そして皮肉にも、この作品の出来に不満を抱いた二葉亭四迷《ふたばていしめい》や山田美妙《やまだびみょう》が、それぞれ小説『浮雲《うきぐも》』や小説『武蔵野《むさしの》』などの作品で逍遥理論を実践したことによって、「言文一致運動」は定着した。

二人の文章は次のようなものである。

途上《とじょう》人影《ひとかげ》の稀《ま》れになった頃　同じ見附の内より両人《ふたり》の少年《わかもの》が話しながら出て参った　一人は年齢《ねんぱい》二十二、三の男　顔色《がんしょく》は蒼味《あおみ》七分《しちぶ》に土気《つちけ》三分どうもよろしくないが秀《ひいで》た眉に儼然《きっ》とした眼付でズーと押徹《おしとお》った鼻筋　ただ惜哉《おしいかな》口元が些《ち》と尋常でないばかり、しかし締《しまり》はよさそうゆえ　絵草紙屋の前に立ってもパックリ開《あ》くなどという気遣いはあるまいが　とにかく顋《あご》が尖って頬骨が露《あらわ》れ（中略）顔の造作がとげとげしていて愛嬌気《あいきょうげ》といったら微塵《みじん》もなし　醜くはないが何処《どこ》ともなくケンがある

（『浮雲』岩波文庫）

この武蔵野は時代物語ゆえ、まだ例はないが、その中の人物の言葉をば一種の体《てい》で書いた。この風の言葉は慶長《けいちょう》頃の俗語に足利《あしかが》頃の俗語とを交《ま》ぜたものゆえ大概その時代には相応しているだろう。

あゝ今の東京《とうけい》、昔の武蔵野。今は錐《きり》も立てられぬ程《ほど》の賑《にぎ》わしさ、昔は関《せき》も立てられぬほどの広さ。今仲《なか》の町《ちょう》で遊客《うかれお》に睨付《にらみつ》けられる烏《からす》も昔は海辺《うみばた》四五丁の漁師町でわずかに活計《くらし》を立てゝいた。

（『武蔵野』岩波文庫）

こう述べてくると、言文一致運動はわりとすんなり定着したように聞こえるかもしれない。確かに小説における言文一致運動は坪内逍遥の賞揚によって大きく進み、一方これといった賞揚者もいないのに文明開化の流れの中で運動が「自然」に進んでいった部分もある。

文章で言えば「電文」である。電信による書簡つまり電報は当然ながら短ければ短いほどいい。軍隊であろうが一般利用者であろうが、短いほうがコストもかからず早く用件を伝えることができる。西南《せいなん》戦争の直前、熊本で政府軍側の司令官の愛妾《あいしょう》だった女性が、西郷軍に呼応する人々に襲われ「ダンナハイケナイ　ワタシハテキズ（旦那はいけない〈死んだ〉、私は手傷）」と電報を打ち、その年の「流行語」にもなったことは以前に述べた（『逆説の日本史　第22巻　明治維新編』参照）。この電文の世界では「略語化」が早くから進み、「チチキトク　スグカエレ（父危篤、すぐ帰れ）」や「イサイフミ（委細文＝詳しいことは手紙で）」といった、それまでの日本語に無かった簡略形を生み出した。また、何よりも効率を重んじる軍隊では、すでに江戸時代末期から号令の分野で「着《つ》け剣《けん》」つまり「小銃に銃剣を装着せよ」といった簡略形が生まれていた。これらは厳密に言えば「口語」そのままでは無いが、その目的は言文一致と同じで無駄を廃し効率的に物事を運び、欧米列強に負けない国家にするということである。

確かにこのような分野もあったのだが、効率的に物事を運び欧米列強に負けない国家にするために、同じ国語改革ながら福澤諭吉、坪内逍遥や森鷗外あるいは夏目漱石が夢にも考えなかった方向に日本を導こうとした人々もじつは存在した。

それは西洋近代化という究極の目的をもっとも効率的に完成するためには、いっそのこと日本語を廃して欧米列強の国語にしてしまえばいいと考えた人々である。

■「英語の国語化」を主張して国民に嫌われた初代文部大臣森有礼

日本語をやめて一切欧米語にしてしまえばいい。もっとわかりやすく言えば、日本語を抹殺し欧米語を国語とする国にすればいい、ということだ。

今ではまったく忘れ去られた「計画」だが、明治の新国家創成期には本気でこのようなことを考えていた人間が、少数ではあったが存在したのである。

いかにも奇想天外に聞こえるかもしれない。しかし明治という時代を、その時代の人間の気持ちになって考えるという、この『逆説の日本史』シリーズでは何度も試みている方法で歴史を考えれば、これは決して奇想天外な考えでは無いということがわかるはずだ。

当時、明治初期の国家を憂える人々がもっとも痛切に考えていたことは何か？　言うまでも無く、西洋近代化つまり欧米列強国家に一刻も早く追いつくことであろう。そのために服装は西洋式にし、官僚制度を整え、鉄道や造船所や製糸工場なども建設し、陸海軍も近代化した。しかし、欧米列強の真の強みはアメリカやフランスのように「出身の身分は関係無く、優秀な人間なら大統領にも大将にもなれる国」ということだ。もちろんそれを達成するために、清国や朝鮮国では不可能であった「四民平等」も達成した。しかし、それまで国家の運営にはかかわり無かった農民や商人の子弟を一から教育して「使える」ようにするには、長い時間がかかる。そして一通り学問の基礎を身につけたとしても、それから先はすべて外国語の世界だ。軍艦の作り方も会社の運営方法も「お手本」はすべて欧米にある。江戸時代においては外国語＝オランダ語であったが、明治以降は大英帝国つまりイギリスが世界を席巻したこと、日本を開国させたのはアメリカであったことなどから、イギリスとアメリカの両国で使われている英語こそ、日本人がもっとも習得すべき外国語であるということになっていた。幕末、福澤諭吉が横浜の新開地にやってきて英語の看板だらけなのを見てオランダ語はもう駄目だと悟ったように、明治初期の日本ではフランス（後にドイツ）に多くを学んだ陸軍を例外として、英語習得こそ西洋近代化の最大のポイントだと認識している人間が多かったのである。

つまり教育を施す立場から見ると、まず国民を日本語で教育し読み書きが一通りできるようになったら、今度は必ず外国語それも英語を学ばせなければならないということになる。日本語と英語はご存じのように発音も文法も文字もまったく異なり、一から学ぶのは結構難しい。現代の日本ですら、英語をいかに使える形で身につけるかということは社会的な大きな課題だ。今なら翻訳技術の発達によって英語が読めなくても、あらゆる文化や技芸を学ぶことができるが、昔はそうした「土壌」が一切無い。そんな状況の中で一刻も早く西洋に追いつかねばという切実な危機感(外国の植民地にされてしまうかもしれない)を抱いて教育部門を担当していれば、「いっそのこと小学生から英語を学ばせ、日本語のような『旧来の陋習』は廃絶し国語自体を英語にしてしまえば、あらゆる問題はすべて解決する」と考える人間がいても不思議は無いではないか。少なくともそういう考えが奇天外で無い、ということは理解していただけるだろう。現代の日本でも、子供を日本の小学校では無く英語が共通語のインターナショナルスクールに通わせたり、日本の企業にもかかわらず社内の公用語は英語とするような会社もあるのだから、この考え方には賛成では無くても理解はできるはずである。

そして本気でその路線を進めようとした代表的人物は、後に大日本帝国の初代文部大臣にもなった森有礼《もりありのり》であった。一八四七年（弘化《こうか》4）に薩摩《さつま》藩士の子として生まれた森は、薩英戦争（1863年）も体験している。若いころ国事に目覚めたのは林子平《はやししへい》の『海国兵《かいこくへい》談《だん》』を読んだのがきっかけである。前にも述べたように、この本は「迷老中」松平定信《まつだいらさだのぶ》によって回収され版木《はんぎ》まで燃やされてしまったのだが、手書きされた写本があちこちに残されていたのだろう。そこで多くの若者が敬遠した海外留学生募集にも積極的に応募したらしい。そしてイギリスついでアメリカに留学し、一八六八年（明治元）に帰国すると新政府に迎えられたが、武士階級の廃刀《はいとう》を建言して激しい反対に遭ったため辞任した。記録には無いが、おそらくこのまま日本にいてはその身が危険だと政府部内の多くの人々が判断したのだろう。森の能力は大久保利通《おおくぼとしみち》や岩倉具視《いわくらともみ》によって高く評価されていた。そこで再び外交官として採用され直ちにアメリカに派遣されることになった。熊本の神風連《しんぷうれん》が廃刀令に断固抗議し日本刀を持って官軍と戦ったのは一八七六年（明治9）であり、明治元年の段階で廃刀を建言した森がいかに過激な改革論者だったかがわかる。

一八七三年（明治6）、帰国した森は外務官僚として清国公使、外務卿代理などを歴任する一方で帰国早々、明六社《めいろくしゃ》を設け、『明六雑誌』を発行して世論を喚起した。明六社とは、日本最初の近代的啓蒙学術団体で、百科事典では次のように説明されている。

アメリカから帰国した森有礼が、西洋の知識人のように〈ソサエチー〉を組織して、協力して学問を進め、公衆を啓蒙することを提案。同年秋には、森を社長とし、西村茂樹、津田真道、西周、中村正直、加藤弘之、箕作秋坪、福沢諭吉、杉亨二、箕作麟祥が加わって活動を始め、この年明治6年にちなんで〈明六社〉と称した。
（『世界大百科事典』〈平凡社刊〉より一部抜粋　項目執筆者松沢弘陽）

では「明六雑誌」とはどのようなものかと言えば、明六社の機関誌として、

哲学、宗教（キリスト教採用論）、教育、社会一般（男女同権論や死刑廃止論など）、経済諸問題などの広範囲にわたる学術的論文を掲げ、（中略）寄稿者は明六社社長森有礼以下、西村茂樹、津田真道、西周、中村正直、加藤弘之、福沢諭吉、箕作秋坪、箕作麟祥らで、大半は旧幕府開成所出身の洋学者である。
（前掲書より一部抜粋　項目執筆者山口順子）

というものであった。

森が現役の官僚ということもあり、政府批判という点では一線を画していた。たとえば、

板垣退助《いたがきたいすけ》が進めていた民撰議院設立については批判的だった。そのため政府の言論弾圧策である讒謗律《ざんぼうりつ》の制定などを受け自主的に廃刊した。そんな状況の中で、国民の啓蒙を目的とする『明六雑誌』がもっともその目的に貢献したのは、男女同権論だったかもしれない。森自身この雑誌の創刊から廃刊まで六つの論文を寄稿しているのだが、その最後にして最大の傑作と評されるものが『妻妾論《さいしょう》』である。「夫婦ノ交（まじわり）ハ人倫ノ大本ナリ」の書き出しで始まる論文は、日本における西洋近代化の中で唯一改革がおよんでいなかったと言ってもいい妻妾制度、つまり男が家系を維持するために正妻の他に側室を持っていいこと、そして正妻に子の無い場合は側室の子が後継者となるのが当然であるという慣習を、これは近代国家（それはキリスト教国家ということなのだが）の一夫一婦制の原則を無視した、きわめて野蛮なものだと手厳しく批判したのである。

■森は熱心なキリスト教徒で「神道の敵」だったのか？

これも考えてみれば、この時代にしてはかなり過激な議論である。廃藩置県《はいはんちけん》でかつてのような力を失ったとは言え、旧薩摩藩の最大の実力者「国父《こくふ》」島津久光は、側室お由羅《ゆら》の方《かた》の子である。もちろんその取り巻きもたくさんいる。そうした中、薩摩藩では身分の低い侍の子であった森がそのような意見を発表したことには、かなり強い反発があっただろう。森は一八八九年（明治22）に国粋主義者の手によって四十三歳にして暗殺されるのだが、その直接の理由は「伊《い》勢《せ》神宮《じんぐう》参拝において不敬行為を働いた」との新聞報道を、犯人が信じたことにあった。ところがそれは、キリスト教に好意的であった森に反感を抱き、神道の敵ととらえた伊勢神宮神官の流したデマであった。

　伊勢神宮の内宮《ないくう》を参拝した経験のある方はご存じのように、本殿の正面には白布の御帳《みちょう》が垂らされ中が見えないようになっている（下写真参照）。そこは神聖な空間であって、参拝者は側門から入らねばならない。森は初めての体験でそのことを知らなかった。そこで神官はさもそこが入り口であるように森を誘導した。

　森は、何等狐疑することなく、そのまま内部に参進しようとしたが、傍に蹲っていた神官に押し止められ、一、二言、言葉を交わしたあと、引き下って神前に向

伊勢神宮（写真は内宮。写真提供／aouei/PIXTA）では、令和の現在でも正殿に「御帳／御幌（みとばり）」と呼ばれる白い布が掛けられており、門を開いたときに正面が見えないようになっている

かい直立最敬礼をなし、そのまま退出したのである。

（『森有礼』犬塚孝明《いぬづかたかあき》著　吉川弘文館刊）

つまり森は、それなりの礼をちゃんと尽くしているのである。にもかかわらず、

事件は神官の手で巧みに捏造《ねつぞう》されて、文部大臣の不敬行為として世間に喧伝された。森が土足の儘で昇殿した、あるいは御帳をステッキで掲げて内部を覗いたといった類のデマが飛んだのである。

（引用前掲書）

森有礼研究の第一人者である犬塚孝明はこのように断じている。

こんなデマによって森は殺されてしまったわけだが、そのようなデマを捏造されるほど森が国民の一部から、いや、かなりの部分から憎まれていたことは事実なのである。『ベルツの日記』で有名な日本医学の基礎を築いたドイツ人エルウィン・フォン・ベルツは、その日記に犯行直後に森の部下に斬殺された犯人西野文太郎《にしのぶんたろう》の墓に参拝者が殺到していることを、苦々しい筆致で記録している。

多くの人は今でも森が熱心なキリスト教徒だったと思い込んでいるが、じつはその確証は無い。渡米時、キリスト教の団体に所属していたことから、キリスト教徒だと断ずる向きもある。しかし、彼は一面で熱烈な皇室崇拝者であった。だからこそ伊勢神宮にも参拝したし、大日本帝国憲法の発布も文部大臣として大いに祝賀の意を表した。ちなみに、森が外交官としてイギリスでの任務を終えた時、帰国にあたってインタビューした新聞に次のような感想を述べている。

日本人のこの熱烈な国家への愛着――時や距離をも弱めることのできないこの愛着が、なぜ、どうしておこるのか私にはわかりません。でも、おそらくそれは二つの大きな原因によるものだと思います。一つは、二千五百年間にわたって、日本がかつて一度も征服民族の支配下におかれなかったという事実――その全時代を通じて、日本は自由で征服されたことはなかったのです。そして、そのような事実は、われわれ日本人がつねに誇りをもって思い出すものの一つなのであります。第二は、同じ二千五百年の間、われわれが同じ王朝のもとにとどまっていたということです。

（引用前掲書）

いわゆる「ゼロ戦」つまり大日本帝国海軍の零式《れいしき》艦上戦闘機の命名の由来は、それが正式採用された昭和十五年（1940）が皇紀《こうき》（日本紀元）ではちょうど二千六百年だったからだが、そもそもキリスト教徒はこの紀元を認めない。これは日本の神話「神武《じんむ》天皇の創業」に基づくものであり、キリスト教徒とは本来「キリスト暦」（西暦）を使う。日本の新聞相手だったら媚《こ》びを売るためにわざわざ皇紀を使うことがあるかもしれないが、これは外国の新聞に載った英語の記事なのである。今と違って、そんなものを読める日本人はほとんどいない。それに、そもそも森有礼という人物がそんな姑息なことをする人間では無いことはもうおわかりだろう。つまり森は天皇崇拝という日本の伝統に決して異を唱えたわけでは無いのである。

しかし、熱心な男女同権論者であったがゆえに、結婚式も「契約結婚」と称し新郎新婦がそれぞれ対等な結婚契約書にサインするという方式で結婚した。もちろん離婚も自由である。これもキリスト教徒だと誤解される原因にはなったに違い無い。実際最初の妻とは、詳しい原因は不明だが結婚契約に基づいて離婚し、新しく岩倉具視の五女を妻に迎えている。岩倉具視が娘との結婚を認めるぐらいだから、森が国粋主義者に蛇蝎《だかつ》のように嫌われるほどの人物では無かったことは確実なのだが、どうも誤解されやすい人間というのは今も昔もいるということか。

やはり森が一部の人間から徹底的に嫌われたのは、国語を日本語から英語にしてしまおうという論者であったからだろう。

では、それは具体的にはどのようなものだったのか?

■実現しなかった日本語の「漢語排除」と「ローマ字表記」

前年の十二月二十六日付のワシントン・スター紙は、森公使が日本政府に対し、漢文の教授を禁じ、これに代えるに英語をもってすべきことを建議、さらに日本人が言語のみならず、結局は米国の生活様式や習慣をも採り入れることになろうと、信じて疑っていないようだと報じている。

（引用前掲書）


「前年」とは一八七一年すなわち明治四年で、あの岩倉使節団すらアメリカに着いていない。こんな早い段階から森はアメリカ駐在の公使(正確には少弁務使)として、得意の英語を生かしさまざまな活動を行なっていたのである。そして翌一八七二年（明治5）、森はエール大学の言語学教授ウィリアム・ホイットニーに日本語に替えて英語を国語にする、「日本語廃止論」の試案を送って講評を求めた。森の期待に反して、ホイットニー教授の返事は日本語廃止には否定的だった。その原文は手元に無いのだが、日本語に訳したものが

『明治文化全集』（日本評論社刊）の第十八巻「教育編」に記載されている。これがなかなか興味深い史料なので、少し詳しく紹介したい。

まずホイットニーは日本の明治維新を「僅々數暮《きんきんすうぼ》ノ間一鞭《かんいちべん》疾《と》ク馳《は》セテ文明ノ域《いき》ニ進ミ、其擧動《そのきょどう》ノ神速《じんそく》ナル天下ヲシテ相顧《あいかえり》ミテ瞠若《どうじゃく》タラシム（わずかの間に文明〈西洋文明〉の水準に到達したことは、その神速とも言うべき驚異的なスピードで世界を驚嘆させた）」として、これは「近世史ノ一大要事《いちだいようじ》」「古今《ここん》ノ一大變《いちだいへん》」だと絶賛している。もちろん、これは好意を持つ相手に対する手紙の「型」と言うべきもので、最初にまず相手を褒《ほ》めて気分よくさせてから、肝心の用件に入ろうという外交辞令の要素はある。しかし、正直な感想でもあっただろう。なにしろ、維新直前まで「異人斬るべし」と目じりをつり上げていた連中が、あっという間に洋式軍隊を運営するようになったのだから。

その次は本音が出てくる。「英語ノ日本支那《にっぽんしな》ノ語言《ごげん》（＝言語　引用者註）ニ優レル、固《もと》ヨリ論ヲ俟《ま》タズ（英語が日本語や中国語よりも言語として優れているのは言うまでも無い）」とホイットニーはまず断言する。ここでちょっと疑問なのは、彼は本当に日本語と中国語の違いを認識していたのだろうか、ということだ。日本語と中国語はともに同じ漢字（古代中国文字）を用いるところから、同じような言語だと誤解している人は今でも世界で少なく無いが、じつはまったく違う。中国語は文字の問題を除けば文法や語法はむしろ英語に似ている。I love you. は中国語で我愛你《ウォーアイニー》であり、我（I）愛（love）你（you）のように単語が同じ順番で対応している。日本語の「私はあなたを愛します」のように「て、に、を、は（助詞）」は必要無い。英語以外は十把《じっぱ》ひとからげで同じということかもしれないが、言語学的に見て英語に近いのはむしろ中国語だろう。

ホイットニーがそう考えなかったのは、中国語には原則としてアルファベットのような表音文字（漢字のように字の形で表現する表意文字では無く音声を表わす文字）が存在しなかったからかもしれない。確かに、電報一本打つのもカタカナやハングルなら簡単だが、漢字しかないとてつもなく難しくなる。すべての漢字に番号をつけて処理するなど、特別な工夫が必要になるからだ。そこのところがホイットニーは「英語にくらべてはるかに劣る」と思ったのかもしれない。そして、次のように言う。

支那《しな》語言《ごげん》、日本ノ語言中《ごげんちゅう》ニ浸潤《しんじゅん》スルモノ多ク、其害擧《そのがいあげ》テ言フベカラズ。之《これ》ヲ驅除《くじょ》シテ之ヲ去ルハ、亦《ま》タ日本ノ利《り》ナリ。

（『明治文化全集　第十八巻』）

日本語には長年中国語からの「浸潤ノ害」つまり悪影響が多い。それを駆除することは日本にとって利益になる、具体的に言えば、「攘夷《じょうい》」や「王者《おうじゃ》」あるいは「官僚」など漢語（中国語）を日本語（大和言葉）に訳さないでそのまま使っていることが、これからの日本の発展にはマイナスになる、という判断である。

なぜそうなのか？　それは中国語が劣った言語であるからだ。それゆえにホイットニーは日本語を書くのにアルファベットを使う。つまり「ローマ字表記」は大いに推奨している。と言うのは、そうすれば漢語の代わりに英語を簡単に「日本語」として使うことができるようになるからだ。このことはちょっとわかりにくいと思うので、具体例を示すと、

天皇が治める国である日本は商いや取り引きを盛んにし国を豊かにしなければならない。

というような文章があったとする。これを日本人は漢語を取り入れることにより、

大日本帝国は経済を盛行させ富国への道を実行すべきである。

というような形で簡略化してきた。言うまでも無く、「帝国」「経済」「富国」「実行」が漢語である

しかしホイットニーはそのような形では無く、漢語の代わりに英語で、

Nihon empire wa economy wo diffuse site rich country wo practice subekida.

という形にすべきとしたのである。ローマ字表記だとempire、economy 、diffuse、rich country、practiceといった英語がそのまま使え、同時に漢語を排除することができる。子供のころからこういった形で英語に馴染《なじ》んでいれば、大人になって英語学習する際も語彙《ごい》の相当数は身についているから覚えやすい。そしてホイットニーは、将来英語がしゃべれるようになるために「正純諧音ノ切韻法」つまり英語の正しい発音の基準となる「書典」を作れとも提言している。

しかし、森がもっとも望んでいた「日本語廃止」についてはホイットニーはまったく否定的であった。

一國《いっこく》ノ人民《じんみん》ヲ擧《あげ》テ同《おな》ク開明《かいめい》ニ進マシメント欲《ほっ》セバ、必《かなら》ズ先《ま》ヅ自國《じこく》ノ方言《ほうげん》ニ由《よ》リ、漸《ぜん》ヲ以《もっ》テ磨練《まれん》スベシ。若《も》シ初メヨリ新異《しんい》ノ語言ヲ用ヒテ之ヲ求メバ、是レ猶《な》ホ木ニ縁《より》テ魚

ヲ求ムルガ如《ごと》ク、學《がく》ヲ修《オサ》ムルノ暇《いとま》少《すく》ナキ者《もの》、其學《そのがく》進《すす》ム事《こと》ヲ得《え》ズ。或《あるい》ハ終《つい》ニ學《まな》ブコトヲ得《え》ザラントス。

（引用前掲書）

〈大意〉

一国の国民を挙げて近代化を進めようとするならば、まず自国語（方言）で国民を教育し教育水準を上げていくべきだ。もし初めから（子供たちにとって）まったく未知の言語を使用すれば、「木に縁りて魚を求む」の諺《ことわざ》のように本来の目的を達成することはできない。とくに学校へ来る時間の無い子供たちは、学問を進めることもできず、ついには学問そのものができなくなってしまう。

このように、ホイットニーは森がもっとも望んでいた日本語廃止論は完全に否定した。

さて、読者の皆さんはこのホイットニーの意見をどう考えるだろうか？　確かに英語を身につけることを教育の第一目的とするならば、「Nihon empire wa economy wo diffuse site」などという表記法はひょっとしたら今でも有効かもしれない。しかし、明治以降の日本はこの方法とは完全に逆の方向にいった。漢語を排除するどころか、「経済」もそうだが「宗教」「保険」「関数」などといった新しい漢語（これも正確には和製漢語と言うべきものだが）を次々に生み出し、国語の改造を進めていった。中には新造語では無く、中国で古くから使用されていた漢語に新しい生命を与えたものもある。たとえば「共和」あるいは「共和国」がそれで、これは古代中国では「列侯会議」を意味したが幕末から明治にかけての日本人が、これに「国王のいない国」の意味を与えた。そのリニューアルがいかに的確なものだったかは、漢語の本場中国が現在その言葉を国号（中華人民共和国）として採用していることでもあきらかだろう。しかし、その道をまったく否定するホイットニー的な考え方もあったのである。

■三種類の文字を混ぜ合わせねば文章が書けない日本語は「あらゆる意味で非能率的」

何度も述べていることだが、われわれはついつい歴史を結果から見る。たとえば幕末において薩摩藩と長州《ちようしゆう》藩の同盟が幕府を圧倒したのは事実である。しかし、それがすんなり成立したと思ってはいけない。あの「マイナスの英雄」徳川慶喜《とくがわよしのぶ》がもし島津久光を味方につけていたら、維新は起こってもそれは薩長同盟によるものでは無く幕府と薩摩の連合によるものだったかもしれないのだ。久光は保守主義者で、「祖法《そほう》」を守って幕府を盛り立てようと考えていた。客観的に見れば、幕府そして将軍慶喜にとってもっとも頼もしい味方となるはずの勢力が薩摩藩であった。だが、なぜか慶喜は久光を徹底的に嫌い、その結果久光を薩長同盟の方向に走らせてしまった。逆に言えば、薩長同盟では無く薩幕連合の可能性が、歴史の分岐点にはあったのである。

この国語の問題もそうだ。先に述べたように、当時の日本人がそれこそ上から下までっとも意識していた国民的課題は、一刻も早く欧米列強に追いつくこと、言葉を換えて言えば西洋近代化を実現することだった。しかし、その「お手本」はすべて英語やフランス語など欧米の言葉で書かれている。ならば日本民族が手っ取り早く英語を身につけるために、小学校教育から日本語教育などやめてしまい、英語教育一本に絞ればいいではないか、という考え方があっても不思議は無いではないか。それゆえ薩幕連合ほどでは無いが日本語廃止という考え方も、歴史の分岐点には有力な可能性の一つとして存在したのである。

そこで、初めて疑問が出てくるかもしれない。では、なぜ日本人は森の望んだ道を選択しなかったのか。「そんなの当然じゃないか」とおっしゃるかもしれないが、なにが「当然」なのか？

実際問題として現在でも日本語の表記はかなり面倒くさい。この稿を書くのに私は通常の三倍の時間を要した。ひらがな、カタカナ、漢字がほぼ均等に入り交じっていたからだ。世界的に見ても三種類の文字を混ぜ合わせねば正規の文章を書けないという言語は日本語以外に無いはずである。通常、表音文字のある言語は覚える文字が少なくて済む。英語ならアルファベット二十六文字でどんなことでもすべて表現できる。ところが、日本語には、ひらがな、カタカナという表音文字があるにもかかわらず、漢字を相当数（常用漢字なら２１３６）覚えなければまともな文章は書けない。外国人で日本語の会話は達者だが読み書きは完全で無いという人はかなりいる。もうお気づきだろうが、欧米語ではこういう事態はあまり考えられない。外国人が「日本語は難しい」という理由の多くはここにある。

他の言語より読み書きを習得するのに時間がかかるということは、それを日本語の欠陥と考えてもあながち見当外れとは言えないだろう。それは外国人であれ日本人であれ、同じことである。森にはあきらかにそれを改良しようという意識があった。ホイットニーの意見ももちろんそうだ。またこれは大正時代に入ってからのことだが、「カナモジカイ」という国語改良団体も生まれた。

日本語文の表記を漢字交じりで行うのは、あらゆる意味で非能率的であるから、日本語を書き表すにもっとも機能的な「カタカナ」（とアラビア数字）だけにより、左横書きにするのがよい、と主張し、その実行を推進する団体。実業家山下芳太郎（よしたろう）（1871―1923）のカタカナ改良案（1914）に始まり、「仮名文字協会」として発足（1920）し、のち改称した。（以下略）

（『日本大百科全書〈ニッポニカ〉』小学館刊　項目執筆者林巨樹）

「あらゆる意味で非能率的」。そのとおりではないか。だからこそ、あらゆる文書をアルファベット二十六文字で表記できる欧米文化圏には古くからタイプライターがあり、原稿などを手書きする必要は無かった。日本で作家が「機械」で原稿を書けるようになったのはワープロという電子機器が生まれて以後のことだ。それもこれも日本語の非能率性が原因である。作家で「小説の神様」などと讃えられた志賀直哉《しがなおや》は終戦直後、当時もっとも影響力があった雑誌『改造』に「日本は思い切ってフランス語を国語に採用すべし」という趣旨の「論文」を発表している。滑稽《こっけい》と言っていいと思うが、志賀自身はフランス語は話せなかったという。しかしなぜそんなことを言ったかと言えば、長い文筆生活で日本語が不完全だと痛感したからだという。日本を代表する文学者にここまで言われてしまうとは日本語も「いい面《つら》の皮」だが、ここで読者の疑問はますます深まるのではないか。では、なぜ日本人は日本語廃止はともかくカナモジカイの運動をもっと強く支持しなかったのか？

それを考える絶好のヒントとなる事実が隣国にある。

■民族の古典や歴史を縁遠いものにしてしまう「漢字追放」の弊害

「あらゆる意味で非能率的」で、三種類の文字を混ぜ合わせねば正規の文章を書けない「日本語」。そうなった最大の原因は、日本語が当初は文字を持たず、日本文化が文化として成熟し完成する前に漢語（中国語）が入ってきて、日本語の不じゅうぶんな部分を「補ってしまった」ということだ。

理、義、恩、智、学、礼、孝、信、徳、仁、聖、賢……、これらはみな抽象的な概念である。目に見え手でつかめるものではない。（中略）日本語は、みずからのなかにまだ概括的な語や抽象的なものをさす語を持つにいたっていない段階にあった。日本語が自然に育ったならば、そうしたことばもおいおいにできてきたであろう。しかし漢字がはいってきた——それはとりもなおさず日本語よりもはるかに高い発達段階にある漢語がはいってきたということだ——ために、それらについては、直接漢語をもちいるようになった。日本語は、みずからのなかにあたらしいことばを生み出してゆく能力をうしなった。

（『漢字と日本人』高島俊男著　文藝春秋刊）

モノにたとえれば国内で日本酒が造られるようになる前にワインが入ってしまい、日本でサケと言えばワインのことになってしまったということだ。この状態でワインを廃すれば文化の中からサケが無くなってしまう。おわかりだろうか。日本語から漢字（漢語）を無くすということは結局そういうことになってしまうのだ。

と言っても抽象的でなかなかわかりにくいだろうから、実例を挙げよう。じつは「三種類」では無いが「二種類」の文字を混ぜ合わせないと正規の文章を書けない国が日本の他にもあった。お隣の韓国そして北朝鮮である。そもそも朝鮮語は日本語と語順や文法などがきわめて似通っているし、歴史も似ている。朝鮮文化が文化として成熟する前に漢語が入ってきたということだ。そこで当初はエリート層は少なくとも読み書きは中国語、庶民はハングルという使い分けがあったが、これでは新しい時代にそぐわないと日韓併合以後は日本の強い影響を受け、ハングルと漢語を混ぜ合わせた文章で国語を表記してきた。

しかし、一九四五年（昭和20）の日本の敗戦によって独立した韓国では「ハングルこそ人類最高の文字」という自国文化への過大評価と、「漢語交じりの文章は非効率で日本文化の悪しき遺産」という批判が高まった。この方向に国民を扇動することによって、当時の李承晩《イスンマン》大統領は戦前の日本の同化政策の影響を徹底的に排除しようとした。その意図のもとに成立したのが一九四八年施行の「ハングル専用に関する法律」（ハングル専用法）である。これは韓国の公文書はすべてハングルで書くことを義務づけたものだが、ただし書きがあって当面の間は漢字表記も併記することが許されていた。日本で言えば、まさにカナモジカイの主張のように、すべての公文書をひらがなで表記させるようなものだから、いきなりすべて切り替えても大混乱が生じると考えたからだろう。しかし、ここで韓国は漢字廃止の方向へ大きく舵を切ったのである。しかしこれがとんでもない事態を招いた。

「放火」と「防火」がハングルではまったく同じ「パンファ」になってしまう。日本人が「こうえん」と聞いて一瞬で公園か講演か分かるのはその漢字を知っているからです。「パンファ」では頻度の少ない「防火」のほうが文字どおり（笑）消えることになるでしょう。

（『笑韓《しょうかん》でいきましょう』高信太郎《こうしんたろう》著　悟空出版刊）

笑い事では無い。たとえば日本語で「こうし」と発音する言葉は、公使、講師、格子、光子、公私、子牛、厚志、後嗣など頭に浮かんだものを書いていくだけでもこれだけあるから、これが漢字が廃止され全部ひらがなで書かれているとなにがなんだかわからなくなる。

「貴社の記者は汽車で帰社した」という古くからある言葉遊びも、もとの漢字を全部知っているから可能なのである。子供のころから「きしゃのきしゃはきしゃできしゃした」という記述法しか習っていない人間では、この文章の正確な意味を知ることはできない。カナモジカイの主張のように分かち書きしても「あの　こうし　の　こうし　は　じつにすばらしい」は、「公使の高志」なのか「講師の厚志」なのか、それとも「孔子の後嗣」なのか、さっぱりわからなくなる。ハングルの世界でも事情はまったく同じで、漢字を廃止すればこんな状態になってしまうのである。

つまり高信太郎が書いているように、漢字追放をやると結局代表的な一つの言葉だけが選ばれ他は使われなくなってしまう。日本語で言えば、「こうし」が「公使」に限定されると、他の同じ発音の「こうし」は、講師も格子も光子も公私も子牛も厚志も後嗣も日本語から抹殺されてしまうということだ。もちろんどうしても必要なことは、言い換えることによって残せないわけでは無いが（たとえば孔子は「こうじ」と読ませる）、こうした措置には限界があり、結局「語彙」が少なくなる。しかも表意文字である漢字は見ただけで意味がわかるが、ひらがなではそうはいかない。「きしゃのきしゃはきしゃできしゃした」のように、きわめて読みにくくなってしまう。

それはかりでは無い。最大の問題は、民族の古典がきわめて遠いものになってしまうということだ。
次の文章を見ていただきたい。

A

楠、これを最後と思ひ定めたりければ、嫡子の正行が十一歳にて、これも供せんとてありけるを、桜井の宿より河内へ返し遣はすとて、泣く泣く庭訓《ていきん》を遺しけるは、「獅子は、子を産んで三日を経《ふ》る時、万仞《ばんじん》の石壁より、母これを投ぐれば（以下略）
（『太平記《たいへいき》〈三〉』第十六巻「正成兵庫に下向し子息に遺訓の事」兵藤裕己《ひろみ》校注　岩波書店刊）

『太平記』の有名な一節で、獅子は子が生まれると千仞《せんじん》の谷に蹴落とし這い上がってきた子獅子だけを育てるというエピソードを語るところだが、これがもし完全にひらがなで書かれていたらどうだろう?

B

くすのき　これ　を　さいご　と　おもひ　さだめたり　ければ　ちゃくし　の　ま

さつら　が　じゅういち　さい　にて　これも　とも　せんとて　ありける　を　さ
くらい　の　しゅく　より　かわち　へ　かえし　つかはす　とて　なくなく　てい
きん　を　のこしけるは　「しし　は　こ　を　うんで　みっか　を　ふる　とき
ばんじん　の　せきへき　より　はは　これ　を　なぐれば

想像してみてください。子供のころから仮に『太平記』いや『たいへいき』を読んでいたとしてもBのような文章しか知らなければ、本当の原典であるAを読む人はほとんどいなくなるだろう。仮に大学の文学部に進学して原典を学ぼうとしても、子供のころからまったく漢字に触れたことが無いのだから、ちょうど日本語を習う現代の外国人のように漢字を二千字近く覚えるところから始めなければならない。それは活字体の漢字ということだが、「ナマ」の古文書は草書体（崩し字）で書かれている。子供のころから漢字に親しんでいれば草書体にも楽に入っていけるが、この状態ではそうはいかない。また、漢字交じりの文章で書かれているのは古典だけでは無い。歴史上のほとんどの文章はそうなのだから、歴史の研究にも「漢字を知らない」ことはきわめて大きな障害になる。

韓国ではこの弊害が出ている。実際に漢字が読めない世代がいて、古典や歴史からどんどん遠ざかっているのだ。これではならじと、漢字教育を復活させようという人々もいるのだが、そういう人々はしばしば「親日派」つまり「悪人」のレッテルを張られてしまう。理由はおわかりだろう。そもそも「日本統治時代の悪しき習慣」だとして漢字廃止を実行してきたからだ。そういう政治的レッテルを張ってことを行なったから、真に韓国の文化的将来を心配している人々をも排除してしまったのである。

■「日本語が死ぬ可能性」もあった「ローマ字表記」への統一

そもそも「日本統治時代に行なわれたことはすべて悪」などという、歴史上の真実とはまったく異なることを土台にしたキャンペーンだからそういうことになる。デタラメな歴史をゴリ押ししようとすると、結局自分の国の現状を直視しようという姿勢も失われる。戦前の大日本帝国も同様の過ちを犯した。神功皇后《じんぐうこうごう》の神話を信じて「朝鮮半島は日本の固有の領土」と考えたことだが、その大日本帝国のやったことは「すべて悪」と決めつけている現代の韓国がやっている漢字廃止は、彼らが批判してやまない大日本帝国と「同様の過ち」であり、こんなに矛盾した姿勢は本来あり得ない。では、なぜそのことに気がつかないのかはすでに述べた。現状を直視せず真実の歴史を見ないからである。

幸いにして日本にはまだ現実を直視し真実の歴史を見る人がいる。その一人である前出の『漢字と日本人』の著者高島俊男は、漢字は日本語にとって「からだに癒着した重荷」

であるとしたうえで、次のように結論づける。

しかし、この重荷を切除すれば日本語は幼児化する。へたをすれば死ぬ。（中略）腐れ縁である。——この「腐れ縁」ということばは、「くされ」が和語、「縁」が漢語で、これがくっついて一語になっている。日本語全体がちょうどこの「腐れ縁」ということばのように、和語と漢語との混合でできていて、その関係はまさしく「腐れ縁」なのである。

日本語は、畸型のまま生きてゆくよりほか生存の方法はない、というのがわたしの考えである。

（『漢字と日本人』）

大変厳しい、ある意味で「不愉快」な結論であるが、私も賛成だ。現実を直視するというのはそういうことである。

ここで、話を歴史つまり森有礼の「日本語廃止計画」に戻せば、計画そのものだけでなく、その第一段階であった「日本語のローマ字表記」ですら、日本語の特性から見ればあきらかにやらないほうがよかったということだ。日本語は「へたをすれば死ぬ」可能性もあったのだから。

ひょっとしたら森はこの可能性を認識していたかもしれない。彼の目的は「日本語を殺す」ことだから、「ローマ字表記」はその第一歩としてきわめて有効だと考えていたかもしれない。しかし、森の計画に反対した人はここまでの可能性を考えて反対したのだろうか？　つまり日本語廃止は論外だが、ローマ字表記にする（まず漢字を廃止する）だけでも、「日本語が死ぬ可能性」があると考えて反対したのかどうかということである。

何度も言うが、われわれはつい歴史を結果から見る。明治政府は戦後の韓国政府のような「危険」な国語改革には踏み切らなかった。具体的に言えば、韓国が「日本統治時代の悪習である漢字交じりの表記をやめハングルに統一」したように、「旧来の陋習を改め日本語をローマ字表記に統一」はしなかった。そのことをわれわれは今「当たり前」のことだと思っているが、幕末から明治にかけては西洋近代化の推進がもっとも重要な最優先の国家的課題であり、国民全員がそれを自覚していたと言ってもいい時代なのである。衣服も制度も習慣も可能な限り西洋化した。ならば国語の面においても日本語廃止はともかく、ローマ字表記はもっと大胆に実行され、たとえば戦後の韓国が制定した「ハングル専用法」のような公文書や教科書はローマ字表記とするなどという法律が実施されても不思議は無いではないか。それを推進した人が皆無だったというならともかく、後に文部大臣にまでなった森有礼が実現しようと奔走していたのである。そういう明治前半期の事情を考えれば「日本語のローマ字表記」が公の制度として採用されなかったことは、きわめて不思議だと考えなければいけない。それが歴史を見るセンスである。

もう一度、問題を整理しよう。日本語は三種類の文字（ひらがな、カタカナ、漢字）を混ぜ合わせなければ正規の文章が書けないという、きわめて非効率な言語である。そして明治は逆に、そうした日本的な非効率性を廃止し西洋近代化を推進することが、もっとも重要と考えられた時代である。では、それでも日本語のローマ字表記が一般化しなかったのは、前出の高島俊男が指摘するような危険性があると日本のエリートたちが判断したからなのか？

冷静に考えればそうでは無いことがわかるはずだ。明治政府の指導者は碩学《せきがく》の言語学者では無い。おそらくはそんなセンスをもつ者は一人もいなかっただろう。ここで、『逆説の日本史』シリーズで何度も強調してきた、歴史を見るコツをもう一度思い出していただきたい。それは人間がきわめて不合理な判断をする最大にしてほぼ唯一の原因は宗教だ、ということだ。

その法則を適用すればこの問題にも明確な答えが出る。

■民族の文化に対する破壊者はいかなる手段でも抹殺すべし

日本語のローマ字表記が一般化しなかったのはなぜか？ その答えはもうおわかりだろう。言霊《コトダマ》である。言葉が霊力を持つという深い信仰が、日本語の表記がローマ字表記として一般化されるのを強く妨げたのだ。

「本当にそんなことが理由？」と思われる向きもあるだろうが、よく思い出していただきたい。私の本の愛読者にはお馴染みなのでもう記事は引用しないが、二〇〇〇年（平成12）に当時の運輸省と気象庁が宇宙開発事業団と相争い、訴訟になった事件があった。なぜそんな争いになったのかと言えば、運輸省と気象庁が宇宙開発事業団に依頼した人工衛星の打ち上げについて「失敗した場合の費用分担はどうする」という、世界中の国々（必ずしも先進国とは言わない）ならば必ず想定しておくことが契約書に盛り込まれていなかったからだ。東大法学部や理学部など日本の最高頭脳を結集したはずの集団が、なぜそんな初歩的なミスを犯したのか？ 言霊以外に考えられない。言霊信仰が深層心理に残っている民族、つまり日本人は無意識のうちに「起こって欲しくないことは明記しない」「考えない」「否定する」という意識が働くからだ。現在その気になれば日本にミサイルを撃ち込み、あらゆる大都市を火の海にできる能力を北朝鮮が保持できるようになったのも、多くのマスコミが「起こって欲しくないことは話題にしない」という態度を取り続けていたからで、これも言霊信仰以外には説明できない現象である。

国民の多くがもっともっとこの『逆説の日本史』に親しみ(笑)、言霊信仰が日本人を今でも動かしていることに気がつけば、こうした弊害は無くなるのだが少なくとも現状はそうでは無い。

現代ですらそうなのだから、今から百年以上前の明治時代には、日本人は現代よりもさらに深く言霊信仰に縛られていたことは、容易に納得していただけるだろう。昭和史においても言霊信仰は避けてとおれない問題である。たとえばノモンハン事件(1939年)では、大日本帝国陸軍とソビエト陸軍が戦車や戦闘機を繰り出して正面から激突し、日ソ両軍合わせて一万七千人を越える戦死者を出した。戦場となったモンゴル人民共和国(当時)ではこれをハルハ河戦争と呼んでいるし、ソビエト軍もこれをハルハ河の戦い(戦闘)と呼んでいた。「事件」などと矮小化《わいしょう》してごまかしているのは日本だけだ。だからこそ日中戦争も「正式な宣戦布告はしていない」という官僚的理由で、「満洲《まんしゅう》事変」「支那事変」などと呼称していた。アメリカやイギリスなど連合国との戦争はさすがに宣戦布告したということで「大東亜《だいとうあ》戦争」と呼んでいたが。これも決して昔の愚かな人々の話では無い。その証拠に現代の日本人もあきらかに軍隊であるものを「自衛隊」と呼び、「日本は軍隊を持たない平和国家だ」という幻想に酔いしれているではないか。それは「日本は中国と戦争などしていない。あれはあくまで事変だ」などという精神構造、つまり言霊信者独特の感覚であるということに早く気がつくべきなのである。

その陸軍が実行した数々の愚行の中の一つが、「英語禁止命令」だ。東京六大学野球の審判にも「ストライク、ワン」では無く「よし一本」と言えと強制した。野球だけでは無い。美容界の大御所山野愛子《やまのあいこ》は「パーマネントは電髪《でんぱつ》。カールは『のりまき』と言い換えさせられた」と述懐している。禁止命令はあらゆる分野におよんでいたのだ。ちなみに対戦国のアメリカは日本との戦争が必至だと分析した時、もっとも優秀な学生を集めて日本語を勉強させた。「敵を知れば百戦危うからず」である。日本では陸軍士官学校や陸軍大学で『孫子《そんし》』を学んだはずの超エリートが、「英語は敵性語である。だから使うな」というバカな命令を出していた。「衛星打ち上げが失敗した場合のことを考えない」という運輸省や宇宙開発事業団のエリートと同じで、合理的な観点からはまったく説明できない現象である。つまり宗教、言霊信仰の影響だ。こういう連中は当然、「大日本帝国が負けることなど考えない」という思考回路にはまることは、容易に理解していただけるだろう。

英語使用禁止命令というのもわかりにくいが、こういうことだろう。日本語に言霊があるのだから、当然英語にも言霊がある。英語を使えば使うほどその言霊が発動され、敵、つまりアメリカ人やイギリス人が「元気」になってしまう。だから使わせない、ということだろう。

笑ってはいけない。これが宗教というもので、もともと宗教とは論理を超えたところに存在するものだ。では、逆に日本語の言霊をよりよく発動させるためにはどうしたらよいか？　できるだけ「純粋」な日本語（ひらがな、カタカナ、そして日本語に取り入れられた漢語）だけを使い、英語は使わせない。それまでの日本語には無かった概念、たとえばScienceなどという言葉は「サイエンス」という書き換えで日本語に採用するのでは無く、あくまで漢字を使って「科学」などと準日本語である漢語に訳してから採用する。アルファベットなどという外国の文字は決して使ってはならないのである。

さて、ここでもう一度、森有礼が日本語をどのように改造しようとしていたか、思い出していただきたい。いきなり日本語を廃止し英語に切り替えることが無理なら、まずその第一歩として森が実行しようとしていたのは日本語のローマ字つまりアルファベットによる表記であった。そして、その森の質問書に答えたウィリアム・ホイットニー教授が勧めたのは、日本語から漢語を可能な限り追放し、英語をそのまま日本語のローマ字表記の中で使用することだった。つまり、大日本帝国は科学を推進する。

では無く、

The Japan empire wa science wo promote suru.

という形だった。言霊教信者にとってはとんでもない話である。ひらがな、カタカナを使わずアルファベットを使い、英語を漢語にせずそのまま使うのだから、日本における言霊活用の大原則をことごとく無視している。これでは言霊信者が大反発するのも無理は無い。そこで、またしても思い出していただきたい。森有礼は結局伊勢神宮に対して不敬行為があったという「無実の罪」で、狂信的な国家主義者に暗殺されてしまったわけだが、そもそも森にそういう汚名を着せるべく罠《わな》にかけたのはどういう人物であったか？　伊勢神宮の神官ではないか。言霊信仰というのは日本人のもっとも古い信仰である神道から出てきたものだ。そうした立場の人間から見れば、森は国賊以上の民族の文化に対する破壊者なのであり、いかなる卑劣な手段を取ろうと抹殺するのは正義なのである。これも宗教の特性だ。たとえば中世ヨーロッパのセント・バルテルミの大虐殺において、フランスのカトリック教徒はプロテスタントの信者を赤ん坊にいたるまで皆殺しにした。赤ん坊には自分がプロテスタントであるという自覚すら無かったはずだが、それでも殺すのは「正義」なのである。それが宗教というものの恐ろしさであり、日本人は織田信長《おだのぶなが》がこの弊害を徹底的に取り除いてくれたために、かえってその恐ろしさに対する理解が行き届いていないのだ。

理解が行き届いていないと言えば、言霊信仰などの日本人独自の信仰に対する理解もそうで、そうした言霊信仰や怨霊信仰などが日本人の思想や行動に現在も強い影響を与えていることが、まだまだ認識されていない。何度も言うがそうした信仰を理解しなければ、日本史などわかりようが無いのである。読者の皆さま方には、ぜひ言霊信仰、怨霊信仰について考えていただきたい。そうすればより深く日本史というものが理解できるはずである。

■「国民が等しく英語が話せる」ことを目標にしなかった明治の英語教育

さて、ここで『逆説の日本史』シリーズのもっとも熱心な読者とされている中高年、とくに団塊の世代を中心とした方々に、ちょっと想像していただきたい。

日本舞踊でも、サーフィンでも、彫金でもなんでもいいのだが、これから「習い事」を始めるとしようか。それを週四回六年間継続したら「モノになる」だろうか？　ということなのである。

サーフィンはちょっと体力的に自信が無いというなら、ドイツ語会話やフランス語会話でもいいが「週四回六年間」やれば大概のことは身につくのではないだろうか。「いや、もう年だから」とおっしゃるなら、仮に若いころのもっとも物覚えがいい十代に始めたと考えたらどうか。それならほとんどの人が「習い事はモノになるでしょう」と答えるだろう。

それならば、「英語が話せない（失礼！）」ということはあり得ないはずなのである。団塊の世代も私も、もっとも頭脳が柔軟な中学生、高校生の時代に週四時間の「英語」の授業を中学で三年、高校で三年、合わせて六年間受けているはずで、それなら俗に言う「英語ペラペラ」になってもおかしくない。仮にその時点では無理だとしても、高校を卒業してから大学や社会で会話力に磨きをかけることはいくらでも可能だから、日本人全体の英会話能力はもっと高くても不思議は無い。

しかし現実はどうだろう。日本人が「英語を話せない」つまり日本人の英会話能力が低いことは、残念ながら今や国際的常識になってしまっている。日本よりＧＤＰがはるかに低い東南アジアの国々でも、こと英語教育となれば日本よりはるかに水準が高い。なによりも学校をきちんと卒業すれば基本的な英会話能力が身につくようになっている。本来、公教育というものはそういうものではないか。国民の税金で運営される学校に行くだけで、わざわざ英会話教室に通ったり私費留学しなくても日常会話に不自由しないくらいの英会話能力が身につく。それが本当の公教育だろう。

つまり、日本の英語教育というのは残念ながら国際的に見てきわめて低いレベルだと言わざるを得ないのである。これがカルチャーセンターだったらどうだろう? 週四回六年間通って「モノにならない」のだ。「責任者出てこい」「カネ返せ」ということになるはずだ。

しかし、日本は明治以来英語教育を重視してきたのではなかったか? 何度も述べたように明治という時代は、国家国民が一丸となって西洋化を成し遂げようとしていた時代なのである。そのためにはお手本であるイギリスやアメリカの言語である英語を身につけなければならない。くしくも私学の雄である慶應義塾大学の創始者福澤諭吉、早稲田大学の大隈重信《おおくましげのぶ》はともに英会話に熟達していた。文豪夏目漱石もイギリス留学の経験のある英語教師だった。日本は明治以来、多くの人材と予算を英語習得に、そして英語教育につぎ込んできた。帝国陸軍は愚かにも英語を排除しようとしたが、アメリカとの戦争に負けたことによって戦後はかえって英語の必要性は高まったと言ってもいい。それなのになぜ日本の英語教育は、はっきり言おう、現在「世界最低」なのか？　考えれば考えるほど不思議ではないか。

この謎を解く有力なヒントがある。それは帝国海軍が戦前世界最強の戦艦として建造した『大和《やまと》』の存在である。第二次世界大戦以前の世界の海軍の基本方針は「大艦巨砲主義」であった。文字どおり巨大な戦艦に巨砲を搭載し艦隊決戦に臨めば必ず勝つ、という戦略である。そこで日本は当時世界一の海軍国であったイギリスにも無い巨大戦艦を建造した。それが『大和』と、同型艦の『武蔵《むさし》』であった。しかし皮肉なことに、日本艦隊とイギリス艦隊が正面から激突したマレー沖海戦においてイギリス海軍の象徴とも言うべき戦艦『プリンス・オブ・ウェールズ』を撃沈したのは、日本艦隊の戦艦の砲撃では無く、航空機部隊の雷撃と爆撃であった。そしてさらに皮肉なことに、『大和』もアメリカ海軍の同様の攻撃を受けて撃沈された。おわかりだろう、キーワードは「時代遅れ」である。

日本の英語教育も戦艦大和建造のように膨大な予算と優秀な人材を投入して構築された。その時点では戦略はあった。明治政府は国民が等しく「英語が話せる」ことを教育の目標にしなかったのだ。第一は英文解釈すなわち「英語の本が読める」ということであり、第二に英文法(英作文)つまり「わからないところがあったら著者に質問の手紙が出せる」ということが目標なのである。英会話の熟達は必要無い。それを必要とする外交官や最先端の技術者は留学させて学ばせるから、何の問題も無いのだ。おわかりだろう、明治時代は政府が英語教育の目標をこのように設定したのである。

しかし、「話せること」は、アルファベットは二十六文字しか無いのだから容易に「書けること」につながる。言語とはコミュニケーションであり、まず「話せる」ことを目標にするのが国際的常識だ。では、なぜ明治人はそういう合理的な判断をしなかったのだろうか?

■歴史学界の大御所たちも誤りを認めた「『甲陽軍鑑』は偽書」というデタラメ

ここでちょっと読者の皆さんにお断わりをしたい。本来なら「明治の文化大変革I 日本語改造計画の悲喜劇」の話を進めるべきところなのだが、ここで「甲陽軍鑑《こうようぐんかん》偽書説」の崩壊について語ることをお許し願いたい。これはじつは『逆説の日本史』シリーズ全体のコンセプトにかかわる重大問題であるからだ。

さて、二〇一八年(平成30)八月二十九日夜に放映されたNHK総合テレビの番組『歴史秘話ヒストリア』の第三一九回「武田信玄《たけだしんげん》『甲陽軍鑑』が語る真実」はご覧になっただろうか? 私はこの番組の制作に一切かかわっていないし出演もしていない。しかし本当にじつにひさしぶりにテレビの画面に向かって快哉を叫んだ。そして見終わった後、私が持っている中では一番高いブランデーで一人祝杯を上げた。足掛け二十数年にわたり書き続けているこの『逆説の日本史』の中でこういうことは初めて申し上げるが、この番組、再放送やオンデマンドなどでぜひ多くの人に見ていただきたいと思う。それぐらい嬉しかった。どうしてこんなに気分が高揚したのか。二〇〇〇年（平成12）に出雲《いずも》大社旧殿の地下から巨大な柱跡が発見されて以来のことだと言えば、古くからの愛読者はわかってくれるかもしれない。

出雲大社は、今でこそかつては高さ約四十八メートルの高層建築で古代建築としてはもっとも高い建物であったということが常識になっている（下写真参照）。しかしそれが常識になったのは、実際にそれだけの高さの建物を支えることができる柱跡が二〇〇〇年に地下から偶然発見された（次ページ写真参照）からである。

島根県立古代出雲歴史博物館には文献を基に5人の建築史家が推定復元した50分の1模型（写真提供／朝日新聞社）が展示されている。その最大のものは高さ16丈（約48メートル）におよび、地上と長大な階段でつながる壮麗なものである

つまり、今では常識となったこの事実も、二〇〇〇年まではいた。「奇説」「怪説」として日本歴史学界からほとんど無視されていた。出雲大社は日本一の建物という史料（『口遊《くちずさみ》』）もあり、それだけの高層建築を支える柱を描いた設計図も伝えられていたのだが、日本歴史学界のほとんどの学者はこれらの史料を無視していた。平たく言えば「伊勢神宮でも無い地方のローカルな神社が、そんな巨大な建物であるはずが無い」という思い込みである。逆に私は断固としてこの説が正しいと主張していた。

それは史料があったからでは無い。日本人の宗教から見て出雲大社が最大の建物でなければならないと結論づけたからである。なぜそうなるかの説明は『逆説の日本史　第一巻　古代黎明編』に詳述したし、古くからの愛読者ならお馴染みのところだから再説はしない。初心者の方ならむしろ『逆説の日本史』のエッセンスをすべて盛り込んだ『日本史真髄』(小学館刊)を、読んでいただくほうが早道かもしれない。

2000年（平成12）、出雲大社拝殿の北側で、直径1.35メートルの杉の柱を３本束ねた巨大な柱根が発掘され、『金輪御造営差図』との合致が話題となった（写真提供／毎日新聞社）

ここで強調しておきたいのは、私が『逆説の日本史』を書き始めたころから指摘していた日本歴史学界の三大欠陥の一つ「日本史の呪術的側面の無視ないし軽視」である。これは「宗教の軽視」と一言で言ってもいいのだが、私の日本史は宗教的視点を重視したからこそ「出雲大社は古代における最大の建物」という結論に達し、その結論が柱跡の発掘により日本歴史学界のプロの歴史学者の通説より正しいと証明された、ということである。私が快哉を叫んだ理由もおわかりいただけるだろう。そして今回は「甲陽軍鑑偽書説の崩壊」である。

それでは『甲陽軍鑑』とはどんな書物か？　日本歴史学界の代表的見解によって編纂された『国史大辞典』（吉川弘文館刊）は、次のように断じている。

> 武田信玄を中心とする甲州武士の事績・心構え・理想を述べた書物。全二十巻五十九品からなり、信玄家法・信玄一代記・信玄の軍法・裁判の記録などさまざまな伝承をふくんでいる。著者などについては、巻二〇をのぞく大部分を信玄の老臣高坂弾正《こうさかだんじょう》昌信《まさのぶ》（虎綱《とらつな》）が天正《てんしょう》三年（一五七五）および六年に記した体裁になっているが、これは後人の仮託であろうという見解が古くから行われている。現在のところでは、甲州武士の血を引き、また山鹿素行《やまがそこう》の軍学の師であった小幡景憲《おばたかげのり》纂輯説がもっとも有力

である。

（以下略。項目執筆者相良亨）

「後人の仮託」「小幡景憲纂輯《さんしゅう》説」と言えば穏やかに聞こえるかもしれないが、要するに小幡景憲という「ペテン師」が、武田家家臣高坂昌信の名を騙《かた》ってデッチ上げた「ニセ史料」だ、と決めつけているのである。誇張では無い。前出の番組『歴史秘話ヒストリア』では戦国時代史の権威でもある小和田哲男《おわだてつお》静岡大学名誉教授が『甲陽軍鑑』について、かつて日本歴史学界は「いわゆる偽書、虚妄の書。ウソが書いてある」としていたと、明確に証言している。

ところが、現在はその小和田名誉教授も、同じく日本中世史の権威である黒田日出男《くろだひでお》東京大学名誉教授も『甲陽軍鑑』を史料として高く評価し、黒田名誉教授に至っては番組の中で「偽作の疑いをかけた人はナンセンス。生きた戦国時代の叙述」であるとまで言い切っているのだ。

この発言の重みがわかるだろうか？　「偽作の疑いをかけた人」というのは、具体的にはこれまでの日本歴史学界の戦国史の専門学者、つまり同じ業界の先輩や同僚たち、ほとんどすべてを指していることになる。なぜなら、「甲陽軍鑑は偽書である」説は学界の定説だったからである。それが完全に誤りだったと、大御所たちが公式に宣言したということなのだ。この決断と勇気には敬意を表するが、これがこの番組の最大の歴史的意義である。

かく言う私は、中国の歴史家司馬遷《しばせん》にならえば「本紀（通史）」にあたる『逆説の日本史』でも、「列伝」にあたる『英傑の日本史』（角川書店刊）でも、あるいは数々の歴史入門書にあたるシリーズでも、「甲陽軍鑑は偽書では無い。高坂昌信が残した真実の記録だ」と何度も繰り返し述べてきた。そのために地方講演や歴史シンポジウムなどの場では、大学や恩師から「甲陽軍鑑偽書説」を叩き込まれた学者や研究家からバカ扱いされた。「シロウトはこれだから困る」という侮蔑の目で見られたことも一度や二度では無い。ところが、彼らのほうが完全に間違っていたのだ。私が快哉を叫んだ理由がおわかりだろう。

■「常識でものを考える」という「井沢の方法論」

しかし、じつは手放しで喜んではいられない。確かに大御所たちの宣言によって「井沢説」が正しいと認められたと言えば結果的にはそうなのだが、彼らは決して「井沢の方法論」を認めたわけでは無いのだ。それとは別のアプローチによってその証明を受け入れ、「偽書説」を撤回したのだ。では、その方法論とは何か？　それは国語学であり、頑迷固陋《がんめいころう》な歴史学界の定説を変えたのは国語学者であった文学博士酒井憲二《さかいけんじ》（1928〜2012）の、『甲陽軍鑑』研究だった。どんな研究かということを詳細に語ってしまうと、番組を見る楽しみがなくなってしまうので、ごく簡単に言うと酒井博士は全国各地を歩いて『甲陽軍鑑』のもっとも古いテキストを見つけ出し、それが江戸時代初期の言葉では無く、まさに高坂の時代の言葉であったことを証明したのである。そればかりでは無い。小幡景憲が一字一句おろそかにせず原典を筆写したきわめて誠実な人間であったことも証明した。明治以来百年以上「ペテン師」とされていた小幡が、それとはまったく反対のタイプの人間であったことも証明したのである。それにしてもひどい話だ。日本は韓国と違って歴史上の人物の批判をしても、子孫から名誉棄損で訴えられることは無い。それは日本の美点なのだが、だからと言ってこれまで「ペテン師」扱いしていたのを知らんぷりでいいのだろうか。私なら小幡の墓に「長年デタラメを言い続け、ペテン師扱いして申し訳ありませんでした」と謝りにいくところだ。

こういう歴史上の人物を私は「歴史被害者」と呼んでいる。吉良上野介《きらこうずけのすけ》もその一人だが、『甲陽軍鑑』がらみで言えば最大の歴史被害者は山本勘助《やまもとかんすけ》かもしれない。江戸時代、小幡景憲は『甲陽軍鑑』をテキストに甲州流軍学《こうしゅうりゅうぐんがく》を始めるのだが、「景憲が甲陽軍鑑をデッチ上げたのだから、当然山本勘助も架空の人物だろう。軍学を教えるなら『軍師』がいたほうが都合がいいからな」ということになり、少なくとも三十年ぐらい前までは「山本勘助は実在しなかった」というのが歴史学界の定説であった。だから歴史作家の大御所海音《かいおん》寺潮《じちよう》五郎《ごろう》は代表作の小説『天と地と』には勘助を登場させなかった（これを原作とした映画には登場する）。海音寺が描いていればどんなに興味深い勘助が登場したかもしれないのに、なまじ歴史学界の定説を尊重したためにこんなことになった。そういう意味では、海音寺潮五郎も歴史被害者の一人かもしれない。

私は酒井研究を手がかりに「甲陽軍鑑は正しい」と確信したのでは無い。それとはまったく別のアプローチ「井沢の方法論」によって、その結論にたどり着いた。それは当然『逆説の日本史』の方法論でもある。しかし、この件に関してはそれほど難しいことでは無い。いや簡単すぎるほど簡単だ。この場合の「方法論」とは「常識でものを考える」ということに尽きるからである。

この番組でも指摘されているが、歴史学者の多くが「甲陽軍鑑は偽書」という結論に達した主な理由は二つあった。①歴史上の事件の日付に誤りが多い。②内容があまりにもドラマティックである、ということだ。しかし、①については明確な特徴がある。それは古い時代の事件ほど日付に誤りがあり後世になればなるほど明確になっていく、という特徴だ。だから歴史学者は（正確には歴史学者の多くは、と言うべきだが面倒なので省略する）

のである。

「信玄の初陣のような重大事件の日付を間違えるような書物に信ぴょう性は無い」とした

社会の常識というものがまるでわかっていない結論だ。もし「ニセモノをデッチ上げる」なら、そういうところを突っ込まれないように日付はきちんと調べるものだ。「そんな重大事件の日付を間違えるなんておかしいじゃないか」という批判は、常識のある人間なら誰でも予想がつくところだからである。だからこそ、ペテン師はそういうところはきちんと注意する。しかし、これがまさに『甲陽軍鑑』が主張するように高坂昌信の回想をもとにしたものなら、今と違って図書館やインターネットがあるわけではないのだから、古い時代の記憶ほどあいまいになるのはむしろ当然だ。それでも武田家が公式に制作に関与したなら間違いは訂正されたかもしれないが、高坂個人の回想であり完成されたころには武田家も滅んでしまっていたのだから、現代の歴史の本のように日付がすべて正確だったらかえっておかしいし、古い時代の日付ほどあいまいなのが普通ではないか。それが人間界の常識というものだ。

②の「ドラマティック過ぎる」ということは、山本勘助の縦横無尽の活躍や川中島《かわなかじま》の合戦における上杉謙信《うえすぎけんしん》の単騎斬り込みのことらしい。フィクション（虚構）だから面白い話にしたのだろう、というのが歴史学者の見方なのだが、じつに浅薄な見方である。

上杉謙信は義侠心に富み自分の死を恐れない人間であった。宗教的信念も持っていた。あの時の川中島の戦いは戦死率がきわめて高く、大激戦であったことは間違い無い。しかも謙信は今度こそ決着をつけよう、敵将武田信玄を討ち取ろうと考えていた。そんな状況の中で信玄の周りに護衛兵が一人もいなくなれば、馬術に長じた謙信が突撃しても何の不思議も無い。戦国時代とは室町《むろまち》時代末期だが、少なくとも室町初期までは足利尊氏《あしかがたかうじ》と新田《にった》義貞《よしさだ》のように大将同士の一騎打ちもあり得ないことでは無かった。

それでも、もし武田信玄が突撃し上杉謙信がこれを受けたと書いてあったならば、私は内容を信じなかったかもしれない。これは武田陣営の幹部が書いた書物ゆえに、主君を美化している可能性があるからだ。しかし、逆である。戦国時代の常識から言えば、敵の大将に本陣まで突っ込まれ、主君が自ら太刀を受けなければいけなかったというのは、味方の恥辱である。「殿をお守りすべき旗本衆は、いったい何をやっていたのだ！」ということになるからだ。それでもそう書いてある。もちろん敵を必要以上に美化する必要はまったく無い。ということは、これは真実だったのだろう。味方の恥辱ではあるが、敵ながら天晴《あっぱ》れだと思ったからこそ、そのまま書いたのだろう。当然フィクションでは無い。そのように考えるべきではないか。

これもまた人間界の常識である。

■歴史研究方法の欠陥が招いた驚くべき時間の無駄と学問的損失

引き続き「『甲陽軍鑑偽書説』の崩壊」について語ることをお許し願いたい。これはこの『逆説の日本史』シリーズの根幹にかかわる問題であり、同時に現代の日本の歴史学界の抱える最大の問題点を追及することでもあるからだ。

まず事実を整理しておこう。『甲陽軍鑑』という史料が江戸時代初期から書物として伝えられていた。この原本は武田信玄の側近だった高坂昌信が書いたものだという伝承があったが、日本歴史学界は明治以来これを「偽書」つまりニセモノだと決めつけてきた。実際は武田家家臣の息子の小幡景憲という男が甲州流軍学を創始するにあたって、テキストとして使うために高坂昌信の名を騙ってデッチ上げた「ニセ史料」で、内容はフィクションつまりデタラメだということだ。当然、小幡はペテン師ということになる。

しかし文学博士酒井憲二は、国語学の立場から『甲陽軍鑑』に使われている語彙を研究し、これが確かに高坂の時代に書かれたものであることを証明した。この実証的な研究には、これまで「甲陽軍鑑偽書説」を取ってきた歴史学者たちも態度を変え、大御所の一人である黒田日出男東京大学名誉教授は先に述べたように「偽作の疑いをかけた人はナンセンス。（甲陽軍鑑は）生きた戦国時代の叙述」である、とまで言い切っている。これまでの日本歴史学界の考え方は、根本的に完全に間違っていたことを認めたわけである。

しかし、私は初めて『甲陽軍鑑』を読んだ時から、これは偽書では無いと確信していた。もちろん酒井博士の研究が発表されるずっと以前からである。そのことは繰り返しさまざまな著書に書いてきたし、これはフィクションだが私の唯一の大河小説『信濃戦雲録』（祥伝社刊）でも、（海音寺潮五郎とは違って）『甲陽軍鑑』をベースに武田信玄そして山本勘助を書いている。『甲陽軍鑑』は真実を描いた歴史書であるという態度を一度も崩したことは無い。

では、なぜそういう結論に達したのか。私は日本史の専門教育を受けてはいない。だからナマの古文書は読めないし、酒井博士ほど国語学に見識があるわけでも無い。にもかかわらず、なぜ『甲陽軍鑑』は偽書では無いと確信するに至ったのか。

話はじつに簡単だ。人間世界の「常識」で判断したのである。

『甲陽軍鑑』には川中島の合戦で山本勘助が立てた作戦計画（キツツキの作戦）が敵将上杉謙信に見破られ、その結果武田軍は大苦戦に陥り、武田信玄は上杉謙信に単騎突撃され危うく殺されそうになり山本勘助は戦死した、と書かれているのである。よく考えていただきたい。これから甲州流軍学つまり武田軍の戦法を大いに世の中に広めようとする人間が、その目的のためにデッチ上げたテキストに味方の「軍師」が敵の大将に作戦を見破られ、味方の大将を危機に陥れたばかりか「軍師」自身も敗死してしまった、などと書くわけが無いではないか！

これを常識という。常識とは学校の科目を勉強するだけでは決して身につかないが、人間として社会で生きていく間に知らず知らずのうちに身につくものである。つまり知識では無く知恵であり、本来は高校生あたりでも理解できるものである。それなのに、こういう常識を決して理解しようとしない人々が日本には存在した。歴史学者と呼ばれる人々である。

すでに述べたように、山本勘助もかつては実在しなかったとされていた。明治時代の東京帝国大学教授で歴史学界の大御所田中義成《たなかよしなり》は、江戸時代の大名が「山本勘助は信玄の側近では無い。その家臣の山県昌景《やまがたまさかげ》の身分の低い家来に過ぎなかった。ところが勘助の息子が僧侶で父親の活躍を大げさに書いたのが『甲陽軍鑑』だ」という説を丸のみにして「偽書説」の先駆けとなった。もう、ずっと昔に死んでしまった人だが、私は初めてこの説を読んだ時、「東大教授かなんだか知らないが、本当に常識の無い人だな」と思ったものである。おわかりだろうか。息子が父親を顕彰するために書いたのなら、「敵将に父親の勘助が作戦を見破られ死んだ」と書くはずが無いし、百歩譲ってそれを認めたとしても「勘助は責任を感じ立派な最期を遂げた」と書くだろう。しかし、そんな記述は『甲陽軍鑑』

にはまったく無いのである。それにこのことを書いた大名は別の軍学の門人だ。生け花であれ空手であれ、流派が違えば他流派の悪口を言いがちなのが人間だ。これは高校生にはわからないかもしれないが、社会人ならわかる常識だろう。

つまり、この大御所にはそんな常識がまるで無いのである。しかし注目すべきはそれだけ悪口を言っているのに、勘助の歴史的実在自体は決して否定していないということだ。それが少しでも疑われる状況にあったら、当然この大名は「山本勘助など架空の存在だ」という主張をしただろう。つまり、これは逆説的ながら勘助の実在を証明している史料と言うべきなのである。にもかかわらず、その後を受け継いだ奥野高廣《おくのたかひろ》という歴史学界の大御所は、その著『武田信玄』（日本歴史学会編集　吉川弘文館刊）で「勘助は架空の存在である」と断定してしまったのである。

だからこそ、日本歴史学界はおよそ百年にわたって『甲陽軍鑑』は「ニセモノの史料で「小幡景憲はペテン師だ」という定説を頑《かたく》なに守ってきたのである。

私は何を目的にこの文章を書いているのか？

日本歴史学界のいい加減さを糾弾するためか、あるいはその日本歴史学界に長年「バカ」扱いされてきた私、井沢元彦の私怨を晴らすためか。もちろん私も人間であり感情の動物でもあるから、そうした要素がまったく無いと言えばウソになるだろう。だが私がもっとも主張したいのは、「日本歴史学界よ、あなた方の歴史研究方法に欠陥は無いのか」ということである。

まず、事実を見ていただきたい。『甲陽軍鑑』は偽書では無かった。そのために日本歴史学界は本来詳細に研究すべき重要史料を百年の長きにわたってなおざりにしてきた。このことはまったく事実ではないか。驚くべき時間の無駄であり、驚くべき学問的損失ではないか。その責任を感じないのか、ということである。

他に真実をあきらかにする方法が無かったというなら仕方が無いが、酒井論文を待つまでも無く方法はあった。私の方法論である。高校生あるいは社会人なら当然理解できる常識を、歴史の事象を考えるのに役立てるということだ。具体的に言えば、『甲陽軍鑑』あるいは山本勘助について日本歴史学界が「井沢の言うことにも一理ある」と認めていれば、酒井論文を待つまでも無く突破口は開けたはずである。しかし、そうはならなかった。一般の読者は、なぜそうならなかったか不思議に思うだろう。その理由をご説明しよう。

■「史料真理教」に毒され「仮説」を一切受けつけようとしない日本歴史学界

この問題について実際にプロの歴史学者と論争したこともあるのだが、彼らは仮説というものを一切受けつけないのである。いくら前述のような常識を述べて矛盾点を指摘しても、「そんなことは史料に無い」の一点張りで決して受けつけようとしない。

ここで告白しよう。正直言って私は「この人たち頭がおかしいんじゃないか」とずっと思っていた。大変失礼な話だが高校生でもわかる常識を受けつけないのだから、私がそう思ったのも無理からぬ話と理解していただけるのではないか。ところがそのうちに気がついた。彼らは大学で大御所や恩師たちから「具体的な証拠、つまり史料が無い限り、歴史的事実と認めてはならない」という「ルール」をまるで「宗教」のように叩き込まれているということだ。こういうのを実証主義という。史料絶対主義、あるいは「史料真理教」と言い換えてもいいだろう。たとえば犯罪捜査では実証主義は徹底的に尊重されるべきである。いかに犯人と推定できても、実際に物的証拠が無ければ罪に問えない。そういう形にしておかないと冤罪《えんざい》につながる危険性があるからだ。

しかし歴史学は犯罪捜査では無いし鑑識部門でも無い。学問とは仮説、推論を立て、それを具体的に検証するところから始まる。理論物理学者湯川秀樹《ゆかわひでき》は「中間子の予言」、すなわち仮説でノーベル物理学賞を受賞している。もちろん受賞できたのは仮説で予言された中間子が実在することを別の学者が発見したからだが、そもそもそういう仮説が存在したからこそ中間子の発見につながったわけで、だからこそその功績が評価されたのである。

化学でも天文学でも生物学でも民俗学でも、仮説を一切認めないという学問は、日本歴史学以外は存在しないのではないか。少なくとも私は知らない。そして、これが日本歴史学の根本的欠陥である。その証拠にそれを貫いた結果、まるで現代の歴史学者のように誠実に良心的に『甲陽軍鑑』を筆写し出版して世に広めた功労者小幡景憲を、百年以上にわたってペテン師扱いしてきたではないか。研究方法に欠陥が無ければ決してそのようなきわめて愚かな結果にはならないはずである。そして、こういう研究方法を取る限り、こうした問題は日本史のあらゆる分野で発生することも容易に理解できるだろう。

たとえば、今の日本歴史学界が「飛鳥《あすか》時代」ときわめて不正確な名称で呼んでいる時代、日本の首都は原則として天皇一代ごとに首都を移転しており、飛鳥以外の場所にも首都は存在した。しかし、この不合理で不経済な「首都流転時代」は持統《じとう》天皇が築いた藤原京《ふじわらきょう》の時代に終止符を打った。また持統天皇は日本天皇史上初めて火葬された天皇である。さらに、古代日本には『古事記《こじき》』という史料によって「死のケガレ」はあらゆる不幸の根源であるという信仰があったことが確認できる。

以上の確定している事実をもとに、私は「そもそも首都移転を繰り返したのは天皇の死によるケガレを避けるためであった。しかしそれでは首都の恒久的な発展は望めないと考えた持統天皇が仏教の火葬という制度を取り入れることによってケガレを排除し、首都を固定することに成功した。従って日本の歴史区分は藤原京以前を首都流転時代、以後を首都固定時代とすべきである」という仮説を提示した。この『逆説の日本史』シリーズのエッセンスをまとめた拙著『日本史真髄』にも詳しく述べたところだが、この仮説、日本歴史学界には完全に無視されている。理由はおわかりだろう。「そんなことは史料に無い」からである。

史料に無いからこそ、それ以上の学問の発展のために仮説を提示しているのだが、そんな基本的なことも理解できないらしい。いや、そもそも歴史学界という狭い場所に閉じこもり学術論文という「特殊言語」で話さないと彼らは受けつけないようだ。しかし真理は誰がどこに書いても真理であり、学術誌に書こうと『週刊ポスト』に書こうと（笑）参考にはできるはずだが、彼らにはそういう姿勢も無い。

私は歴史学者では無い。しかし歴史の真実を探求する歴史家のつもりである。歴史学者も本来の目的はそれではないか。であるなら、もっと柔軟に外部の意見も取り入れたらどうか。再び言うがそうすれば、まじめな小幡景憲を百年にわたってペテン師扱いし、実在の人物山本勘助を架空の存在と決めつけずに済んだだろう。

確かに仮説はあくまで仮説である。証明されるまでは「真実である可能性もあるが、間違っている可能性もある」。そういうものだ。しかし仮説が提示されることによって新たな学説の可能性が示される。中間子の存在のようにだ。だからこそ仮説を無視してはいけない。

にもかかわらず日本歴史学界は、私が「小幡景憲が著者ならば『甲陽軍鑑』は、あんな書き方をするはずがない」という仮説を提示しても絶対受けつけようとはしなかった。それが仮説であるという、ただそれだけの理由で、だ。つまり、どんなに仮説が合理的であっても、それが仮説である間は「史料に無い」という理由で絶対に受けつけない。それどころか無視する。そして実証的研究だけは受け入れ、場合によっては定説を修正する。こうしたことを日本歴史学界の先生方は「雑音に惑わされない学者の良心」と考えているようだ。それは勘違いも甚だしい。

もう一度言うが、仮説を無視するような学問は真の学問とは言えないのである。そのことを一刻も早く認識すべきであろう。

■「合理的仮説は新事実発見のための有効な手段である」という大原則

日本の歴史学者たちには、もちろん外部の意見に耳を傾ける謙虚な人もいないわけでは無いが、残念ながらあきらかに「驕《おご》り」がある人々がいる。

この「驕り」、ちょっとわかりにくいので、たとえ話で説明しよう。英語やフランス語のような一般的な外国語では無く、たとえばスワヒリ語のような珍しい言語を完全に読み書きできる日本人というのは、きわめて少数だろう。両親がアフリカ系というならともかく、日本人にとってきわめて難解な言語を自由に読み書きできる人を私は尊敬する。そうしたことができるまでには、本人の多大な努力と研鑽《けんさん》があったに違い無いからだ。

その人を仮に「スワヒリさん」と呼ぼうか。もちろんあくまで日本人である。一方でスワヒリ語を話す国の大統領がいて、その大統領はじつは秘密裏に核兵器を作っているのではないか、と国際的に疑われているという状況があるとする。そこで、その大統領がスワヒリ語で「私は核兵器など製造していない」と詳細に主張した公式声明を出したとしようか。もちろん私はスワヒリ語は読めない。そこで「スワヒリさん」に日本語に訳してもらった。私はその声明に対して、「軍事的常識に照らしてみれば、大統領の主張は疑わしいですね」と感想を漏らしたとする。

ここで「スワヒリさん」が、「何をバカなことを言う。大統領の主張は正しい。スワヒリ語も読めないくせに偉そうなことを言うな」と言ったら、さて読者の皆さん、どう思いますか？

「スワヒリさん」、おかしいですよね？　スワヒリ語が読めるか読めないかということと、その文章の内容が正しいか正しくないかということはまったく別の問題であり、判断するのは別の能力の問題だ。ところが「スワヒリさん」はそれを混同しており、自分の能力（スワヒリ語ができる）を誇るあまりに、それができない人間を無意識に軽蔑し自分のほうが知性が高いと思い込んでいるから、そういう態度に出る。これが「驕り」ということだ。

問題は「スワヒリさん」ならぬ「古文書さん」が日本歴史学界には大勢いるということだ。何度も言っているとおり、私はナマの古文書は読めない。それが読めるようになるためには多大な努力と研鑽が必要だから、そういう能力を持っている人には私は敬意を払う。これは当然のことだ。しかし、そうした「古文書さん」に「古文書も読めないくせに偉そうなことを言うな」というような態度を取られたら、それは違いますよと言わざるを得ない。具体例を挙げよう。『日本書紀《にほんしょき》』という史料がある。「『甲陽軍鑑』は山本勘助の息子が書いた」という説があったが、これは常識から見てあり得ないことはすでに述べた（70ページ参照）。しかし、『日本書紀』は逆に編纂《へんさん》時の日本の支配者であった天武《てんむ》天皇が、息子の舎人《とねり》親王を編集代表にして編纂させたということは通説となっている。つまり「息子が編集した記録だから父親のことを美化している可能性は非常に高い」という常識が当てはまるのである。

ましてや、この時代の最新の道徳は中国から伝わった儒教であり、儒教の根本道徳は「孝」（親孝行）だ。現代なら学者やジャーナリストの倫理というものがあり、たとえ父親のやったことでも容赦無く批判の対象にするのが正しいこととされている。しかし昔は違う。儒教の開祖孔子《こうし》は、父親の悪事を告発した息子を褒めた王様を、「父は子の為に隠し、子は父の為に隠す。直《なお》きこと其の中《うち》に在り（告発するのでは無く隠蔽するのが正しい）」とたしなめている（『論語《ろんご》』「子路《しろ》編」）。孔子に次いで亜聖《あせい》と讃えられる孟子《もうし》にいたっては、「国王の父が死刑に値する罪を犯した場合、国王はどうすべきか？」という弟子の質問に対して、「（国法を無視して）国王の地位を捨て父とともに国外に逃亡せよ」（『尽心章句上』）と答えている。どうしてそうなるのかと言えば、あらゆる道徳（国の法律を守るというのも含まれる）の中で「孝」が最優先だからだ。天武の時代、儒教はすでに教養として日本に伝わっているから、これは当時の日本の常識でもある。

ということは、『日本書紀』に天武天皇の悪事が書かれているはずが無いのである。しかも、これは壬申《じんしん》の乱という古代最大の内乱の勝者である天武が書かせた記録だ。「勝てば官軍」、つまり勝者は勝ったのをいいことに都合よくデッチ上げの歴史を作る、という常識から見てもそうだ。つまり、『日本書紀』に書かれている天武天皇の業績は、二重の意味で疑ってかかってみるべきだ。

私は、あくまで仮説であるが天智《てんじ》天皇は暗殺されたと考えている。明治の文豪で漢籍に精通していた森鷗外は歴代天皇の諡号《しごう》を研究し、「天智」は殷《いん》の紂王《ちゅうおう》、「天武」は周《しゅう》の武王《ぶおう》に基づくと断定した。実際の中国の歴史では武王は紂王を自害に追い込んでいる。つまり実質的に殺している。この諡号を考えた人間はそうした歴史の真相（天武が天智を殺した）を後世に残そうとしたのだろう。当然、この諡号を考えた人間は学界の定説である淡海三船《おうみのみふね》では無い。彼は天智の子孫であり、子孫が先祖のことを悪く言うはずが無いからだ。念のためだが、私の「天智暗殺説」の根拠はこれだけでは無い。詳しくは『逆説の日本史 第二巻 古代怨霊編』に詳しく述べておいたが、もう一つ挙げれば『扶桑略記《ふそうりやくき》』という史料がある。天智が「暗殺されたらしい」とほのめかしてある。

しかし、少なくとも私が歴史の研究を始めた当時の学界は、『扶桑略記』を『日本書紀』に対抗する史料としては扱っていなかった。これは十一世紀の成立で、『日本書紀』から見れば数百年たっている。そんな後世の史料には事件の直後に関係者によって書かれた史料である『日本書紀』の記述を否定する力は無い、というのが当時の学界の根本的態度、いや宗教的信念であった。どうやらそういう信念を「布教」したのは、当時の日本歴史学界の大御所と言われた坂本太郎東京大学史料編纂所所長（当時）であるようだ。私はその時思ったものだ。「この人は大本営《だいほんえい》発表という言葉をご存じないのか」と。戦後生まれの私と違って、この人は大本営発表が実際に行なわれた時代を経験しているはずである。ならば、国家あるいは権力というものがいかに自己の都合のいいように事実をねじ曲げるか身をもって知っているはずなのに、どうしてその常識が身についていないのか不思議に思ったものだ。また、そうした国家あるいは権力が隠そうとした事実が明るみに出るのは、関係者がすべて死に絶えた俗に言う「ほとぼりが冷めた」ころであり、だからこそ民主主義国家アメリカでも五十年経過したら国家機密も基本的に公開する制度を採用している。そうした人間社会の常識も坂本先生はご存じないのかと、あきれたものである。この感想はそれから三十年経過した今でもまったく変わっていない。

確かに仮説はあくまで仮説である。つまり実証されるまでは事実と断定できない。しかし、合理的な仮説は新しい事実を発見あるいは確定するためのきわめて有効な手段である。これはあらゆる科学および学問に共通する大原則であるはずだ。逆に言えば、仮説をそれが仮説であるという理由だけで、どんなに合理的であろうと完全に無視するような学問は、学問とは言えない。しかし、残念ながら日本歴史学はそういう「学問」なのである。だからこそ「甲陽軍鑑偽書説」などという明確な誤りに百年も振り回され、貴重な時間を浪費するという愚かな結果になったし、今後も各時代の研究で振り回されるという結果を招くだろう。

■検証すべきは「日本の歴史研究における誤謬の歴史」

そうならないために、私に一つ提案がある。「合理的な仮説を無視しない」という態度に転換することも必要だが、そもそも、こんなことになった原因を追及することである。

これは想像つまり私の仮説だが、明治時代にお雇い外国人の手を借りて日本歴史学の基礎を構築した際に、その時の担当者だった東大教授あるいは京大教授が「実証主義」というものを根本的に勘違いしたのではないかということだ。「証拠（史料）が無ければ事実として認めない」という方法論は決して間違いでは無い。しかし、だからと言って仮説を完全に無視するという態度はまさに「史料真理教」であり、学問の姿勢としてはまったく見当違いである。最初に誰がそういうミスをし、それがいかにして継承されたか。これは文献や史料によって完全に分析できることだろう。それを「日本の歴史研究における誤謬《ごびゅう》の歴史」という形で研究対象にすればいい。たとえば列車や航空機で大事故が起こった場合、必ず事故調査委員会が立ち上げられなぜ事故が起こったのか、どうしたら次の事故を防げるかということが徹底的に追及される。

同じことだ。将来の「百年の空回り事故」を防ぐために絶対やるべきではないか。「日本歴史学界実証主義号」という「列車」が欠陥車両であることは、誰の目にもあきらかなのだから。

それと、もう少し「外野の声」に耳を傾けるべきだろう。たとえば私が前出の『日本史真髄』において提示した、「日本の時代区分は藤原京以前と以後で分けるべき」という仮説についてはどう考えるのか？　また、これも十数年前に提出した仮説だが、巷間伝えられている『太平記』の前半部と後半は別の作者によって書かれ、その事実を隠蔽するために前半部の終了を示す「巻二十二」が消された（『逆説の日本史 第7巻 中世王権編』参照）、というものもある。私がそう考えるのは前半と後半がまったく違う思想によって書かれているからだが、これも私の知る限り「そんなことを立証する史料は無い」という理由で、私の合理的（と私は考える）仮説は完全に無視されている。これも酒井憲二博士のような練達の国語学者に使用語彙を分析してもらうより他に、黒か白か決定する方法は無いのだろうか。それなら日本の歴史学は何のために存在するのか？

「井沢元彦という無知なバカ者がデタラメをほざいているがそれは違う」という形でもいい。本当にそのように考えるならいくらでも批判していただいて結構だが、万人が納得できる合理的論理的根拠を示しての上でのことに願いたい。「そんなことは史料に無い」というような、「史料真理教」に基づく「批判」はご遠慮申し上げる。

日本歴史学界への批判と提言は以上だが、じつはこの『甲陽軍鑑』見直しに伴ってもう一つ重大な歴史的事実が浮かび上がった。このことについて少し意見を述べておきたい。

それは「武田信玄も天下を取るつもりだった」という事実である。

今回新たに発見され注目されたのは『甲陽軍鑑末書《まつしょ》』という史料である。「本編の足らざるところ」を補ったと書かれているので、現代風に言えば最終巻というより補遺編だろう。

先に紹介したNHKの番組『歴史秘話ヒストリア』において、黒田日出男東京大学名誉教授はこの末書を根拠に、信玄が「紛れも無く天下を取ろうとしていたことはもう動かない」と断言した。また、その拠点として相模国星谷《さがみのくにほしのや》（現在の神奈川県座間《ざま》市）を考えていたことも末書の記述であきらかになった。

では、この二つの新事実に基づき、私がこの『逆説の日本史』で信玄を描いた『第九巻 戦国野望編』の記述の訂正も必要になったのだろうか？　確かに星谷のことは私も知らなかった。だから追加は必要だろう。しかし、訂正は必要無いと考えている。

歴史学者も含めて多くの日本人が誤解しているのが、いくら戦国時代だからといって天下取りなどという大それたことを考えた人間は織田信長以外には一人もいなかった、ということだ。このことに異論がある方は、これも拙著『コミック版 逆説の日本史 戦国三英傑編』（小学館）をご覧いただきたいのだが、どんなに斬新で天才的なアイデアでも実行すれば白日のもとに晒《さら》されるから、マネしてやれという連中が出てくる。

それが信玄だ。「あんな若造に天下を取らせることは無い。わしがもらう」と、信玄はあきらかに信長の行動を見て人生の途中からそう思ったのである。そしてそれでも、信玄のやり方では天下は取れなかったと私は考えている。

そのことを次節から検証したい。

■「天才が常識を破壊するとそれ以前の常識がわからなくなる」という「アントニーの法則」

ここまで述べてきたのは日本歴史学界への提言の意図もある。だから無礼を顧みず率直に言わせていただくが、歴史学者だけで無く日本人のほとんどが「天才（あるいは英雄）は時代の常識を変える」ということを理解していない。

そのため私は、歴史には「アントニーの法則」があると述べた（『逆説の日本史 24巻明治躍進編』参照）。あえて繰り返さないが、ポイントは「天才が常識を破壊すると、その破壊された常識が次世代の常識になる。そうするとそれ以前の常識がまったくわからなくなる」ということだ。

たとえば「矢ガモ事件」を覚えておられるだろうか？　一九九三年（平成5）一月、東京の石神井《しやくじい》川で背に矢が刺さったままのメスのオナガガモが発見され、「かわいそうだ」「どうして無事なのか」などとワイドショーを中心に大騒ぎになった。奇跡的に矢は急所をすべて外れていたのだが、結局このカモは保護されて外科手術を受け、リハビリの後にまた野生に返された。この時、世論の同情はカモに集中し、犯人（結局不明のまま）のほうは何とひどいことをするのかと非難の的になった。

だが、もしこれが江戸時代初期の出来事で「犯人」が武士だったら、大いに称賛の的になった可能性もあるということを、多くの人が忘れている。当時は戦国時代が終わったばかりで、またいつ戦争があるかわからないという状態だった。従って、武士たるもの常に武芸(という人殺しの技術)を磨いておくべきだ、という常識があった。そうした時代に、すばしこく動き回るカモに見事矢を命中させるとは武士としてかくあるべし、日ごろの鍛錬の賜物だ、という評価はじゅうぶんにあり得る。

そうした武士の頂点に立つのが征夷大将軍《せいいたいしょうぐん》の徳川綱吉《つなよし》である。しかし、綱吉はもう平和な時代になったのだから日本人はもっと生命を尊重すべきだと考えていた。そこで人々の意識を完全に変えるために「犬を殺しても死刑」という法律を発布し、厳格に施行した。武士たちは不満タラタラである。そうした武士たちの目から見れば綱吉は、非常識きわまりない「武門の棟梁《とうりょう》にあるまじき存在」である。しかし、そんな法律を二十年以上続ければその間の世代交代で意識は完全に変わる。子供のころから生命を尊重することを常識とした人々が大人になり、その常識が定着する。しかし、そこで昔は「矢ガモ」が褒められた、それが常識だったということは忘れられる。

織田信長の話に戻ろう。私は戦国時代に「天下を取る」などという大それた発想を抱き、それを実行に移したのは(当初は)信長ただ一人だったと考えている。もちろん、前節で述べたようにどんなに斬新な、言葉を換えて言えば天才信長以外には誰にも思いつかなかったアイデアでも、いったん世に出てしまえば公開されるわけだからマネすることは簡単だ。武田信玄という男はそれをやろうとしたのだ。

なぜそんなことが言えるかと言えば、昔は身分の壁というものが厳然としてあったからだ。人間には平等などあり得ない、という常識だ。もちろん人間は平等だと説く人もいた。しかしそのように説いたイエス・キリストの言葉がヨーロッパで完全に実現されたのは、千七百年後のフランス革命である。常に熱心なキリスト教徒の国だったフランスも、身分があるのは当たり前で、平民が国王になるなどと言ったら嘲笑されるか殺害されただろう。

現代は日本でも世界でも「万人平等」が常識となっている。しかし、それは長い間のさまざまな「積み重ね」があってのことだ。幕末から明治にかけても「天皇という平等化推進体」を上手く使ったからこそ士農工商《しのうこうしょう》が四民平等になったのだ。すなわち、身分の壁は近代以前は常に厳然として存在したのである。

確かに戦国時代、「下克上《げこくじょう》」という言葉はあった。それを象徴するように、守護代に過ぎない連中が守護大名を追い落として戦国大名になるケースは少なからずあった。しかし、一国の主《あるじ》になるのと天下の主になるのとではまるで違う。鎌倉時代、実質的に天下を掌握した北条氏《ほうじょう》も決して征夷大将軍にはなろうとしなかったし、室町時代「半将軍《はんしょうぐん》」と呼ばれた細川政元《ほそかわまさもと》もそうだった。政元の時代に将軍になるには足利氏《あしかが》でなければ駄目だったし、関白《かんぱく》になるには藤原氏の中でも特別に選ばれた家柄「五摂家《ごせっけ》」の出身でなければならないという、身分の壁があった。信長は源氏でも無いし、名門の出身でも無い。父親の代に守護代の家老の家柄から成り上がった「出来星大名《できぼしだいみょう》」である。そんな身分の低い成り上がりが天下を取ろうとしても、「身分をわきまえぬ生意気な若造」として叩き潰される。それが当時の常識だ。信長の家より格の高い家柄は星の数ほどあるのだから。

しかし、信長は天下を取るという目標を半ば達成した。なぜそんなことができたのか？足利家の一族を自分の力で将軍に押し上げ傀儡《かいらい》政権を作り、その陰で経済力、軍事力を蓄え徐々に信長自身を世間に「天下人」として認めさせるという、それまで誰も思いつかなかったアイデアを実行したからである。信長がその天下取り計画を若いころから考えていたことは、桶狭間《おけはざま》の合戦で今川義元《いまがわよしもと》を倒した後、その勢いをかって年来の宿敵である松平《まつだいら》家を滅ぼさなかったことでもわかる。義元の後ろ盾を失った松平元康《もとやす》を攻め領国の三河《みかわ》国を奪い取ることが、あの時点でもっとも簡単に領土を増やす方法だった。しかし信長はそうせずに元康と同盟を結び、背後を安全にしておいて美濃《みの》国攻略に全力を注いだ。この計画では、まず京へのルートを確保しなければ話にならないからだ。

一方、これとは対照的に目先の領土獲得しか考えていなかったのが信玄だ。取りあえず隣国の南信濃《みなみしなの》を攻略し、次いで村上義清《むらかみよしきよ》を追い出して北信濃を確保したが、これは京とはまったく反対の方角だ。しかも村上義清が越後《えちご》の上杉謙信に泣きついたため、信玄は何度も北信濃で謙信と戦わなければならなくなった。背後を安全にするどころか常に警戒を怠れなくなり、その結果今川義元亡き後の今川領横領にも支障をきたし、徳川領となった遠江《とおとうみ》国へも全力を集中することができなくなった。信長が家康に行なったように、謙信の顔を立てて村上に北信濃を返してやりその代わり不可侵条約を結び、織田領美濃国、徳川領遠江国に全力を集中すれば信長の天下も相当な危機に陥ったことは間違い無い。謙信は律義な武将だし、彼には関東管領《かんとうかんれい》の使命を果たすため毎年北条の領国相模国を攻めるという仕事があったから、この不可侵条約は成立した可能性が高い。

ところが謙信と敵対してしまったために、対抗上信長とは同盟をせざるを得なくなり、結果的に信長が京へ進出し天下人としての足場を固めるのを放置する結果になってしまった。

■「戦国大名は誰もが天下取りをめざしていた」という〝伝説〟

このあたりであろう、信玄は信長の天下取り計画を認識した。それだけ大々的に実行すれば誰の目にもアイデアの中身はわかる。そこで信玄は、「あんな成り上がりの若造に天下を取らせてたまるか。わしのほうが天下の主にふさわしい」と思ったのだろう。確かに、当時の常識で言えば、信長にくらべて甲斐源氏《かいげんじ》の名門出身である信玄のほうがはるかに社会的地位は高い。だから信玄は方向転換した。文字どおりの方向転換で、取りあえず目先の領土拡張という方針は捨て京へのルートを確保する、という外交目標が立てられた。幸いなことに信長が傀儡政権の主としていた将軍足利義昭《よしあき》と決別したため、信玄のほうが「将軍の御意志」という形で動けるようになった。そしてとうとう信長の同盟国である家康の遠江国を完全攻略できる体制を整え、三方ヶ原《みかたがはら》の合戦で徳川軍を撃破したのだが、そこまでだった。その後信玄は発病し、結局遠江攻略を果たせずに死んだ。信玄は信長より十三歳年上だった。それゆえ、最初から天下取りに一直線に進んだ信長と違って、途中から方向転換した信玄が後れをとるのは当然の結果と言える。

それに初めから天下取りの拠点を移動することを考え、とくに足軽階級の兵農分離を進めていた信長に対して、信玄は旧態依然の兼業（百姓と足軽）兵士が軍勢の大部分を占めていた。また『甲陽軍鑑末書』によれば天下取りの拠点と考えていた相模国星谷も、巨城を築くつもりではあっただろうが、それは自然の地形を利用した謙信の春日山城《かすがやまじょう》のような旧態依然の山城である。経済の拠点としても陸上交易の要衝ではあるが内陸の、海には面していない土地である。信長が最終的に拠点を築こうとしていた、そして豊臣秀吉《とよとみひでよし》がそれを引き継いだ大坂城にくらべて、海外貿易の利を得られるような発展性は無い。

戦国時代、城は山に築くのが常識であった。攻められにくく守りやすいからである。もちろん平地の、交通の便利な場所に城を築いたほうが領国経営そして経済運営の拠点としては便利なのだが、そうした場所であればあるほど敵も大軍を集結しやすく城を攻めやすいという大きな欠点があった。だから、信長以前の武将は本拠とする城を平地に築くことは考えなかった。それは常識外の発想だったのである。しかし、信長は平地でも巨大な城にして堀を大きく深くすれば問題無いことに気がついた。ただし、建物を巨大化すなわち高層化するためにはこれまでに無い強度の基礎構造が必要である。だからこそ近江《おうみ》国の「ゼネコン」とも言うべき穴太衆《あのうしゅう》を重用したのだ。彼らは、当時もっとも強固な基礎構造である石垣造りの名人だったからである。そして信長が築城した安土《あづち》城は以降のすべての城の原型となった。大坂城も江戸城も姫路《ひめじ》城も広島城も系統的にはすべて安土城の「子孫」であり、春日山城や「星谷城」の「子孫」では無い。

こうした革新的なビジョンは、信玄の天下取り計画にはまるで無い。それはそうだろう、もともと信長のアイデアのサルマネなのだから。逆に信長がパイオニアとして「身分が低くても天下取りになれる計画」を実行したからこそ、貧農出身の秀吉は本来五摂家出身でなければなれない関白になれ、もともと源氏では無かった家康も征夷大将軍になることができた。だからと言って戦国時代の「信長出現以前」の人々が、こぞって「オレも天下人になれる」と思っていたことなど、当時の常識から見てまったくあり得ないということが、そろそろわかっていただけただろうか？

戦国の最後の勝者徳川家康は再び「徳川家に生まれなければ将軍になれない」という身分の壁を作った。万人平等などという考えはせいぜい本願寺《ほんがんじ》の門徒ぐらいしか持っておらず、やはり生まれつき身分のある世界にしたほうが、社会秩序を保ちやすいからである。だからこそ幕末、この身分の壁を崩すのに先人は大変な苦労をしたのだ。そういうことがまったくわかっていないから、「戦国大名は誰もが天下取りを考えていた」などという歴史の実相とはまったく異なる「伝説」がはびこることになる。

団塊の世代以上の方は明確に覚えておられるだろうが、昔は今川義元が織田信長を攻めたのは「京へ上り天下に号令するため」だと言われていた。しかし、よくよく考えてみればそんなバカなことがあるはずが無い。今川家は確かに源氏の名門だが、天下に号令するとなれば武田など他の名門大名が黙っていない。結果的には信長に桶狭間の合戦でやられて義元は落命したわけだが、仮にあの合戦で勝ったとしても京をめざすならば、通路となる各地の大名に何らかの根回しもしておかなければならない。他家の大名の軍団が自領を通過するなど、どの大名も基本的には認めない。京へ行くと称して自分の城に攻め寄せてくるかもしれないからだ。しかし、信長は早くから尾張《おわり》国から美濃国および伊勢《いせ》国に進出し、さらに京への通り道となる南近江の大名六角《ろっかく》氏を撃破し、北近江の大名浅井《あざい》氏とは同盟した。きちんとルートを確保しているのである。

上杉謙信も京に上ったことはあるが、それは京への進撃ルートを確保していたのとはまるで違う。また信玄は確かに信長に触発されて自分なりの天下取りを考えたのだが、それは兵農分離はそこそこにして基本的には周りの国を次々に攻め取って広げていくという、これも旧態依然のやり方であり、結論を言えばやはり信玄には天下は取れなかっただろう、ということである。

■「差別語追放」と「英語追放」に共通する言霊信仰

さて、ここで再び「日本語改造計画の悲喜劇」の話に戻るわけだが、これまでに述べた内容を繰り返したほうがいいかもしれない。

ポイントは日本語には漢語との「腐れ縁」(『漢字と日本人』高島俊男)があり、「カナモジカイ」の主張のように、あるいは現代の韓国のように漢語を追放することは言語としての日本語を劣化させる恐れがある、ということである。ただ、先人がそうした方向での日本語改造を実行しなかったのは、こうした合理的な理由よりも言霊の影響という宗教的な理由のほうが大きかったということを述べた。

次に、団塊の世代が典型的だが、もっとも頭脳が柔軟な中学生高校生の時代に、基本的に週四時間の「英語」の授業を中学で三年、高校で三年合わせて六年間受けているはずなのに、なぜ彼らの多くは俗に言う「英語ペラペラ」では無い（失礼！）のか？　という問題である。

その理由は、明治政府が国民が等しく「英語が話せる」ことを教育の目標にしなかったことにある。その第一目標は英文解釈すなわち「英語の本が読める」ということであり、第二目標は英文法（英作文）つまり「わからないところがあったら著者に質問の手紙が出せる」ということだ。英会話については、それを必要とする外交官や最先端の技術者を海外留学させて学ばせればいいという考え方であり、明治政府が英語教育の目標をこのように設定したからなのである。

明治政府がそのような政策を取ったのは無理も無い一面もある。英会話を重視するなら、今も昔ももっとも重要なことはネイティブの話し手、つまり英米人から直接正確な発音をとおして学ぶことだ。しかし、明治時代に子供たちすべてに英米人の教師を供給するなどまったく不可能である。明治の日本は関税自主権も無い世界の最貧国だ。せっかく幕末まではおそらく世界最高の金保有国（＝最富国）だったにもかかわらず、朱子学の毒にやられて大量の金が海外に流出し、せっかくの富を失ったばかりか開国を渋ったため結果的に不平等条約を押しつけられてしまった。一方、英米とくにイギリスは帝国主義の遂行により世界でもっとも豊かな国になっている。つまり、そうした国から教師を呼ぶにはべらぼうなカネがかかる、ということだ。

政府は「お雇《やと》い外国人」を呼ぶのにも相当苦労した。カネの問題ばかりでは無い。日本はその直前の幕末までガイジンを斬り殺していた国なのである。当然日本から誘われた人間は「生麦《なまむぎ》事件のあった国だよな」という思いが脳裏をよぎる。当時の日本のリーダーである伊藤博文《いとうひろぶみ》も「元テロリスト」だ。つまり、明治時代においては「すべての初等教育の場にネイティブの英語教師を配置する」などというのは机上の空論であって、まったく実行不可能なことであった。だから明治政府がこのような英語教育方針を取ったのは、やむを得ないことだったと評価するしかあるまい。

しかし、それから百年以上もたった今、状況はまったく変わった。ネイティブの英語教師の確保は少なくとも明治時代にくらべればはるかに容易だ。にもかかわらず、相変わらず英語教育において「週四時間の授業を中学高校で通算六年も続けている」のに、国民の多くが「英語ペラペラ」にはほど遠い状態である。大改革が必要なのはあきらかだろう。

では、なぜそれをやらないのか？

これは現代の問題であるとともに、日本の長い歴史を通じての問題でもある。たとえば、大日本帝国陸軍という組織があった。陸軍の目的は何か？　当たり前で、今さら書くのもバカバカしいほどだが、国を守ることであろう。ところが、実際には帝国陸軍は「暴走」して守るべき国を滅ぼしてしまった。そして同時に守るべき貴い国民の命を多数犠牲にした。大日本帝国陸軍は国民を守るのでは無く天皇を守る組織だったのだと考えたにしても、その天皇をして結局降伏というもっとも屈辱的な状況に追い込んだのも帝国陸軍である。それが帝国陸軍という組織の実態であり末路であった。これも言うまでも無いことだが、その結局日本を滅ぼした組織に対して日本人は多くの人材と大量の資金をつぎ込んできた。それは「どぶに捨てた」のでは無い。それなら単に無駄になっただけだが、実際にはその膨大な投資で「首つり用の縄」を買った、いや買わされたのである。このことをわれわれ日本人は決して忘れるべきではない。

だから戦前の軍部暴走の被害者である人々、そこには教育的な面での被害者も含まれるが、彼らが戦前の陸軍を徹底的に批判するのは当然であり、感情的にも理解できる。ただし、問題はその批判がまさに感情的で論理的では無く、本質的な問題点を分析しそれを踏まえた批判では無いことだ。実例はこの『逆説の日本史』シリーズで何度も語ったところだが、言葉の問題で言うならば、映画『座頭市《ざとういち》』シリーズ等を一時はテレビ放送不可に追い込んだ「差別語追放運動」であろう。詳しくは拙著『日本史真髄』を読んでいただきたいが、そういう「差別語追放」を主導した人々は、同時に戦前の陸軍（あるいは大日本帝国）の徹底的な批判者であった。にもかかわらず、その「差別語追放」が戦前の陸軍がもっとも愚かしい過ちの一つ「英語追放」と同じく、言霊信仰に基づくことをまったく理解していなかった。自分たちがもっとも批判してやまない組織の愚行と同じことを、完全な正義と思って実行している。人間としてこんな愚かな態度は世界的に見ても珍しいだろうが、彼らを徹底的に罵倒することは私にはできない。なぜなら、彼らも戦後の誤った歴史教育の被害者であるからだ。そういう意味では戦前戦後を通じて二重の教育被害者であるのだが、戦後の「宗教無視」の歴史教育は事実の羅列に終わり何の意味も無い。暗記科目などと悪口を叩かれるのも、歴史を教育する側が本当の歴史を知らず、当然それを学ぶ側にも伝えていないからだ。一刻も早く、日本人がこういう状態から覚醒することを私は切に願っている。

■明治以来の旧態依然とした日本の英語教育は百害あって一利無し

さて、英語教育に話を戻そう。なぜ日本の英語教育は、周囲の状況がまるで変わっているにもかかわらず明治以来の旧態依然なのか？

おわかりだろう。戦前の陸軍のように「国を守る」という機能を果たすよりも自分たちの都合のいいように動くという「ムラの目標」が優先されているからである。私は現在の日本の英語教育界に課せられた使命、日本人に対して果たすべき課題は「国民が等しく基本的な英会話ができ、最終的にはネイティブとディベートできるところまで能力を高める」ということだと考えている。ならば話は簡単だ。まず今の中学高校の英語教師の資格（教員免許の内容）を英会話の能力重視に変更すればいい。ただし完全に内容を切り替えるのは四年後とする。なぜ四年後かと言えば、今の大学生の中には「英語をあまり話せない」英語教師の道を選んだ人もいるかと思うからだ。いきなり「その道は駄目」というのは気の毒である。また肝心の学校のほうにもそういう教師が多数いる。しかし、そういう教師をいきなり全員クビにするわけにはいかない。だから取りあえず、そうした教師が担当している授業時間の一部をネイティブの外国人に担当させる。人材は、たとえば安倍《あべ》晋三《しんぞう》総理が訪米の際にトランプ大統領に「日本全国一万五千校以上におよぶ中学高校に最低一人ずつアメリカ人の青年を教師として呼びたい」と申し入れて確保すればいい。「シンゾーは雇用を持ってきてくれた」と大統領は大喜びするだろう。もちろん渡航費、滞在費、報酬は日本側が負担せねばならないが、そうした青年たちが日本語の話し手である必要はまったく無い。彼らのやる授業の補佐に従来の英語教師がつけばいいからだ。英語教師は生きた英語が学べ、青年たちは生きた日本語を学べる。

こうした「英語教育大改革」の場合必ず問題になるのは、教職員労働組合の存在だろう。これまでの雇用を百パーセント守ろうとすれば、改革など実行できないからだ。しかし、こうした方法なら従来の雇用を確保したまま、英会話に重点を置いた新しい英語教育に転換することができる。そして、教員免許も英会話重視になっていくのだから、十年、二十年たてばわざわざアメリカの青年を呼ばなくても済むようになるかもしれない。

私は改憲論者だが右翼では無い。自衛隊は、世界的水準で見れば軍隊なのだから、それを憲法という最高法規で認めなければいけないという立場であり、逆に言えばハリネズミのように武装することが国家にとって正しい道だとは考えていない。むしろこうした語学教育の場でも外国との友好を深めることが、将来の日本にとって本当の意味の「防衛」になると確信している。やろうと思えば明日からでもできることだ。国がやらないなら県あるいは市町村、つまり自治体単位で実行すればよい。政治家にせよビジネスマンにせよ、外の世界に出れば出るほど日本人の英会話能力の低さが、いかに国益を損なっているか痛感しているはずである。百年以上前に決められた時代遅れの教育方針をこれ以上続ければ、まさに百害あって一利無しという言葉どおりのことになるだろう。

ところで、こう見えても(笑)私は日本SF作家クラブの会員でもある。だから科学の歴史や技術の発展史にも興味がある。古くからの読者は、私がかつてこの『逆説の日本史』

シリーズにおいて日本将棋とチェスを比較し、コンピュータはまだ日本将棋に勝てない(当時)から、チェスより日本将棋のほうが高度なゲームだと指摘した(『第8巻 中世混沌編』参照)ことを覚えておられるだろう。数えてみれば、西暦二〇〇〇年つまり二十世紀(21世紀は2001年から)の話である。ではコンピュータはいつ日本将棋の名人に勝てるのか? そして日本将棋よりさらに複雑(変数が多い)な囲碁の名人にいつコンピュータは勝てるのか? 日本将棋については羽生善治《はぶよしはる》名人が「あと何年ぐらい」と正確に予測していたのを記憶している。しかし囲碁はもっと時間がかかると思っていた。そして囲碁名人に勝つソフトよりも「別のソフト」のほうが先にできると思っていた。残念ながら、その予測は外れてしまったが、その「別のソフト」とは何かと言えば、万能翻訳機である。単なる翻訳ソフトでは無い。日本語でしゃべったことを同時通訳のように直ちに英語の音声にしてくれる機器だ。これができれば英会話が不得意な日本人もアメリカ人とディベートすることも不可能で無くなる。長年、通訳としてのスキルを磨いてきた方々には申し訳無いが、科学の進歩はそれまで人間社会に必要不可欠であった職業を、あっという間に不必要にするという非情な面も持っている。それにそういうものができてしまえば、先述した英語教育大改革もまったく必要無くなるかもしれない。それどころか英会話は機械でやればいいから、やはり英文解釈を教育の中心にしたほうがいいということにもなりかねない。

とにかく現代はコンピュータやＡＩ技術の発展によって、まさに近未来すら読みにくい社会になっていることは確実に言える。

さて、明治の日本語大改革は、すでに述べたように小説など文芸の分野では言文一致という形で推進された。美文調《びぶんちょう》の文語体を最後まで支持していた文豪森鷗外も、最終的には言文一致体に転向した。

では文芸以外の世界、たとえば経済界などでは改革はどのように進んだのだろうか。その改革を主導したのは、皮肉なことにと言うべきかもしれないが、軍部すなわち帝国陸海軍であった。

なぜなら「Fixing a bayonet !」などという英語を、「小銃に銃剣を装着せよ」などというまどろっこしい言い方にするようでは到底欧米列強には勝てないからである。ここは「着け剣！」と簡潔に訳さねばならない。つまり日本語の改造が必要になってくるということである。

■軍隊の近代化に必要だった「戦争ができない言葉」の改造

「号令」とは、多数の人間に一斉に同じ動作をさせる合図のことだが、これがもっとも必要とされるのは言うまでも無く軍隊である。そして、日本の近代化（＝西洋化）の最大の目的は欧米列強に負けない国家を造るということであったから、近代化はまず軍隊から始まった。欧米列強との戦争に勝てるような実力をつけなければ話にならないからである。軍隊の近代化とは武器、軍装、操練の西洋化である。操練つまり兵士の訓練には号令がつきものだ。当然、それには日本語改造を必要とする。すでに述べたように「Fixing a bayonet!」などという英語を「小銃に銃剣を装着せよ」などと訳していたら効率的に兵を運用できない。幕末、勝海舟は官軍が「カミクズヒロイのような恰好（軍装）」をしてきたから幕府軍は負けたと嘆いたが、号令もそのように簡潔で機能的でなければならない。

この点でもじつは先人は大変な苦労をしたのである。

「小銃に銃剣を装着せよ」を「着け剣！」と訳したのは、伊豆韮山《いずにらやま》の代官だった幕臣江川《えがわ》太郎左衛門英龍《たろうざえもんひでたつ》の依頼を受けた石井修三《いしいしゅうぞう》らしい。石井は江川の弟子で、後に長崎海軍伝習所に派遣され一期生となった。勝海舟と同期ということになる。英語「Attention」を「気をつけ」、「At Ease」を「休め」、「Right about」を「まわれ右」としたのも、また海軍の基本用語である「Steady course」を「ようそろ」としたのも石井のようだ。そのまま直進せよの意味で、「宜しく候（よろしくそうろう）」を縮めたものらしい。ひょっとしたら、最初翻訳の対象は英語では無くオランダ語かフランス語であったかもしれないのだが、欧米列強の言葉同士なら文法語法に共通点が多いので翻訳は決して難しくない。だが欧米語を日本語に訳すのは大変だ。結果が目の前にあるので簡単に見えるかもしれないが、銃を持ったままで敬礼せよ」を「捧《ささ》げ銃《つつ》」などと訳すのに、先人は相当苦労したはずである。「銃

これも以前も述べたが、野球用語である「Strike out」を「三振」と訳すのは厳密には間違いである。ストライクを二球見逃して三球目を振っただけ（つまり一振）でも三振になるからだ。また、ヤハウェやアラーを「神」と訳すのも、日本語の「神」は複数の神々が同時に存在することを前提としているので、唯一絶対神であるヤハウェやアラーをこの言葉に訳すのも本来は間違いである。では、なぜキリスト教では唯一絶対神が二つ（ヤハウェとイエス）存在するのかという疑問を抱く読者もおられるだろうが、それは日本史では無く世界史の問題で、興味のある方は私の『逆説の世界史 第二巻 一神教のタブーと民族差別』（小学館刊）などをご覧いただきたい。

ここでは先に進もう。

「アントニーの法則」は、こうした場合にも適用できる。この場合は一人では無く、多くの優れた日本人が翻訳という手段を基本にして日本語の改造を行なった。そしてそれまでの常識を変えた。ところがいったん常識が変わると、それ以降の世代にはそれが当たり前になり、先人がとてつもない苦労をして常識を変えたという歴史的事実がまったく忘れ去られる。

日本軍、正確に言えば帝国陸軍という、末期には愚劣きわまりない状態になった組織に散々痛めつけられた被害者である評論家山本七平《やまもとしちへい》は、日本語は戦争ができない言葉であると述べている。具体的には「お待ちしています」では駄目で、「小官、当地ニテ貴官ノ来訪ヲ待ツ」という表現にしなければ戦争はできない。そこで軍人たち、これは長州の奇兵隊《きへいたい》あるいはフランス式の調練を受けた幕府陸軍あたりから始まったようなのだが、こうした主語や目的語を明確にした欧米語を模範とした文章が作られ、徐々に日本の文章を変えていったのである。

日露《にちろ》戦争において日本の勝利を確定させた日本海海戦に参謀として参戦し、聯合艦隊司令長官東郷平八郎《とうごうへいはちろう》大将を補佐した秋山真之《あきやまさねゆき》少佐について、司馬遼太郎《しばりょうたろう》は日本における軍隊の文章の完成者として評価している。ロシアのバルチック艦隊がどの海峡をとおって旅順《りょじゅん》に向かうか明確では無く、東郷や秋山が苦悩していたことはいずれ日露戦争の項で触れるが、日露戦争が勝利に終わり戦時の編成である聯合艦隊が解散するにあたって、東郷が述べた式辞を秋山が起草した。その「聯合艦隊解散之辞」は軍事面における日本語改造の一つの頂点を示したものであると考えられるので、以下に全文を掲げる。漢文調で少し読みづらいと思うが、それほどの長文というわけでも無いので、しっかり目をとおしていただきたい。

■秋山真之が起草した軍事面における日本語改造の頂点『聯合艦隊解散之辞』

二十閲月ノ征戰已ニ往事ト過ギ我ガ聯合艦隊ハ今ヤ其ノ隊務ヲ結了シテ茲ニ解散スル事トナレリ　然レドモ我等海軍々人ノ責務ハ決シテ之ガ爲ニ輕減セルモノニアラズ。此ノ戰役ノ收果ヲ永遠ニ全ウシ、尚益々國運ノ隆昌ヲ扶持センニハ時ノ平戰ヲ問ハズ先ヅ外衞ニ立ツベキ海軍ガ常ニ其ノ武力ヲ海洋ニ保全シ一朝緩急應ズルノ覺悟アルヲ要ス　而シテ武力ナル物ハ艦船兵器等ノミニアラズシテ之ヲ活用スル無形ノ實力ニアリ百發百中ノ一砲能ク百發一中ノ敵砲百門ニ對抗シ得ルヲ覺ラバ我等軍人ハ主トシテ武力ヲ形而上ニ求メザルベカラズ　近ク我ガ海軍ノ勝利ヲ得タル所以モ至尊ノ靈德ニ賴ル所多シト雖モ抑亦平素ノ錬磨其ノ因ヲ成シ果ヲ戰役ニ結ビタルモノニシテ若シ既往ヲ以テ將來ヲ推ストキハ征戰息ムト雖モ安ンジテ休憩ス可カラザルモノアルヲ覺ユ惟フニ武人ノ一生ハ連綿不斷ノ戰爭ニシテ時ノ平戰ニ由リ其ノ責務ニ輕重アルノ理ナシ　事有レバ武力ヲ發揮シ事無ケレバ之ヲ修養シ終始一貫其ノ本分ヲ盡サンノミ　過去ノ一年有半彼ノ風濤ト戰ヒ寒暑ニ抗シ屡々頑敵ト對シテ生死ノ間ニ出入セシコト固ヨリ容易ノ業ナラザリシモ觀ズレバ是レ亦長期ノ一大演習ニシテ之ニ參加シ幾多啓發スルヲ得タル武人ノ幸福比スルニ物無シ　豈之ヲ征戰ノ勞苦トスルニ足ランヤ　苟モ

武人ニシテ治平ニ偸安センカ兵備ノ外觀巍然タルモ宛モ沙上ノ樓閣ノ如ク暴風一過忽チ崩倒スルニ至ラン　洵ニ戒ムベキナリ

昔者神功皇后三韓ヲ征服シ給ヒシ以來韓國ハ四百餘年間我ガ統理ノ下ニアリシモ一タビ海軍ノ廢頽スルヤ忽チ之ヲ失ヒ又近世ニ入リ徳川幕府治平ニ狃《な》レテ兵備ヲ懈レバ擧國米艦數隻ノ應對ニ苦シミ露艦亦千島樺太ヲ覬覦《きゆ》スルモ之ト抗爭スルコト能ハザルニ至レリ　飜ツテ之ヲ西史ニ見ルニ十九世紀ノ初メニ當リナイル及ビトラファルガー等ニ勝チタル英國海軍ハ祖國ヲ泰山ノ安キニ置キタルノミナラズ爾來後進相襲ツテ能ク其ノ武力ヲ保有シ世運ノ進歩ニ後レザリシカハ今ニ至ル迄永ク其ノ國利ヲ擁護シ國權ヲ伸張スルヲ得タリ　蓋シ此ノ如キ古今東西ノ殷鑑ハ爲政ノ然ラシムルモノアリト雖モ主トシテ武人ガ治ニ居テ亂ヲ忘レザルト否トニ基ケル自然ノ結果タラザルハ無シ

我等戰後ノ軍人ハ深ク此等ノ實例ニ鑑ミ既有ノ錬磨ニ加フルニ戰役ノ實驗ヲ以ツテ更ニ將來ノ進歩ヲ圖リテ時勢ノ發展ニ後レザルヲ期セザル可カラズ　若シ夫レ常ニ聖諭ヲ奉體シテ、孜々奮勵シ實力ノ滿ヲ持シテ放ツベキ時節ヲ待タバ庶幾バ以テ永遠ニ護國ノ大任ヲ全ウスル事ヲ得ン　神明ハ唯平素ノ鍛錬ニ力メ戰ハヅシテ既ニ勝テル者ニ勝利ノ榮冠ヲ授クルト同時ニ一勝ニ滿足シテ治平ニ安ンズル者ヨリ直ニ之ヲ褫《うば》フ　古人曰ク勝ツテ兜ノ緒ヲ締メヨト

明治三十八年十二月二十一日

聯合艦隊司令長官　東郷平八郎

〈大意〉

たった二十か月あまりだったが、日露の戦いも過去のこととなった。我が聯合艦隊は見事にその任務を果たして解散する。しかし艦隊は解散しても、帝国海軍軍人の責務がこのために軽減されるということは無い。この戦役で収めた成果を保ち、さらに一層国運を盛り上げるには、平時戦時の別無く外国から攻められた時まず盾となってこれを防ぐ海軍が、いつでも戦えるような海上戦力を保持し、有事の際は直ちに対応できる備えが必要である。その戦力のことだが、戦力なるものは艦船や兵器のような形あるものの数によって決まるものでは無い。大切なのはこれを活用する「形の無い力」である。百発百中の砲が一門あれば、百発打っても一発しか当たらない砲百門と対抗することができる。このことの重要性を理解するならば、われわれ軍人は「形の無い力（猛訓練あるいはそれによって醸成された精神力）」の充実に重点を置くべきだ。もちろん我が海軍がこの戦いで勝利を得たのは天皇陛下の霊徳によるところ大であるが、また将兵の平素の猛訓練のたまものであり、それを考えるなら戦争は終わったとは言え、ゆっくり休んではいられない。軍人の一生とは常に戦いの連続だ。その責務は平時であれ有事であれ、その時によって軽減されるものでは無い。有事には戦力を発揮し、平時には戦力を蓄積し、軍人の本分を尽くすことにある。過去一年半にわたって、荒れる海で寒暑に悩まされ強敵と戦い生死の間をさまよったことは大変な労苦であったことは間違い無いが、後から考えればこれは長期にわたった一大演習であって、これに参加できたことは軍人として至上の幸福であったとも言えよう。もし軍人が平和に安心して有事を忘れれば、軍備の外見がいかに立派でもそれは砂上の楼閣のようなので、有事となればたちまち崩壊してしまうであろう。心すべきことである。神代の昔、神功皇后が三韓を征服されて後、韓半島は四百余年間、我が日本の支配下にあったが、海軍が衰微した結果これを失ってしまった。また近世では、徳川幕府が平和ボケ状態となり軍備を怠ると、わずか数隻のアメリカ艦に国中が悩まされ、またロシア艦が千島樺太《ちしまからふと》を狙ってもどうすることもできなかった。逆に西洋史における大英帝国においては、十九世紀の初期トラファルガーの海戦（ネルソンがフランスのナポレオンを破った戦い　引用者註）等に英国海軍が勝利を収め国家を安泰ならしめたばかりでなく、後継者もその伝統を守り常に世界の進歩に後れを取らぬよう努めたために、今日に至るまで永く国益を維持し、国威を伸張することができた。このような古今東西の歴史における教訓は、政治家だけで無く軍人が平時においても有事を忘れず国防を充実させていた国こそ、こうした成功を招くことができるということだ。われわれ軍人は、過去の実例それから学び取れる教訓を身につけ、将来の進歩を図り時勢に遅れないように努めるべきである。そして常に天皇陛下のご命令の下にひたすら奮励努力するならば、永遠に国家を護るという重大な責務を果たすことができるであろう。神は、平素から鍛錬を怠らず戦う以前に勝利を確定している者に栄冠を授けるが、ただの一勝に満足し平和のぬるま湯に浸かっているような者からは必ず栄冠を取り上げるだろう。そう、昔から伝わっている諺《ことわざ》にもあるではないか、「勝って兜《かぶと》の緒《お》を締めよ」と。

第一章のテーマである文章問題に触れる前に、この式辞の持つ歴史的問題点に触れておこう。最大の問題点は「神功皇后が三韓征伐を成功させ韓半島を日本の領土とした」という偽りの歴史が、トラファルガーの海戦などと並ぶ歴史的事実として明記されていることである。なぜこんなことになったかは、これまでに何度も説明したところだが、一言で言えば天皇を絶対化することによって成功した明治維新だが、その半面「天皇神話」がすべて歴史的事実として定着してしまったということで、その最大のウソが「日本は、過去に朝鮮を服属させた」ということなのである。海軍きっての頭脳と言われた秋山真之がそれを歴史的事実として認識し、後に海軍で神格化される東郷平八郎の言葉として採用したために、そのデタラメがますます喧伝《けんでん》される結果となってしまった。「教育勅語《きょういくちょくご》」ほどでは無いが「聖将東郷元帥」が後輩の海軍軍人たちに与えた影響はきわめて大きい。にもかかわらず、この「聯合艦隊解散之辞」は全文が引用されることはまず無いので、多くの識者がこの事実に気がつかずにいる。それがまさに歴史的問題点なのである。

■日本の軍歌第一号『抜刀隊』を作詞した反骨精神の持ち主

海軍の頭脳と言われた秋山真之が起草した「聯合艦隊解散之辞」は、前節で指摘した歴史的問題点は別として、こうした文章の模範として認識されていた。

司馬遼太郎も指摘しているが、とくに

而シテ武力ナル物ハ艦船兵器等ノミニアラズシテ之ヲ活用スル無形ノ實力ニアリ百發百中ノ一砲能ク百發一中ノ敵砲百門ニ對抗シ得ルヲ覺ラバ我等軍人ハ主トシテ武力ヲ形而上ニ求メザルベカラズ

〈大意〉

戦力のことだが、戦力なるものは艦船や兵器のような形あるものの数によって決まるものでは無い。大切なのはこれを活用する「形の無い力」である。百発百中の砲が一門あれば、百発打っても一発しか当たらない砲百門と対抗することができる。このことの重要性を理解するならば、われわれ軍人は「形の無い力（猛訓練あるいはそれによって醸成された精神力）」の充実に重点を置くべきだ。

というところが問題で、こうした考えの上に「至尊ノ靈德」つまり天皇の霊力、これは後に大御稜威《おおみいつ》という言葉にもなるのだが、これが加われば最悪の場合「武器など改良しなくても精神力で敵を圧倒できる」という考えにつながることになる。もうおわかりのように、そうなってしまったのが帝国陸軍で、三八式歩兵銃を太平洋戦争まで使い続けるということになってしまった。もっとも東郷平八郎、いや秋山真之はそうしたことにならないように戒めてはいる。

神明ハ唯平素ノ鍛錬ニ力メ戰ハヅシテ既ニ勝テル者ニ勝利ノ榮冠ヲ授クルト同時ニ、一勝ニ満足シテ治平ニ安ンズル者ヨリ直ニ之ヲ褫フ。古人曰ク勝ツテ兜ノ緒ヲ締メヨト。

〈大意〉

神は、平素から鍛錬を怠らず戦う以前に勝利を確定している者に栄冠を授けるが、ただの一勝に満足し平和のぬるま湯に浸かっているような者からは必ず栄冠を取り上げるだろう。そう、昔から伝わっている諺にもあるではないか、「勝って兜の緒を締めよ」と。

「戦う以前に勝利を確定している者」には、普段から武器の改良を怠らないという感覚も含まれているはずである。現に帝国海軍は太平洋戦争まで欧米列強ですら持っていなかった酸素魚雷やゼロ戦（零式艦上戦闘機）を開発していたが、陸軍は戦車を揃えたといっても肝心の装甲が敵の砲弾にやすやすと貫かれる粗悪なものであった。しかし高級参謀たちはそうした武器の品質の悪さを改良しようともせず、運用の問題（訓練が足らない）という形で現場の責任にした。その理由もすでに述べたところだが重要なことなので繰り返すと、すべての武器には「菊の御紋章」がつけられていたからだ。天皇がお造りになって兵士に授けていただいた兵器に欠点などあるはずが無い。それゆえ現場の兵士が文句をつけることなど不可能である。

またこれもすでに述べたことだが、明治という新しい社会を実現するために、身分や幕府や諸藩などの古い制度を徹底的に破壊する必要があった。どれも長い間それなりに役目を果たしてきたもので、それを否定するには絶対の権威がいる。それを日本人は天皇に求めたのである。しかし絶対ということは批判を許さないということで、山県有朋《やまがたありとも》らが他の政治勢力に利用されないために軍部を天皇直属にしたことで、かえって軍部は「虎の威を借るキツネ」と化し、外部から一切の批判を受けつけないどころか、逆に議会をコントロールするようになってしまった。それが昭和史における大日本帝国破綻の有力な原因である。

話が先走り過ぎた。国語改良の問題に戻ると、この「聯合艦隊解散之辞」でもっとも注目すべき言葉は、「形而上《けいじじょう》」であろう。「形がなくて、感覚ではその存在を知ることのできないもの。時間、空間を超越した、抽象的、普遍的、理念的なもの」（『日本国語大辞典』小学館刊）という意味なのだが、明治以前にはほとんど使われなかった言葉と言ってもいいだろう。従来の和文の中では非常に使いにくい生硬な単語である。形而上学という言葉も生まれた。英語「metaphysics」の訳語で、これも『日本国語大辞典』によれば、「事物の本質、存在の根本原理を思惟（しい）や直観によって探究する学問。アリストテレスの著作の一つが、この名で呼ばれたことに始まる。アリストテレスにおいては存在一般を考察する存在論、また、超越的なものを探究する学問であった。カントは純粋理性からの認識論をめざした。ヘーゲルは反弁証法的思考を形而上学的と呼んだ。また、俗に、現実から遊離した抽象的な学問のこと」である。それなら哲学でいいじゃないかと私は思うのだが、「マルクス主義で、事物を固定したもの、不変なものとして、他の事物との関連や変化を無視して、個々ばらばらにとらえる非弁証法的な思考方法」(引用前掲書)が「形而上学的思考方法」などと訳されるようになったこともあり、いわゆるインテリ層で非常にもてはやされた言葉となった。これとともに「形而下《けいじか》」という言葉ももてはやされた。意味は紹介するまでもあるまい。形而上の反対語である。前出辞典によると、夏目漱石も小説『吾輩《わがはい》は猫である』の「凡て今の世の学問は皆形而下の学で」という文章で使っているという。

ところで、大日本帝国は戦争に次々に勝っていくことによって国益を拡大し国際的地位を向上させてきた。従って軍隊への注目度は今とはまるで違うことに留意しなければいけない。軍歌は国民愛唱歌となって日本語改造の役目を果たした。日本の軍歌第一号とされているのは新政府征討軍が錦《にしき》の御旗《みはた》を掲げた時に使われた『トンヤレ節』(宮さん、宮さん)だが、これは軍歌というよりPRソング第一号と考えたほうがいいと前に述べた(『逆説の日本史　第21巻　幕末年代史編Ⅳ』参照)。

それよりも実質的日本の軍歌第一号と言えるものは、外山正一《とやままさかず》作詞の『抜刀隊《ばっとうたい》』であろう。これは一八七七年（明治10）の西郷隆盛《さいごうたかもり》が起こした西南戦争の中で最大の激戦と言われた田原坂《たばるざか》の戦いにおいて、警察官によって編成された別働第三旅団こと警視隊の中から抜刀隊が選抜され、西郷率いる薩摩隼人《はやと》と互角の白兵戦を戦った、その健闘を讃えたものである。最初は歌曲化は意図されておらず、外山正一はこれを詩の形で発表した。その一番は

我《われ》は官軍我が敵は
天地容《い》れざる朝敵ぞ
敵の大将たる者は
古今無雙の英雄で
これに従ふ兵《つわもの》は
共に慓悍《ひょうかん》決死の士
鬼神《きしん》に恥ぬ勇あるも
天の許さぬ叛逆を
起しゝ者は昔より

榮えしためしあらざるぞ
敵の亡ぶる夫迄《それまで》は
進めや進め諸共《もろとも》に
玉ちる劒《つるぎ》抜き連れて
死ぬる覺悟《かくご》で進むべし

敵の大将、つまり西郷隆盛を朝敵ながら「古今無雙の英雄」とし、その部下の薩摩隼人たちも「慓悍決死の士」と讃えているのが大きな特徴と言える。それは作者外山正一の経歴と関係があるのかもしれない。彼は幕臣で父は幕府講武所《こうぶしょ》の指南役であったが、少年のころから武芸よりも語学に秀で、とくに英語が達者で十六歳にして開成所《かいせいじょ》の教授方に抜擢されるほどであった。このため勝海舟の目に留まり、一八六六年（慶応2）、同じく幕臣の中村正直《なかむらまさなお》（サミュエル・スマイルズの『西国立志編《さいごくりっしへん》』の訳者）に連れられて幕府派遣留学生としてイギリスに渡った。幕府滅亡後は帰国し新たに徳川家の領地となった静岡にいたが、抜群の語学力が新政府の目に留まり外務省の官僚としてアメリカに渡った。しかしそこで官職を辞し、自活してミシガン大学に通い哲学などを学んだ。ひょっとしたら、新政府の「家臣」になることを潔しとしなかったのかもしれない。言わば反骨精神の持ち主であり、その反骨が西郷を「古今無雙の英雄」と呼ばせたのだろう。

■日本における「新体詩」の確立に貢献した三人の同志

じつは外山は日本に新しい詩の形を作ろうとしていた。それを新体詩《しんたいし》と呼ぶ。明治の初め、ただ単に「詩」と言えば漢詩を指した。しかし、英語の「poem」も「詩」と訳されるようになると、日本人はそれでは漢詩以外の詩というのはどのようなものだろうという疑問を抱くようになった。その要請に応えて生み出されたのが新体詩で、ちょうど小説の分野で坪内逍遥が言文一致体をめざして自ら実作を試みたように、外山は詩の分野でそれをやってみせたのである。同志には矢田部《やたべ》良吉《りようきち》と井上哲次郎《いのうえてつじろう》がいた。矢田部良吉は伊豆国韮山生まれというから土地の代官で幕臣の江川英龍の推挙を受けたのかもしれないが、外山と同じ開成所教授を務めた後にアメリカに渡り、コーネル大学で植物学を学んだ。井上哲次郎は九州太宰府《だざいふ》の出身で幕臣では無いが、やはり英語に熟達し、後にはドイツに留学し日本における哲学の草分けとなった。英語「metaphysical」を形而上と訳したのは他ならぬ井上である。この三人はともに東京大学で教鞭を執り、その縁で日本における新体詩の確立をめざす同志となった。新体詩は漢詩でも無く、いわんや和歌や俳句でも無い。今の日本人が「詩」としてイメージする形であり、その原型を初めて作ったと言える。

三人は共同で一八八二年（明治15）に『新体詩抄《しんたいししょう》』を刊行した。発行所は文明開化がもっとも早く進んだ横浜で、早矢仕有的《はやしゆうてき》が開いた丸善《まるぜん》商店であった。丸善は今では書肆《しょし》として知られているが、当時は総合商社のようなことをめざしていた。ちなみに丸善では、ハヤシライスの語源はこの創業者の名前に由来すると主張している。彼が考案した料理だというのだ（ハッシュドビーフライスがなまったものだという説もある）。

とにかく、明治日本の改革にはそうした民間の力も大きかったのである。この本にはウィリアム・シェークスピアの『ハムレット』のセリフの一部を三人が競訳するなどの興味深い試みもあり、その中に新体詩の「見本」として、外山の『抜刀隊』が掲載されたのである。現代風に言えば「大学の先生つまり素人が作った詩集」なのだが、とくに『抜刀隊』は玄人はだしの出来栄えであり、後に曲がつけられた。曲をつけたのは日本軍楽隊の指導者としてフランスから招かれたお雇い外国人シャルル・エドアール・ガブリエル・ルルーであった。ルルーが日本の詩を理解できたとは考えられないので、その周辺にいた軍事関係者がこれを「軍歌」にすることを思いついたのであろう。その試みは大成功で、この歌は国民の愛唱歌となっただけで無く、そのメロディーは後に陸軍の『分列行進曲《ぶんれつこうしんきょく》』として長く使われることになった。また、不平等条約改正への機運を大いに高めた『ノルマントン号沈没の歌』（『逆説の日本史 第24巻 明治躍進編』参照）も、この『抜刀隊』のメロディーを使った替え歌だったのである。

こうした経緯で、新体詩という概念も日本語に定着するようになった。島崎藤村《しまざきとうそん》の詩集『若菜集《わかなしゅう》』（1897年〈明治30〉発行）にある「初恋」の冒頭部分を見てみよう。

まだあげ初《そ》めし前髪の
林檎《りんご》のもとに見えしとき
前にさしたる花櫛《はなぐし》の
花ある君と思ひけり

（『藤村詩抄』岩波書店刊）

これは新体詩であり、あきらかに『抜刀隊』の延長線上にある。小説における坪内逍遥と同じで、外山正一らが実作というお手本を示したがゆえに国語の新しい形が定着したのである。ちなみにアメリカ留学経験のある外山と矢田部は、ともにカタカナとひらがなを排してローマ字表記にすべきだ、という意見の持ち主だった。

また、外山は今でも盛んに行なわれている万歳三唱《ばんざいさんしょう》の創案者だという説がある。大日本帝国憲法が発布された一八八九年(明治22年)二月十一日に、式典会場に向かう明治天皇の馬車に帝国大学の学生が、何か御祝いの掛け声を掛けようという話になった。しかし日本にはそうした習慣が無く、祝賀を動作で表わす表現が何も無かった。儀式や行幸では天皇に対して頭を下げるだけだったのである。静粛なのはいいが、これでは盛り上がらない。そこでおそらくイギリスでこうした時に叫ばれる「Hip hip hooray」(ヒップ・ヒップ・フーレイ)を見習って、あれを日本式にやればいいのではないか、という提案が出されたようだ。確かな史料が無いので推測に過ぎないが、当時大英帝国は日本のお手本だったし、結果的に決まったのが「万歳」では無く万歳「三唱」だったのは、やはり「ヒップ・ヒップ・フーレイ」が言葉を三回叫ぶからではないかと考えられるのである。じつは、なぜこう叫ぶか「元祖」は由来がはっきりしないのだが、日本の場合「万歳《まんざい》」は天皇の長寿を願うおめでたい言葉であった。しかし、それを「まんざい」では無く「バンザイ」と発音し三回繰り返すのは、学生から相談された外山の知恵だったというのだ。ありそうな話であることは間違い無い。

■「新しい日本語」の歌で日本人に西洋音階を取得させた文部官僚伊沢修二

今や空前のカラオケブームである。いや、ブームなどという生易しいものでは無いだろう。ブームなら一過性だが、カラオケは日本文化いや世界文化として定着している。アメリカのドラマでは主人公がカラオケに行くシーンなど当たり前になってしまったし、英米では「karaoke」、中国語では「卡拉ＯＫ」とほぼ日本の発音のままに表記され、国語辞典にも記載されている言葉となった。

この語源は「空《カラ》オーケストラ」であったらしい。本来、歌手の伴奏にはオーケストラ（あるいはバンド）がつくべきものだが、それを簡略化させるために伴奏を録音したものを使う。それを「カラオケ」と称したのである。ところが知恵者がいて、プロが使うカラオケテープをたくさん集めそれぞれ何回も再生可能にする装置、いわゆるカラオケマシンを作ってスナックなど酒を提供する場所に置けばジュークボックスの代わりに収益が見込める、と考えた。歌は聞くだけよりも、自ら歌いたい人間が当然いるはずだからである。

一般にはこの知恵者はこの功績でイグ・ノーベル賞平和賞を受賞した井上大佑《いのうえだいすけ》とされてきたが、最近の研究では異論もあるようだ。しかし、井上がこうしたカラオケビジネスを定着させた最大の功労者であることは間違い無い。

今の若い人には想像もできないことだろうが、カラオケは当初スナックなど酒を提供する場所と切っても切れない関係にあった。カラオケをしたければ、酒が飲めなくてもスナックやバーに行くしかなかったのである。ところが、一九八〇年代になって知恵者が、使われなくなった鉄道のコンテナをカラオケ専用ルームとして使うというビジネスモデルを考えた。カラオケボックスの誕生である。これでカラオケの対象年齢が大きく広がった。酒が飲めない未成年でもカラオケに行けるようになったからだ。

そして一九九二年（平成4）、ある企業が通信カラオケという画期的な手段を開発した。それまでは買い切りにしてもレンタルにしても、曲数分だけのレーザーディスクを店に用意しておかなければいけなかったが、その必要は無くなった。そこで、需要が少ないということで切り捨てられていた歌曲（懐《ナツ》メロや軍歌）なども「メニュー」の中に復活するようになった。

言うまでも無くわれわれは西洋音階でほとんどの歌曲を歌っている。一方で日本古来の音階は「ヨナ抜き音階」と呼ばれていることはご存じだろう。正式には「四七抜き音階」で日本の伝統的音階を西洋音階と対比した時、「ド」から四つ目の「ファ」と、七つ目の「シ」が無い音階（ドレミソラ）だからである。つまり日本の伝統的音階ではミュージカル『サウンド・オブ・ミュージック』の『ドレミの歌』も歌えないということなのである。幕末の人間は当然西洋音階の歌を歌えなかった。しかしそれから百五十年以上たった今、日本人は老若男女すべて西洋音階をものにしている。劇的な変化ではないか。いったいどういう事情でそうなったのか？

日本人と音楽のかかわりと言えば、まず鎌倉時代の平曲《へいきょく》つまり琵琶法師《びわほうし》が伴奏しながら

『平家物語《へいけものがたり》』を語ることが、もっとも大きなきっかけだったと言っていいだろう。それまで宮廷内には雅楽《ががく》があり、神社の祭礼には神楽《かぐら》があった。音楽としては神楽のほうが一般的だったかもしれないが、それに詞を乗せた「歌曲《かきょく》」が一般大衆にまで浸透したのは平曲の力が限り無く大きい。以前述べたように、『平家物語』は国民の識字率アップに大いに貢献したと考えられる。そして、そこから能《のう》（謡曲《ようきょく》）が生まれた。能は「カラオケ」性を持つところが、シェークスピア劇や歌舞伎《かぶき》と違うところだ。つまり素人が舞台の上に立って公演することも不可能では無い。だから豊臣秀吉は盛んにそれをやった。江戸時代に入ると舞台の上に立つのは大名など上流階級に限られたが、「台本」を頭からそのまま節をつけて歌う「謡曲」が大衆化し、庶民はともかく長屋の大家《おおや》ともなれば祝言《しゅうげん》（結婚式）に『高砂《たかさご》』を謳《うた》い上げることは当たり前だった。

では長屋の住人はどうかと言えば、「歌舞伎」という「ミュージカル」に常に親しみ、そこで歌われた長唄《ながうた》（江戸長唄）を口ずさんでいた。『鷺娘《さぎむすめ》』や『越後獅子《えちごじし》』などは実際に耳にした方もいるだろう。これに対し地唄《じうた》というのは「ご当地ソング」という意味で、「ご当地」とは関西のこと。こちらのほうが先に関西で生まれ、それに対抗する形で長唄ができた。また長唄はオペラにたとえればアリアのようなものだから、それよりずっと短く素人でも簡単に歌える歌もできた。それを端唄《はうた》という。「梅は咲いたか、桜はまだかいな」

で始まる『梅は咲いたか』（曲名）は端唄の代表曲だが、明治になってからの作品である。ただ、端唄自体は江戸後期からあった。

一方で船頭や百姓は民謡の源流である「節《ふし》」を歌っていた。『木曽節《きそぶし》』などであり、木場《きば》や祭りの場では『木遣《きや》り』が歌われていた。音曲に親しみ、人々が何かしら歌を歌っていたということでは近代以前も今もそう変わらないと言えるかもしれないが、問題は「ヨナ抜き」音階だ。これを克服しなければ西洋音楽など理解できないのである。別に庶民は西洋音楽など理解できなくてもいい、という考え方もあった、むしろそうした考えのほうが支配的だったが、明治人が強く意識していた西洋列強に一刻も早く追いつくという目標から考えると、やはりそういうことも考えるべきであり、さらに重要な課題である日本語改造の面から見ても、教育に歌曲を取り入れることはきわめて有用だと考えた先覚者がいた。心ならずも、あの芝山巌《しざんがん》事件のきっかけを作ってしまった文部官僚伊沢修二《いざわしゅうじ》である。

伊沢は、一八五一年（嘉永《かえい》4）信濃《しなの》国で高遠《たかとお》藩士の子として生まれた。江戸に遊学し中浜万次郎《なかはまんじろう》（いわゆるジョン万次郎）に英語を学ぶ機会を得たことが、アメリカとの縁を結んだ。万次郎は弟子を取らない主義であったが、あまりに伊沢が熱心に頼み込んでくるので渋々許したという。そして明治に入ると文部官僚となり切望していたアメリカへの留学が認められ、生涯の仕事となった吃音矯正《きつおんきょうせい》を学ぶとともにアメリカ人ルーサー・ホワイティング・メーソンから音楽教育の手ほどきを受け「唱歌《しょうか》」を学んだ。ここで伊沢は、アメリカでは子供の教育に音楽が効果的に使われていることに大きな感銘を受けたのである。伊沢は武家の生まれであると同時にあまり音曲とは縁の無い地方育ちであったから、最初のころは歌を歌うことも難しかった。それゆえ留学先の校長は伊沢には音楽の単位を免除するという特権を与えようとしたが、伊沢は国費で留学しているのに自分の都合で科目を免除されることは面目が立たない、と固辞した。しかし音楽的素養がまったく無いので授業についていけず、何度も悔し涙を流したという。子供のころから音楽に親しんでいるアメリカ人に追いつくためには、どうしても「補講」が必要だったのだが、ひょんなことからメーソンと知り合ったことで個人レッスンを受けられることになった。そもそもメーソンは、音楽教育を異国に普及させることに強い関心があったらしい。伊沢とはこの後家族ぐるみのつき合いとなるが、この縁でメーソンは一八八〇年（明治13）に明治政府に招聘され「お雇い外国人」として、文部省音楽取調掛《おんがくとりしらべがかり》となった伊沢とともに日本の音楽教育の基礎を築くことになった。音楽取調掛というポストもあらかじめ用意されていたわけでは無く、アメリカから帰った伊沢の建言によって新たに設けられたのである。

ちなみに、伊沢が音楽教育と並んで吃音矯正に強い興味を持ち生涯の仕事としたのは、最初オランダ語の学習から入り後に英語に転じたため、発音が不明瞭でその矯正から始めなければならなかったからだ。このことは、吃音で上手く日本語が話せない人間の発音を直す作業と共通性がある。

■小學唱歌はよき伝統を生かした「日本の歌」であるべき

この分野の研究を深めた伊沢は、音声学の大家であるグラハム・ベルの知遇を得た。あの「電話」を発明したベルである。そして電話が完成した時、ベルはその第一声に英語では無く日本語を用いたいと考え、通話相手に伊沢を指名した、という話が伝えられている。なぜ日本語なのかと言えば、母音《ぼいん》と子音《しいん》の混合である英語に比べ日本語は必ず各単語に母音がついており、マイクやスピーカーをとおした際に明瞭に聞こえるからだという。このエピソードは伊沢の伝記に書かれているというから、一概に「都市伝説」として否定するようなものでは無いようだ。では何と言ったのか。「おはよう」なのか「ごきげんよう」なのか。「もしもし」で無かったことは確かである。これは日本に電話が導入された際に別人が作った言葉だからだ。

帰国後の伊沢は国民がすべて通うことを義務づけられた小学校教育のために、西洋音階による新しい日本語の歌を作り歌わせ、西洋音楽の基礎を体得させると同時に「新しい国語」も身につけさせようと考えたのである。そこで小學唱歌が多数作られ、「唱歌集」が順次発行されることになった。作曲者もいない、作詞家もいない。ゼロからの手探りである。

しかし、伊沢はむやみやたらに外国曲を導入し、それをそのまま直訳して小學唱歌とするつもりはまったく無かった。あくまでそれは「日本の歌」でなければならなかった。目的は日本の西洋化ではあるが、それはまったくのサルマネでは無く日本のよき伝統を生かしたものでなければならないからだ。そこで作曲分野では雅楽や長唄の専門家、作詞分野では歌人、学者などに声をかけ理解を示した人に作詞作曲を依頼した。たとえば『小學唱歌集』初編は一八八一年（明治14）に世に出たが、その中の『五常《ごじょう》の歌』は次のような歌詞だった。

一．
野邊《のべ》のくさ木も。雨露《あめつゆ》の。
めぐみにそだつ。さまみれば。
仁《じん》てふものは。よのなかの。
ひとのこゝろの。命《いのち》なり。

二．
飛騨《ひだ》の工《たくみ》が。うつ墨に。
曲もなほる。さまみれば。
義《ぎ》といふものは。世の中の。
人のこゝろの。條理《すぢめ》なり。

三．
成像《よそほひ》ほかに。あらはれて。
謹慎《つつしみ》みてる。さまみれば。
礼《れい》てふものは。世の中の。
ひとのこゝろの。掟《おきて》なり。

（以下略。四．、五．がある）

「五常」とは一般的には「儒教で、人が常に守るべきものとする五つの道。仁・義・礼・智・信の五つの道徳」（『デジタル大辞泉』小学館刊）という意味で、道徳教育も兼ねようということだろう。よく見ると歌詞のそれぞれに「仁」「義」「礼」が織り込まれている。

だが、この歌は成功作とは言えないだろう。その証拠に、現在の日本でこの歌を歌える人はまずいない。作詞が稚拙でもメロディーが印象に残るものであれば、替え歌が作られ後世に伝えられていくものだが、この初編の中の歌の大部分は、そうした経過をたどらなかった。ちなみに、そうした作品はほとんどすべてが「作詞、作曲者不詳」となっている。不詳というより、文部省音楽取調掛作詞作曲ということだろう。

では、初編の作品はまったく後世に残らなかったのか？

それは違う。じつは数曲だけ、現代にいたるまで熱心に歌い継がれている曲がある。そうした曲が誕生した陰に、ルーサー・ホワイティング・メーソンの音楽家としてのアドバイスがあった。

昔のイギリス、その連合王国（正式名称）の一角を占めるスコットランドの民謡が日本古来の音曲とメロディー的に共通点があり、唱歌として使えるのではないかというアドバイスである。とくに推奨される曲があった。『オールド・ラング・サイン（Auld Lang Syne）』という。これに音楽取調掛に採用されていた国学者にして歌人稲垣千穎《いながきちかい》が作詞した。もちろん原曲には歌詞があるが、それを訳すのでは無くまさに日本の国情に合わせて創作的な歌詞をつけたのである。

最初は『螢《ほたる》』という題であった。現在は『蛍の光』というタイトルで親しまれている。

■『見わたせば』『戦闘歌』のメロディーは日本人なら誰でも知っているあの曲

『螢（蛍の光）』の歌詞（稲垣千穎作詞）は四番まであり、次のようなものである。

一．
ほたるのひかり。まどのゆき。
書《ふみ》よむつき日。かさねつゝ。
いつしか年も。すぎのとを。
あけてぞけさは。わかれゆく。

二．
とまるもゆくも。かぎりとて。
かたみにおもふ。ちよろづの。
こゝろのはしを。ひとことに。
さきくとばかり。うたふなり。

三．
つくしのきはみ。みちのおく。
うみやまとほく。へだつとも。
そのまごゝろは。へだてなく。
ひとつにつくせ。くにのため。

四．
千島《ちしま》のおくも。おきなはも。
やしまのうちの。まもりなり。
いたらんくにに。いさをしく。
つとめよわがせ。つつがなく。

原曲のスコットランド民謡『Auld Lang Syne』は、元はメロディーだけだった。それにスコットランドの詩人ロバート・バーンズが詞をつけたもので、英語というよりはスコットランド語である。英語に訳せば「Old Long Since」つまり「はるか昔から」になるようだ。原曲は古い友との交流を讃える歌で、稲垣が作った日本語の歌詞とはまったく関係無いと言っていいだろう。

『螢（蛍の光）』の一番にある「ほたるのひかり。まどのゆき」という歌詞は、故事成語の「蛍雪《けいせつ》の功」を元にしている。直接の意味は「苦労を重ねて勉強した成果」だが、なぜそうなったかと言えば中国の晋《しん》の時代、科挙（官吏登用試験）に合格するために苦学をしていた車胤《しゃいん》という青年は、貧しくて夜の燈明《とうみょう》用の油を買うこともできなかったため蛍を集めて照明の代わりにし、同じような境遇だった孫康《そんこう》という青年は窓辺に積もった雪の雪明かりをそれ代わりにした、という故事が伝えられているからである。そして四番は、まさに明治の国家意識を子供たちに認識させるために作られた歌詞と言っていいだろう。千島列島と沖縄までが日本の領土だということだ（この時点ではまだ台湾は日本領では無い）。伊沢修二が主導して世に出した『小學唱歌集』の初編には、前節で紹介した『五常の歌』それにこの『螢（蛍の光）』の他にも多数の曲が収められているが、その中の『見わたせば』という唱歌の歌詞を次に掲げる。

一・

見わたせば。あをやなぎ。花桜《はなざくら》。
こきまぜて。みやこには。

みちもせに。春の錦《にしき》をぞ。
さほひめの。おりなして。
ふるあめに。そめにける。

二.

みわたせば。やまべには。
をのへにも。ふもとにも。
うすきこき。もみぢ葉《ば》の。
あきの錦をぞ。たつたびめ。
おりかけて。つゆ霜《しも》に。
さらしける。

さてこの歌、後づけのこの歌詞はまったく忘れ去られてしまったのだが、今でもメロディーは残っている。いや、それどころか日本人でこのメロディーを知らない人間はいないと断言してもいいぐらいのものである。現在は何という曲のメロディーとなっているか、おわかりだろうか？　ヒントは原曲は日本の歌では無いこと。原曲の作者はあのジャン・

ジャック・ルソーであり、日本では多くの幼稚園で歌われている歌である。

答えを言おう。それは『むすんでひらいて』である。ためしに上記の歌詞で歌ってみれば、メロディーにきちんと合わせられていることがわかるはずである。この曲はルソーによって作られたが、原曲はメロディーだけだった。しかしリズミカルで印象的なメロディーなので、日本だけで無く各国でさまざまな歌詞がつけられた。誰も調べた者はいないが、たぶん「世界でもっとも多くの異なった歌詞を持つメロディー」のはずである。フランス原産だが、英米圏では讃美歌や童謡となった。

日本ではまず、この『見わたせば』以前にキリスト教教会経由で讃美歌としてこのメロディーが入ってきていたようだ。伊沢修二はそのあたりに注目したのかもしれない。やはり『螢(蛍の光)』を「作詞」した稲垣千頴らが、『古今和歌集《こきんわかしゅう》』にある素性《そせい》法師の和歌「みわたせば柳桜をこきまぜて都ぞ春の錦なりける」を「原詞」として唱歌にしたのだが、あまり普及はしなかった。もちろんそれはメロディーの「責任」では無い。その証拠に、ここから新たな替え歌が作られ、それが流行し定着した。それは現代の感覚から見ると仰天するような次の歌詞である。

一.

見渡せば　寄せて来る、敵の大軍　面白や。
スハヤ戦闘《たたかい》始まるぞ。イデヤ人々攻め崩せ。
弾丸《たま》込めて撃ち倒せ。敵の大軍撃ち崩せ。

二．

見渡せば　崩れ懸る、敵の大軍心地よや。
モハヤ戦闘勝なるぞ。イデヤ人々追い崩せ。
銃剣附けて突き倒せ。敵の大軍突き崩せ。

なんとタイトルは『戦闘歌』という。軍歌の作詞を得意とした鳥居忱《とりいまこと》の作品で、彼も文部省音楽取調掛の役人でルーサー・ホワイティング・メーソンに教えを受けたから伊沢とは兄弟弟子ということになる。鳥居の作品でもっとも有名なのは、『箱根八里《はこねはちり》』（瀧廉太郎《たきれんたろう》作曲）だろう。これは一九〇一年（明治34）に『中學唱歌』として発表されたもので、タイトルを見てわからなくても歌詞を見ればすぐにメロディーが頭に浮かんでくるだろう。次のようなものである。

第一章　昔の箱根

箱根《はこね》の山《やま》は　天下《てんか》の険《けん》
函谷關《かんこくくわん》も物ならず
萬丈《ばんぢやう》の山　千仞《せんじん》の谷《たに》
前《まえ》に聳《そび》え後《しりへ》にさゝふ
雲《くも》は山をめぐり
霧《きり》は谷をとざす
晝猶闇《ひるなほくら》き杉《すぎ》の竝木《なみき》
羊腸《やうちやう》の小徑《せうけい》は苔滑《こけなめら》か
一夫《いつぷ》關に當《あた》るや萬夫《ばんぷ》も開《ひら》くなし
天下に旅《たび》する剛毅《がうき》の武士《もののふ》
大刀腰《だいたうこし》に足駄《あしだ》がけ
八里《はちり》の岩《いは》ね踏《ふ》み鳴《なら》す
斯《か》くこそありしか往時《わうじ》の武士

（以下略）

正直言って私は鳥居の歌詞は好きではない。というか衒学《げんがく》的過ぎるように感じる。確かに明治時代は今よりはるかに人々の漢籍の教養が深かったし、子供たちも今よりずっと詳しく漢籍の勉強をさせられたわけだから、その手ほどきとしてあえて難しい言葉を入れるという配慮が必要だったかもしれない。「一夫關に當るや萬夫も開くなし」など、「厳しい関門なので一人で守ることができたんだな」と予測はつくかもしれないが、近代以前の中国の詩人としてはおそらくもっとも有名な李白《りはく》の詩の一節だということは、教えてもらうまではわからない。しかし、まず歌わせることによって無条件にこの一節を覚えさせておき、後から李白の詩の一節だと教えることは教育効果としては高いと思うし、私が高く評価している『平家物語』の教育効果（『逆説の日本史　第4巻　中世鳴動編』参照）と通じるものがあることは確かなのだが、何となくしっくりこない。それにこの曲が後世まで残ったのは、あきらかに作詞の力というよりは瀧廉太郎の作曲の力だろう。

明治を代表する作曲家として有名な瀧廉太郎の生涯は、きわめて短いものだった。生まれたのは一八七九年（明治12）で、亡くなったのは一九〇三年（明治36）だからわずか二十三年（満年齢）の生涯であった。瀧家は江戸時代に豊後《ぶんご》国(大分県)日出《ひじ》藩の家老職を務めた上級武士の家柄であるが、彼自身は父が維新政府の官僚になったので東京に生まれた。ただ、父が転勤も多かったので子供時代は地方で過ごした。彼の代表作『荒城《こうじょう》の月』は、子供のころ住んでいた大分県竹田《たけだ》市の城跡のイメージだと言われる（作詞の土井晩翠《どいばんすい》は別の城のイメージで作詞した）。早くから音楽の才能を現わし、十五歳にして東京高等師範学校附属音楽学校（後の東京音楽学校。現東京藝術大学音楽学部）に入校し、日本人で初めてピアノ曲独奏曲『メヌエット』、組歌『四季』などを作曲した。組歌『四季』は春のパートが『花』といい、「〽春のうららの隅田川《すみだがわ》……」（武島羽衣《たけしまはごろも》作詞）という歌い出しで、日本を代表する歌曲として知られている。

■それでも国民の愛唱歌となった中學唱歌『豊太閤』

中學唱歌が作られたのは、『小學唱歌集』が、『螢（蛍の光）』という数少ない成功例があったものの日本語と西洋旋律の融合があまりうまくいかず、失敗作が多かったという反省があったからだ。やはり曲が先、詞が後ではどうしてもぎくしゃくするのである。そこでまず日本語の歌詞が作られそれに作曲家が曲をつけるという通常の手順で作られた。プロの作曲家に委嘱もしたが一般公募もしたというから、おそらく課題の形で歌詞が示され競作の形をとったのであろう。廉太郎は三曲応募した。全曲当選したが、これも一人三曲までという制限があったからのようだ。

三曲とは『箱根八里』『荒城の月』に加えて『豊太閤《ほうたいこう》』であった。

現在まったく忘れられているこの曲の作詞者は、「新体詩」の創始者で軍歌『抜刀隊』の作詞者でもあった外山正一で、もちろん豊太閤とは貧農から身を起こし関白となり引退して太閤となった豊臣秀吉のことである。関白となり太閤となった人間はほかにも何人もいるので、区別するために豊臣出身の太閤、すなわち豊太閤という。その歌詞は次のようなものであった。

一．
戰《たゝか》へば勝《か》ち攻《せ》むれば取《と》る
僅《わづか》に數年天下《すうねんてんか》を一統《いつとう》
布衣《ほい》より起《おこ》りて四海《しかい》を治《をさ》む
御門《みかど》の震襟《しんきん》初《はじ》めて安《やす》し
國家《こくか》の隆盛是《りうせいこれ》より興《おこ》る
類《たぐひ》無《な》き知惠《ちゑ》比類《ひるい》なき武勇《ぶゆう》
嗚呼《あゝ》人《ひと》なるか　嗚呼神《かみ》なるか
嗚呼太閤《たいかふ》　豊《ほう》太閤

二、
萬里《ばんり》を隔《へだ》つる外國《とつくに》なるも
傲慢無禮《がうまんぶれい》の振舞《ふるまひ》あらば
討《う》ちて懲《こら》して降參《かうさん》せしむ
何《なに》より重《おも》きは國家の名譽《めいよ》
振《ふる》ひに振ひし日本《にほん》の國威《こくい》
輝《かゞや》き揚《あが》りし皇國《みくに》の國旗《こくき》
嗚呼人なるか　嗚呼神なるか
嗚呼太閤　豐太閤

三、
太閤出《い》づれば日本は狹《せま》し
世界《せかい》に示《しめ》せる無類《むるい》の功《いさをし》
萬里の果《はて》まで聞《きこ》ゆる譽《ほま》れ
皇國の名聲《めいせい》彼《か》れ故《ゆゑ》高《たか》し
日本《につぽん》男兒の誠《まこと》の鑑《かゞみ》

日本魂《やまとだましひ》斯《か》くこそあれよ
嗚呼人なるか　嗚呼神なるか
嗚呼太閤　豊太閤

この曲を聴いたことがあるが、正直言って瀧廉太郎の作品としては佳品とは言えない。すでに述べたように、作詞がよくなくてもメロディーが優れていれば、必ず替え歌が作られその曲は生き残るものだ。前出の『見わたせば』がその典型だろう。『むすんでひらいて』という歌詞をつけたのはじつは誰だか不明なのだが、この曲はこの見事な「リニューアル」によってこれからも生き続けるだろう。しかし『豊太閤』はその逆のルートをたどったということだ。

日清戦争が戦われたのは一八九四年(明治27)から翌九五年にかけてだ。今でこそわれわれは日本の勝利という歴史的事実をそのまま受け止めているが、何しろ日本が一千年以上の長きにわたって「お手本」にしてきた国家と闘うのだ、政府も国民も闘志を奮い立たせて覚悟を決める必要があった。そのことに大いに貢献したのが、一八九二年(明治25)に発表された軍歌『元寇《げんこう》』であった。一人の人間(永井建子《ながいけんし》)によって作詞、作曲されたこの曲は、メロディーも闊達で軍歌のジャンルにとどまらず明治を代表する名曲と言っていいだろう。

歌詞はすでに取り上げたので再引用はしないが、二番でモンゴル勢(実際には元として攻めてきたから中国)を「傲慢無礼もの　倶《とも》に天を戴《いただ》かず」と言っていることが重要である。

日本いや大日本帝国は常に正しく、その礼儀正しい日本に対して朝鮮問題などで何かと強圧的な態度を取る清国は「傲慢無礼」である、討つべしということだ。「なんぞ怖れん、われに鎌倉男児あり」「ここぞ国のため、日本刀を試しみん」。恐れることは無い。われわれは鎌倉時代に一度彼らに勝っている、ということだ。

しかし勝ったのはたった一回で、しかも向こうから侵攻してきたのを撃退しただけというのは物足りない。そこで海を渡って攻めて行った秀吉が「見直される」結果となった。「萬里を隔つる外國なるも　傲慢無禮の振舞あらば　討ちて懲して降参せしむ」。この時点ではすでに日本は清国に勝っている。しかしその戦勝にケチをつけたのがロシアを主導した三国干渉《さんごくかんしょう》であった。ロシアこそ大日本帝国に、そしてその「元首」である天皇陛下に対して、きわめて「傲慢無禮の振舞」に出たということになる。

永井建子の『元寇』は軍歌の枠を飛び出た「流行歌」と言うべきものであった。今も昔も流行する曲は内容が優れている。しかし中學唱歌『豊太閤』はそういうものではなかった。しかしそれでも国民の愛唱歌となった。「中学で必ず教える歌」になったからである。

そして日本は実際に「豊太閤」を神として復活させた。

■明治政府が唱歌を作ってまで意図的に人気を盛り上げた「外征の先輩」豊臣秀吉

一五九八年（慶長3）に亡くなった豊臣秀吉の遺体は、大甕《おおがめ》に塩漬け（あるいは焼酎漬け）にされて伏見《ふしみ》城内の蔵に安置されていた。唐入《からい》り（慶長の役）の真っ最中で、多くの兵士が朝鮮半島に駐屯していたからである。その死を秘する必要があったのだ。また、兼ねてから秀吉は死後神として祀られることを望んでいたので、遺体を仏教式に火葬することは憚《はばか》られていたのだ。そして朝廷から「豊国大明神《とよくにだいみょうじん》」の神号が贈られ、遺体の埋葬地に豊国社（豊国神社）が建立され一時は隆盛をきわめた。しかし、一六一五年（慶長20）に徳川家康によって豊臣家が滅亡させられると、徳川家は朝廷に奏請《そうせい》して豊国大明神の神号を廃止し豊国社への参道も塞《ふさ》いでしまった。つまり江戸時代、家康は東照大権現《とうしょうだいごんげん》という神だったが、秀吉はただの人だったのである。

幕末、風向きが変わった。徳川家を敵とした維新政府にとって「敵の敵」秀吉は味方である。しかも最終的には失敗に終わったとは言え、初めて中国を征服しようとした英雄でもある。欧米列強を見習ってアジアに進出しようとしていた政府にとっては、手本にすべき先輩ということにもなる。

まず明治天皇によって正式に豊国大明神の神号が復活され、京都を始め日本全国の秀吉ゆかりの地に豊国神社が建立された。一八九八年(明治31)には没後三百年ということで京都で豊太閤三百年祭が開催され、現在のような巨大な墓碑が建立された。これには、家康に協力し豊臣家を滅亡に導いた黒田《くろだ》、蜂須賀《はちすか》などの旧大名家出身の華族たちも集まり、盛大に三百年祭を祝っている。三年前に日清戦争に勝ったばかりで「英雄秀吉」を顕彰しようという気分が盛り上がっていたのである。記念碑も建てられた。現在、京都市の管理するフィールド・ミュージアム京都ホームページでは、その記念碑を次のように紹介している。

　豊太閤三百年祭記念碑　　ほうたいこうさんびゃくねんさいきねんひ
　明治31(1898)年、豊太閤三百年祭(没後三百年祭)が開催されたのに際し、豊臣秀吉の「偉勲」をたたえるために建立された。慶長4(1599)年に、秀吉に豊国大明神の神号が与えられた時の宣命から「兵威を異域の水に振い恩沢を率土の間に施す(外国に武力を振るい恩恵を天下に施す)」の十六字を刻している。
　建碑者久米民之助(1861~1931)は群馬県出身の土木建築家、実業家。明治31年から同37年まで衆議院議員をつとめた。実業家五島慶太の義父。

その碑文には上記の宣命の後に、「列国競武民之助深有欽乎公之偉勲適会公三百年大祭乃録其由以垂不朽焉」という文章が刻まれている。これは「世界の国々は武力を争い（領土獲得を争っている）。私（民之助）は今、豊公（秀吉）の先駆者としての武勲を誇りに思い、三百年祭にあたり公の偉勲が永遠に伝わるようにここに記す次第である」という、筆者久米民之助の賛辞であると同時に、日清戦争の戦勝に沸く当時の日本国民の賛辞でもあったろう。

しかし、秀吉の外征は結果的には失敗に終わり、朝鮮半島に確かに「兵威」は示したがどう見ても「恩沢」は朝鮮にも日本にもまったく示さなかった。それが歴史の真実なのに、大日本帝国はそれを国民には明かさず、都合よく再構成された歴史だけで国民を教育した。「列国競武」の時代にそれは確かに必要な部分もあったかもしれない。しかし、真実の歴史を教えられない国民は結局同じ過ちを犯す。秀吉の意図は確かに壮大だったが、朝鮮半島の冬は日本よりはるかに厳しく大河も凍るほどの寒さであるという基本的な情報を知らずして日本軍はその土地まで踏み込んだ。先鋒の小西行長《こにしゆきなが》軍の兵士の多くは暖国の肥後《ひご》国（熊本県）出身者で構成されており、大雪など見たことの無い彼らが現地で餓死あるいは戦病死したのは当然である。太平洋戦争でも帝国陸軍は当初、南方のガダルカナル島が決戦地となることなどまったく想定しておらず、基本情報の不足で補給にも失敗し、多くの兵士が戦わずして餓死するという結果を招いた。もし秀吉の外征の中身を正確に分析把握していれば、そういう過ちはひょっとしたら避けられたかもしれない。しかし、秀吉を神に祀り上げて喜んでいるようではどうしようもない。神に対しては批判など許されないからである。

もっとも秀吉の人気が爆発したのは、単に「外国に兵威を示した」からだけでは無い。足軽《あしがる》から関白という最高の地位にのし上がったからだ。江戸時代はどんなに優秀でもそういう出世は不可能だった。明治は違う。現に内閣総理大臣伊藤博文は「足軽から総理になった男」である。そういう時代に、大出世の先達である秀吉は歴史上の理想の人物だったのだ。だからこそ豊国大明神は立身出世の神様ともてはやされるようになったのである。『逆説の日本史　第十一巻　戦国乱世編』でも述べたように、秀吉は大恩人織田信長の死後その息子を殺すなどして天下を乗っ取っているのだが、そんな「大悪人」にもかかわらず国民的人気は非常に高い。その理由は、秀吉を褒めることは公式的には禁じられていた江戸時代でも「百姓出身なのに武士より優秀」ということで潜在的人気があったところに、明治政府が意図的にその人気を盛り上げたからである。

ここから教訓を導き出すとすれば、いかに国民的課題（この場合は欧米列強に負けない国家にする）の達成が重要でも、そのために歴史の真実を曲げるような教育をすれば、必ずそのしっぺ返しが来るということだろう。この経験を、私は今お隣の韓国の人々にぜひ知ってもらいたいと思っている。理由は再説する必要は無いだろう。そんな歴史の教訓もわからずに、いまだに韓国の歴史を無視した要求を認めるべきだと主張するマスコミや文化人やジャーナリストがいるが、そういう人々は、それがじつは韓国を滅亡に導くかもしれない行為だとまったく気がついていない。真の愚か者というのは、こういう人たちのことを言うのだろう。韓国を滅亡させるために活動している工作員だというなら話は別だが。

■「太閤の壮挙」を讃える唱歌に見える「軍国主義」の萌芽

ところで、こうした豊臣秀吉顕彰の流れの中で、中學唱歌『豊太閤』の改定普及版とも言うべき『豊臣秀吉』というタイトルの小學唱歌が作られた。外山正一の詞は、小学生にはちょっと難しい。そこで文部省ではもっとわかりやすくしたということだ。「中學」と「小學」の一番の歌詞を比べてみよう。

『豐太閤』

戰《たゝか》へば勝《か》ち攻《せ》むれば取《と》る
僅《わづか》に數年天下《すうねんてんか》を一統《いつとう》
布衣《ほい》より起《おこ》りて四海《しかい》を治《をさ》む

御門《みかど》の震襟《しんきん》初《はじ》めて安《やす》し
國家《こくか》の隆盛《りうせい》是《これ》より興《おこ》る
類《たぐひ》無《な》き智恵《ちゑ》比類《ひるゐ》なき武勇《ぶゆう》
嗚呼《あゝ》人《ひと》なるか　嗚呼神《かみ》なるか
嗚呼太閤《たいかふ》　豐太閤

一九〇一年（明治34）

『豐臣秀吉』
百年《ひやくねん》このかた　亂《みだ》れし天下《てんか》も、
千《せん》なり瓢簞《べうたん》一《ひと》たび出《い》づれば、
四海《しかい》の波風《なみかぜ》　忽《たちま》ち治《をさま》り、
六十餘州《ろくじふよしう》は　草木《くさき》も靡《なび》く、
あゝ太閤《たいかふ》　豐《ほう》太閤。

（作詞者未詳。一九一二年〈明治45〉）

『豐臣秀吉』の最後のフレーズは「中學」からの借用であろう。著作権問題は発生しない。

なぜなら外山は文部官僚の一員であるし、これ以降文部省は唱歌の作詞および作曲者はすべて文部省であり、かかわった個人の名は公表しないという方針に転じたからである。そこで、こうした小學唱歌、中學唱歌など「文部省製の唱歌」を合わせて現代では「文部省唱歌」と呼んでいるが、それは外部の人間のつけた通称であって正式名称では無い。文部省は単に唱歌と呼んでいた。

小學唱歌『豊臣秀吉』は二番までであるが、二番は次のようになっている。

餘力《よりよく》を用《もち》ひて　朝鮮《てうせん》攻《せ》むれば、
八道《はちだう》見《み》る間《ま》に　我《わ》が手《て》に破《やぶ》られ、
國光《こくくわう》かがやき　國威《こくゐ》あがりて、
四百餘州《しひやくよしう》も　戰《をのゝ》き震《ふる》ふ。
あゝ太閤　豐太閤。

「四百餘（余）州」とは中国全土を示す古い言い方で、日本にも鎌倉時代あたりから伝わっている。日本は旧国名で六十余州だから比較しやすく、中国の強大さを示すためにかつてはよく使われた。軍歌『元寇』の出だしも、「四百余州を挙《こぞ》る十万余騎の敵」である。

「小學」にあるとおり、秀吉が余力を用いて朝鮮そして明《みん》を攻めようとしたのは事実で緒戦の勝利も事実だが、四百余州が恐れおののいたかというと、脅威ではあっただろうが結果的には日本は明まで攻め込むことができなかった。撃退されたと言っても間違いでは無い。そういうことが歴史の教訓としてきちんと教えられていれば、たとえば太平洋戦争の開戦の時に「太閤の二の舞になるぞ」という説得も可能だったかもしれない。しかし、私の知る限りそんなことを言った日本人はいない。「太閤の壮挙」にあやかるべきだと言う日本人は掃いて捨てるほどいたが、教育というものの恐ろしさである。

私は「歌の力」ということを強調しているが、それはやはり国民を団結させるためには非常に有力な手段だからである。こうした路線の創始者はやはり伊沢修二だろうが、彼の段階ではまだ西洋近代化を実現するために、一刻も早く国民に西洋音楽の基礎を身につけさせようというのが第一目的で、そこで築かれた基礎を元に唱歌に「軍国主義」的な教育要素を加味していったのはその後の世代だろう。だが、伊沢の同志であった外山がすでに「太閤の壮挙」を讃える詞を作っているのだから、その萌芽はあきらかに当初から存在したのである。

そうは言っても、伊沢らの唱歌作成による音楽教育が多大な成功を収め、日本人がそれまでまったく縁の無かった西洋音楽を身につけたことは高く評価しなければならない。それを可能にしたのが、現在でも親しまれている数々の文部省唱歌である。全部の歌詞を引用したらそれこそ一冊の本になってしまうので、ここではそれぞれ一番だけを紹介しよう。歌詞を見ただけでメロディーが次々に頭に浮かんでくるはずである。

『桃《もゝ》太郎《たろう》』

　桃太郎さん〱、
お腰《こし》につけた黍團子《きびだんご》、
一《ひと》つわたしに下《くだ》さいな。

『浦島太郎《うらしまたろう》』

　昔昔《むかしく》浦島は
助《たす》けた龜《かめ》に連《つ》れられて
龍宮城《りゆうぐうじやう》へ來《き》て見《み》れば、
繪《え》にもかけない美《うつく》しさ。

『茶摘《ちやつみ》』

夏《なつ》も近《ちか》づく　八十八夜《はちじふはちや》、
野《の》にも山《やま》にも　若葉《わかば》が茂《しげ》る。
「あれに見《み》えるは茶摘ぢゃないか。
あかねだすきに菅《すげ》の笠《かさ》。」

『かたつむり』
でんく蟲々《むしく》　かたつむり、
お前のあたまは　どこにある。
角《つの》だせ槍《やり》だせ　あたまだせ。

『鳩《はと》』
ぽつ　ぽつ　ぽ、
鳩　ぽつ　ぽ、
豆《まめ》がほしいか、
そらやるぞ。
みんなで仲善《なかよ》く

食《た》べに來《こ》い。

以上は作詞作曲ともに不詳（文部省が公表していない）の作品である。『鳩』については瀧廉太郎の作品だと誤解している人がいる。瀧廉太郎は確かに『鳩ぽっぽ』というタイトルの曲を作曲している（東《ひがし》くめ作詞）が、まったく別の作品である。

唱歌については作詞作曲者を公表しないというのが、先に述べたように文部省の建前なのだが、中にはさまざまな事情によって作者が知られているものもある。たとえば、

『ふじの山《やま》（富士山）』　巌谷小波《いわやさざなみ》作詞

あたまを雲《くも》の上《うへ》に出《だ》し
四方《しほう》の山を見《み》おろして
かみなりさまを下《した》にきく
ふじは日本一《にっぽんいち》の山。

『故郷《ふるさと》』　高野辰之《たかのたつゆき》作詞、岡野貞一《おかのていいち》作曲

兎追《うさぎお》ひしかの山《やま》、

小鮒《こぶな》釣りしかの川《かは》、
夢《ゆめ》は今《いま》もめぐりて、
忘《わす》れがたき故郷。

『紅葉《もみぢ》』高野辰之作詞、岡野貞一作曲
秋《あき》の夕日《ゆふひ》に照《て》る山紅葉《やまもみぢ》、
濃《こ》いも薄《うす》いも數《かず》ある中《なか》に、
松《まつ》をいろどる楓《かへで》や蔦《つた》は
山のふもとの裾模様《すそもやう》。

『春《はる》が來《き》た』高野辰之作詞、岡野貞一作曲
春が來た、春が來た、どこに來た。
山《やま》に來た、里《さと》に來た、
野《の》にも來た。

『ふじの山（富士山）』の作詞者の巌谷小波は明治の文学史に名を残す児童文学者で、とくに『桃太郎』や『花咲《はなさ》か爺《ぢゞい》』などの「民話」を子供向けの『日本昔噺《にほんむかしばなし》』として再構成した功が大きい。最近は知られるようになってきたが、じつは西洋の『シンデレラ』や『グリム童話』もそのまま子供には語れないような「怖い話」や「エロ話」だった。やはり子供向けに改変されているのである。それを日本では巌谷小波がやったということだ。また高野辰之、岡野貞一コンビについては『唱歌誕生　ふるさとを創った男』（猪瀬直樹著　中央公論新社刊）に詳しい。

さて、この『花咲爺《はなさかぢゞい》』、最初発表された歌詞は次のようなものだった。

正直爺《しやうぢきぢゞい》が　灰《はい》まけば
野原《のはら》も山《やま》も　花《はな》ざかり。
殿様大層《とのさまたいそう》　よろこんで
ぢゞいに褒美《ほうび》を　下《くだ》される。

「あれ、これ違う」と思われただろう。そう、現在の日本人の知っている作品とは違う。これはいったいどういうことか？

■「修身」「国史」など他教科との複合効果をめざし成功を収めた明治の音楽教育

一九〇一年（明治34）、文部省によって作られた『花咲爺』の歌詞は次のようなものだった

一.
正直爺が　灰まけば
野原も山も　花ざかり。
殿様大層　よろこんで
ぢゞいに褒美を　下される。

二.
意《い》地《ぢ》悪《わる》爺《ぢゞい》が　灰《はい》まけば
目《め》鼻《はな》も口《くち》も　灰《はい》だらけ。
殿様大層《とのさまたいそう》　はらを立《た》て
ぢゞいに縄《なわ》を　かけられる。

誰が見てもそうだが、歌詞の出来はよくない。それでもメロディーがよければまだいいのだが、曲のほうもよくなかった。先にも述べたが、歌詞が今一つでもメロディーがよければ替え歌が作られ曲自体は生き延びるが、『花咲爺』はそういうものでは無かった。また「爺《ちじい》」論争もあったらしい。これは下品な言い方だから唱歌にはふさわしくない。「爺《ちじい》さん」と言うべきだ、という批判である。これにはそもそも民話のタイトルが『爺さん』でなく『爺』なのだからそこはやむを得ないし、作品の中でも殿様からの視線で作られているのだから「爺」でよい、という反論があったようだ。しかし、いずれにせよ失敗作と言っていいだろう。

ではどうすればよいか？　タイトルは「爺」のままでいくしか無いにしても、当事者を中心に作れば「爺さん」と言っても差しつかえ無いことになる。そういうことを頭に置いて作られたのが、今でもよく歌われる以下の作品である

一．

うらのはたけで、ぽちがなく、

しょーじきぢいさん、ほったれば、

おほばん、こばんが、ザク〳〵ザク〳〵。

六.

いじわるぢいさん、はひまけば、
とのさまのめに、それがいり、
とう〳〵ろーやに、つながれました。

（中略）

作詞者は石原和三郎《いしはらわさぶろう》といい、一八六五年（慶応元）、上野国《こうずけのくに》（群馬県）に生まれた。子供のころから幼児教育に深い関心を持ち、群馬師範学校を卒業し教員の道を選んだ。そして、この文部省製『花咲爺』のような生硬な作品を自分の詞で作り直した『教科適用幼年唱歌』を出版し世に問うた。その中にこの『はなさかぢぢい』が入っている。ちなみに犬を「ぽち」と呼ぶのは英語の「spotty（ぶち犬）」、フランス語の「petit（小さい）」などに基づくものであり、横浜などで西洋人が愛犬をそう呼んでいるのを聞いた日本人が、それを「犬につける名前」と誤解して広まったというのが通説である。つまり、これは明治以降の話でこの物語の時代（室町時代？）には無かった言い方ということになる。しかし、犬の名前をつけたことで、この歌が歌いやすいものになったことに異論がある人はいないだろう。作曲は同志とも言うべき田村虎蔵《たむらとらぞう》で、『キンタロー』（〽マサカリカツイデ、キンタロー、クマニマタガリ、オウマノケイコ）もこのコンビの作品であった。田村は一八七三年（明治6）生まれの石原より八歳年下の鳥取県出身で、東京音楽学校を卒業した教育界の人間である。

一方、石原は他の作曲家とも組んで新しい歌を作っている。その代表作は『うさぎとかめ』（〽「もしもし、かめよ、かめさんよ　せかいのうちに、おまへほど」）で、作曲者の納所辨次郎《のうしょべんじろう》は石原と同じ一八六五年江戸生まれで、やはり教育畑を歩み文部省音楽取調掛で鳥居忱らに師事したという。

石原の詞はストーリー性が高く、一番一番は簡潔だが全体量が多いのが特徴である。『はなさかぢぢい』は六番まで、『うさぎとかめ』も四番までである。このウサギとカメの話はもともとはイソップ童話である。それを『伊曾保《イソホ》物語』としてローマ字表記にしたのが、キリシタン批判書である『破提宇子《はだいうす》』著者の不干斎《ふかんさい》ハビアンであった。棄教前の修道士時代に、当時九州天草《あまくさ》にあったコレジオで活版印刷本として『伊曾保物語』は公刊された。その後キリスト教は禁止されたが、直接キリスト教に関係の無い『伊曾保物語』は仮名草《かなぞう》子《し》の一つとして受け入れられたのである。明治になってこれが『油断大敵』という表題で子供向けの修身(道徳)教科書に取り入れられるようになり、言わば「誰もが知っている話」になった。そういう土壌のもとにこの歌は作られた。明治の教育制度の注目すべき点は、音楽教育が単なる音楽教育だけで無く他の科目(たとえば修身)との複合効果をめざし、それ自体かなり成功しているという事実である。だが、このことを述べる前に石原らがめざした道がその後日本の音楽界に大きな影響を与えたので、そのことに触れておこう。

作詞家石原、そして作曲家田村、納所はいずれも教育界の人間で、言わば役人である。しかし、役人ながら「文部省唱歌」に満足できない部分はそれを私的に改めようとした。彼らの仕事である『幼年唱歌』は国の出版物では無い。「教科適用」という副題をつけ学校で使われることを目的とはしているが、あくまで私的出版だ。

そうなると、民間の側にもそうした動きに呼応して子供たちのためによい歌を作ろうではないかという動きが出てきた。彼らの作品は当然「文部省製」では無いから、唱歌とは呼べない。もちろん、民間の作品でも○○唱歌というタイトルがつけられることはあった。『鐵道唱歌』にはー「(楽器演奏だけで無く)歌詞のある歌える歌」という意味もあるからだ。『鐵道唱歌』がそうした曲の代表である。しかし、ここで問題にしているのは小中学校で「唱歌」という「教科」の時間に歌われた教科書に載っている歌曲のことだ。そういう「官製」の歌曲に対して、民間のほうからもっとよい子供向けの歌曲を作ろうという動きが出てきた。そうして作られたものを「童謡（創作童謡）」と呼んでいる。その創始者は鈴木《すずき》三重吉《みえきち》である。

一八八二年（明治15）広島県に生まれた三重吉は、東京帝国大学英文学科に進学。そこで夏目漱石の知遇を受け門下の一人となった。いったんは教育界へ進んだが文部省流の堅苦しい教育に反発して官途を辞し、新たな児童文学の確立をめざす雑誌『赤い鳥《あかとり》』を創刊した。一九一八年（大正7）のことだ。芥川龍之介《あくたがわりゅうのすけ》や北原白秋《きたはらはくしゅう》といった当時一流の作家もその趣旨に賛同し作品を寄稿した。芥川の小説『蜘蛛《くも》の糸』、あるいは白秋の詩『からたちの花』はこの雑誌に寄稿されたものである。『からたちの花』はのちに作曲家山田耕筰《やまだこうさく》がメロディーをつけ、「〽からたちの花が咲いたよ　白い白い花が咲いたよ」という「赤い鳥運動」を代表する名曲となり、のちに文部省唱歌に採用された。ちなみに、薄幸の童話作家として知られる新見南吉《にいみなんきち》の代表作の童話『ごんぎつね』も『赤い鳥』が初出である。

三重吉の定義による、つまり「これから新しく作る芸術性の高い子供向けの歌」の第一号は、『赤い鳥』に掲載された西條八十《さいじょうやそ》の詩『かなりや』に作曲家成田為三《なりたためぞう》が曲をつけたものだろう。「〽歌をわすれたカナリヤは、うしろの山にすてましょか。いえ、いえ、それはなりませぬ」という歌詞だが、多くの人が「聞いたことのあるメロディー」ではないだろうか。

西條八十は一八九二年（明治25）東京に生まれ最初は詩人としての道をめざしたが、この『かなりや』の大成功もあり作詞家に転じた。戦時中は軍歌の分野でも『若鷲《わかわし》の歌』（〽若い血潮《ちしお》の予科練《よかれん》の　七つボタンは桜に錨《いかり》）などをヒットさせ、戦後は歌謡曲の大御所となった。『青い山脈』『王将』などが代表作である。

長命した西條にくらべ一八九三年（明治26）秋田に生まれた成田は早逝したのであまり有名では無いが、それでも『浜辺《はまべ》の歌』（〽あした浜辺をさまよえば　昔のことぞ　しのばるる）の作曲者と言えば、少しはイメージが浮かぶかもしれない。

■子供の時に「頭に刷り込まれた」歌は死ぬまで忘れない

さて、他の科目（たとえば修身）との教育における複合効果に話を戻すと、すでに伊沢修二の段階からそのことは強く意識されていた。「修身」との絡みで言えば儒教的徳目の「五常」をそのまま歌にした実験的唱歌もあったが、とくに音楽教育との複合効果が顕著だったのは「国史（日本史）」である。すでに「豊臣秀吉（豊太閤）」は紹介したが、このほかにも源 義経《みなもとのよしつね》あるいは楠木正成《くすのきまさしげ》といった歴史上の人物を主人公にした唱歌が多く作られた。

二、三紹介すると、

『牛若丸《うしわかまる》』　作詞作曲者不詳（非公開）

一．
京《きやう》の五條《ごでう》の橋《はし》の上《うへ》、
大《だい》のをとこの辨慶《べんけい》は
長《なが》い薙刀《なぎなた》ふりあげて
牛若《うしわか》めがけて切《き》りかゝる。

（以下略）

じつはこれより先に出版された『幼年唱歌』にも、石原・田村のコンビで『牛若丸』というタイトルの唱歌がある。筆者は楽曲の音楽的価値判断はあまりできないが少なくとも歌詞のほうは、つまり子供の歌としてはこちらの「文部省唱歌」が優れていると思う。また、この『幼年唱歌』にある『新田義貞《にったよしさだ》』という唱歌よりも、「文部省唱歌」の『鎌倉《かまくら》』のほうが優れていると思う。

その歌詞はこんな具合だ。

一．七里《しちり》が濱《はま》のいそ傳《づた》ひ
稲村《いなむら》が崎名将《さきめいしやう》の
劒投《つるぎとう》ぜし古戰場《こせんぢやう》。

（中略）

五．若宮堂《わかみやだう》の舞《まひ》の袖《そで》
しづのをだまきくりかへし
かへしゝ人《ひと》をしのびつゝ。

六．鎌倉宮《かまくらぐう》にまうでては
盡《つ》きせぬ親王《みこ》のみうらみに
悲憤《ひふん》の涙《なみだ》わきぬべし。

（以下略）

（芳賀矢一《はがやいち》作詞　作曲者不詳〈非公開〉）

おそらく、石原、田村、納所といった「先輩」たちに、「後輩」の文部省官僚たちが「先輩たちの主張はそのとおりだと思いますが、肝心の『幼年唱歌』の中にも生硬なものがあるじゃないですか」という形で「挑戦」したのだろう。『幼年唱歌』はこうした試みとしては初めてのものだったから、中には十分に目的に沿っていないものもある。そこを後輩たちが「突いた」わけだが、勝手に石原らの心情を忖度《そんたく》すれば、決して不快では無かったと思う。子供たちの歌う歌がそうした歌に改良されることこそ彼らの目的だったからだ。とくにこの『鎌倉』という曲は厳密に言えば『新田義貞』に対抗しただけで無く、五番で義経の愛妾静《しずか》御前《ごぜん》の悲劇、六番で足利陣営に暗殺された護良《もりよし》親王の悲劇を盛り込んでいることにより、国史教育の上でも高い効果が期待できる。人間、幼少期に一度歌（音楽）で覚えたことは老人になって頭がボケても覚えている。国史の先生も「唱歌『鎌倉』の一番を思い出せ。あの名将とは鎌倉を陥落させた新田義貞のことだ」と言えばいい。こうした形で覚えた知識は人間死ぬまで忘れない。今の「事実の羅列を丸暗記させる」という歴史教育とは根本的に違う、質の高い教育と評価していいと思う。ちなみに、作詞者の芳賀矢一は一八六七年（慶応3）生まれ。同年生まれの夏目漱石とともに東京帝国大学に奉職していたこともあった。国文学が専門だったが、初等教育にかかわることによって作詞もこなすことになったようだ。

南北朝時代に関しては、鎌倉幕府に一度は敗北した後醍醐《ごだいご》天皇をひそかに励ました忠臣「児嶋高徳《こじまたかのり》」についても同名の「文部省唱歌」がある。これについては『逆説の日本史第七巻　中世王権編』で紹介しておいたが、それよりはるかに有名で戦前の世代なら知らない人はいないと言っても過言では無いのは『櫻井《さくらい》の訣別《わかれ》（楠公《なんこう》の歌）』だろう。楠公とは言うまでも無く南北朝時代の名将で後醍醐天皇に最後まで忠義を尽くした楠木正成のことだが、明治という天皇中心に国民が団結することが絶対に必要だった時代には、国民のめざすべき最高の理想像でもあった。

一、
青葉茂《あおばしげ》れる櫻井の　里《さと》のわたりの夕《ゆう》まぐれ
木《こ》の下陰《したかげ》に駒とめて　世《よ》の行《ゆ》く末《すえ》をつくづくと
しのぶ鎧《よろひ》の袖《そで》の上《え》に　散《ち》るはなみだかはた露《つゆ》か

二、

正成《まさしげ》なみだを打《う》ち払《はら》い　わが子《こ》正行《まさつら》呼《よ》びよせて
父は兵庫におもむかん　彼方の浦にて討死せん
汝《いまし》はこゝまで來つれども　とくとく歸《かへ》れ故里へ
（以下略）

（落合直文《おちあいなおぶみ》作詞　奥山朝恭《おくやまともやす》作曲）

作詞者の落合直文は一八六一年（文久元）陸奥《むつ》国（宮城県）に生まれたが、その後国文学者となり近代短歌の確立に力を注いだ。また作曲者の奥山朝恭は一八五八年（安政《あんせい》5）江戸に生まれ海軍で音楽の初歩を学び、伊沢修二の設立した文部省音楽取調掛に加わり邦楽の五線譜化を図った。この曲も思想的問題はともかく、名曲と評価していいと思う。

唱歌は子供のころ「頭に刷り込まれた」歌だから忘れない。しかし、それが世代を超えて広がるかどうかは、やはり楽曲としての出来にかかっている。現在も歌われているか、簡単に音源（CD、レコード、カセットテープ）が入手できるかがその目安となる。もっとも最近はインターネットが発達しているから「聞けない」という曲は激減したのだが。

それにしても、音楽と歴史を融合させる教育法はきわめて有効なのだが、現在ではそれがほとんど行なわれていないというのも、大きな問題である。

■『君が代』は天皇賛美では無く不特定の「相手」の長寿を願った賀歌である

これまでの記述でおわかりのように、唱歌と歴史（国史）教育を組み合わせることはきわめて効率の高い方法なのだが、戦後育ちの人間はそんな教育を受けた経験はまったく無いと言っていいだろう。私もそういう経験は無い。では、なぜこのように効率的な教育方法が完全に排除されてしまったかと言うと、国史教育そのものが大日本帝国に忠実な臣民《しんみん》を育てる「道具」と化していたために排除され、それに協賛する形の「文部省唱歌」も同じ運命をたどったということだろう。思想的にあまり偏っていない『牛若丸』などはともかく、『櫻井の訣別（楠公の歌）』などは忠君愛国教育の典型だと完全に歌われなくなってしまった。完全に歌われなくなったと言えば、軍歌的「文部省唱歌」もそうだ。いずれ扱うと思うが、日露戦争で日本海軍が行なった旅順港閉塞作戦で戦死した広瀬武夫《ひろせたけお》少佐（死後一階級特進して中佐）のことを歌った『廣瀬中佐』がその代表曲である。

一・轟《とどろ》く砲音《つつおと》、飛來《とびく》る彈丸《だんぐわん》。
荒波洗《あらなみあら》ふデッキの上《うへ》に、

闇《やみ》を貫《つらぬ》く中佐《ちゅうさ》の叫《さけび》。
「杉野《すぎの》は何處《いづこ》、杉野は居《ゐ》ずや。」

二．
船内隈《せんないくま》なく尋《たづ》ぬる三度《みたび》。
呼《よ》べど答《こた》へず、さがせど見《み》えず。
船《ふね》は次第《しだい》に波間《なみ》に沈《しづ》み、
敵彈《てきだん》いよいよあたりに繁《しげ》し。

三．
今《いま》はとボートにうつれる中佐、
飛來る彈丸《たま》に忽《たちま》ち失《う》せて、
旅順港外《かうぐわい》、恨《うらみ》ぞ深《ふか》き、
軍神《ぐんしん》廣瀬と其《そ》の名殘《なのこ》れど。

（作詞・作曲者非公開）

これも突っ込みを入れれば当時広瀬は「少佐」だったはず（歴史的人物として表現するなら中佐だが）だし、「杉野は居ずや」は正しい日本語としては「杉野はあらずや」だろう。杉野とは杉野孫七《まごしち》兵曹長のことだが、これも事件当時は「上等兵曹」であった。旅順港の入り口に船を沈めロシア帝国の旅順艦隊が外海に出られないようにするため、広瀬と杉野らは旅順要塞からの集中砲火を受けながら廃船を沈めようとしたのだが、作業にあたった兵員のうち杉野だけが脱出用ボートに戻ってこない。そこで指揮官の広瀬少佐は「船内隈なく尋ぬる三度」におよんだが、とうとう発見することができなかった。仕方なくボートへ戻ったところを敵弾の直撃を受け肉体は四散し（実際には吹き飛ばされただけだが）壮烈な戦死を遂げた、という実際にあったエピソードを唱歌にしたものである。部下の命を最後まで助けようとし自分の生命の危険を顧みなかった、ということで「広瀬中佐」は軍神に祀《まつ》り上げられた。

軍神は古くは「いくさがみ」と読み八幡大菩薩《はちまんだいぼさつ》などの戦争の神のことだったが、明治以降軍部では国のために壮烈な戦死を遂げた軍人を、手本として讃えるため「ぐんしん」にした。後には文字どおり神として祀られる例もあった。「広瀬神社」のようにである。

しかし昭和二十年の敗戦、そして大日本帝国の崩壊とともに軍神は一切否定され多くの神社も破却されて、教育の中から姿を消した。この『廣瀬中佐』という「文部省唱歌」は出来がよいほうで、こうした教育を受けた人々の中では愛唱歌にしている人も少なくない。また、この歌の舞台となった日露戦争はそれ以降の大日本帝国の戦争とは違い、有色人種の国家が初めて白人国家に勝った戦いでもあり、人類の平等化という理想に貢献した要素もある。さらに敵を倒す歌では無く味方を救う歌でもあるので、他の「軍国主義賛歌」とは少し違うような気が私にはするのだが、やはり戦争に負けそれまでの生き方がすべて否定されたという時代の潮流は重く、「文部省唱歌」からこの歌は追放された。

この『廣瀬中佐』はともかく、歴史上の人物あるいはエピソードと唱歌を絡ませて教育効果を上げるという方法自体は大変優れたもので、今後復活すべき余地はある。たとえば「文部省唱歌」の『鎌倉』のようなものを、現代の優れた作詞作曲家に委嘱してもっと作るという路線である。考えてみてもいいことだと思う。

ただし、そうした路線に絶対反対という人々も少なからずいる。そして、私の個人的印象だがそういう人々の中には、『君が代』が国歌であることに反対の人々が少なくないように思う。要するに『君が代』は天皇賛歌であり大日本帝国の忠君愛国教育の柱であった「唱歌」だ。それを戦後の新憲法体制の中でも歌い継ぐことはおかしい、という主張だろう。確かに一理ある主張である。では、国歌『君が代』の成立の過程をたどってみよう。

日本を代表する百科事典『日本大百科全書（ニッポニカ）』（小学館刊）では、『君が代』の項は次のように始まっている。

日本の国歌。歌詞の原型は『古今和歌集』賀の部に「わがきみは」、『和漢朗詠集』には「きみがよは」の初句で、いずれもよみ人知らずで登載されている。同じ歌詞が俗楽では隆達節（りゅうたつぶし）（江戸初期）、箏曲（そうきょく）、地歌（じうた）、長唄（江戸中期以後）にあり、祝賀用である。古今集時代の「きみ」は、主人、家長、友人、愛人などを意味する二人称、三人称で幅広く使われ、隆達節のような遊宴歌謡にまで伝えられたのも、この表現が国民感情に受け入れられやすかったからであろう。横浜滞在のイギリス人軍楽隊長フェントンJohn William Fenton（１８２８―没年不明）が薩摩（さつま）藩士に洋楽講習中、日本国歌作成の要を説き、大山巌（おおやまいわお）は薩摩琵琶歌（びわうた）『蓬萊山（ほうらいさん）』中からこの歌詞を選び、フェントンが、へ長調の曲をつけた。（以下略）

この項目は大変長いので全文引用するわけにはいかないが、この先の記述を要約すると（つまりそれが『君が代』成立史になるが）、このフェントンの曲は歌詞とまったく合わずきわめて不評だったので、宮内省雅楽《ががく》課に作曲が委嘱され伶人長《れいじんちょう》の林広守《はやしひろもり》の旋律が採用され、ドイツ人エッケルト（Franz Eckert　１８５２―１９１６）が編曲した。これが現在知られている『君が代』である。

まずここまでの指摘できわめて重要なのは、「古今集時代の『きみ』は、主人、家長、友人、愛人などを意味する二人称、三人称で幅広く使われ」ていたということだ。つまり「君」は天皇を指しておらず、従って当然天皇賛歌では無く、不特定の「相手」の長寿を願う「賀歌《がか》」（賀の歌＝祝いの気持ちを表した歌。古今和歌集をはじめ、勅撰集部立ての一つとして、これらの歌を納めるが、特に長寿を祈る歌が多い。〈『デジタル大辞泉』〉）だった、ということだ。

江戸時代の日本には国旗も無ければ国歌も無かった。とくに国旗というのは他の国と区別するために用いるものである。鎖国をしている限りそんなものは要らない。しかし日本も外洋航海できる蒸気船を保有するようになると、他国の船と区別する必要が生じた。そこで、昔から日本人好みのデザインとして知られており、戦国武将も自分の旗指《はたさ》し物《もの》に使っていた「日の丸」を取りあえず船印として採用した。それが日本を象徴するデザインとして諸外国にも広く知られるようになり、結局国旗として採用されることにもなった。

一方、国歌を演奏しなければならないという場面は、なかなか訪れなかった。軍楽隊も無ければ国賓の来訪も無かったからである。しかし、さすがに大日本帝国としての体裁が整ってくるとそれが必要になった。他国との公式行事を行なう際は、双方の国歌を演奏するのが国際儀礼である。そのためにフェントンは、日本側に「国歌を早急に作成する必要がある」と説いたのであろう。それに対して、たまたま「担当者」になってしまった大山巌はおそらく多くの人が知っている、おめでたい歌ということで『君が代』を推薦したに違いない。

■『君が代』が戦後の体制にこそふさわしい国歌である理由

私はこの大山巌のセンスに敬意を表したい。前にも述べたことがあるかと思うが、世界の国歌はだいたい二種類に分類できる。一つは「国あるいは国王に対する祝歌」であり、イギリス国歌『ゴッド・セーブ・ザ・クイーン（あるいはキング）』、アメリカ合衆国国歌『星条旗』が代表的なものである。もう一つは「軍歌」であり、フランス国歌『ラ・マルセイエーズ』、中華人民共和国国歌『義勇軍行進曲』が代表的なもので、これらの歌詞はきわめて過激である。

ところが『君が代』はそのどちらでも無い。国歌というのはトランプ大統領と同じで「自国ファースト」であるのが常識だが、この歌は自分では無く相手の幸福を祈るものなのである。西郷隆盛のイトコで陸軍畑を歩んだ大山だが、後妻には会津《あいづ》出身の山川捨松《やまかわすてまつ》を迎え夫婦の会話は英語でするという開明的なところもあったから、『君が代』を選んだのだろう。天皇を「神」として持ち上げるつもりならば、他に国歌の候補はいくらでもあった。たとえば一九三七年（昭和12）、まさに日本が長い戦争に突入していく年に作られ、戦時中は戦死者発表のラジオニュースなので必ずBGMとして流された『海ゆかば』は、もともと『万葉集《まんようしゅう》』に収録されている大伴家持《おおとものやかもち》の長歌《ちょうか》の一節にメロディーをつけたものである。

海ゆかば
水《み》づくかばね、
山ゆかば
草むすかばね、
大君の
邊《へ》にこそ死なめ、
かえりみはせじ。

（信時潔《のぶときまよし》作曲）

訳すまでも無いと思うが、天皇（大君）のためなら戦って死に屍《しかばね》を海山に晒しても悔いは無い、という決意を込めた歌である。これは軍歌というより戦死者を悼む鎮魂歌の趣があるが、とくに大東亜戦争（太平洋戦争）が緒戦の勝利から一転して敗戦続きになったとき、ラジオから頻繁にこの曲が流れたので当時の人々にとっては苦い思い出しかないかもしれない。真珠湾《しんじゅわん》攻撃を敢行した山本《やまもと》五十六《いそろく》大将がアメリカ軍の待ち伏せで戦死した時も、その死の公式発表の時にラジオから流れたのはこの曲だった。大日本帝国臣民たるもの、天皇のために戦って死ぬのは当然だ、という考えを定着させるというのが「教育勅語」にも見られる明治政府あるいは軍部の基本方針だったから、『君が代』に代わってこのような歌が国歌になる可能性もゼロでは無かった。

「死」という文字があるのは「縁起が悪い」と言うなら、同じ長歌の中に「大君の　御門《みかど》の守り　我《わ》れをおきて　人はあらじと　いや立て　思ひし増さる」（大君の御門の守りは、我らをおいて他に無い、そんな思いに震い立つ）という部分もある。『万葉集』なら他にも柿本人麻呂《かきのもとのひとまろ》の「大君は神にし座《ま》せば、天雲《あまくも》の雷《いかづち》の上に廬《いほ》らせるかも」などという類の天皇賛歌が何首もある。しかし大山巌はこれらを選ばなかった。幕末の武士としてこれぐらいの歌は知っていただろうし、知人友人にそれを求めることもできたろう。しかし大山はそれをせず、『君が代』を選んだ。センスに敬意を表すという意味がおわかりだろう。

後のことはともかく、この時点では『君が代』は天皇賛歌では無い。もうお気づきだろうが天皇賛歌だったら「君」では無く「大君」であり、「代」というのは失礼で「御代《みよ》」でなければならない。では、「大君の御代」では無い『君が代』はいったいどんな意味なのか？　子供のころ「いわおとなりて」の部分を「岩音鳴りて」だと思い込んでいた人も結構いるのではないだろうか。じつは私もそう思っていた。もちろん本当は違う。「巌《いわお》と成りて」である。

君が代は
千代《ちよ》に八千代《やちよ》に
さゞれいしの
巌《いはほ》となりて
こけのむすまで

（林広守作曲）

〈大意〉
あなたの御寿命は
何千年も

小石が寄り集まって
巌（巨大な岩）と成り
それが苔《こけ》むすまで続きますように

自分では無く相手の幸せを祈る歌、それが『君が代』本来の姿であり、それは大日本帝国憲法から日本国憲法の世になっても通じる。いやむしろ、戦後の体制にこそふさわしい国歌であると言えよう。

しかし、私の目から見れば不毛な論争が一部で続いている。たとえば「さざれいしは有る」あるいは「無い」といったものである。

■長い年月をかけて大石に成長する「さざれいし」は岐阜に実在した？

国家『君が代』の一節「さゞれいしの巌となりて」とは、どういう意味か？

まず、「さざれいし」を辞書で引くと「細石　こまかい石。小石」とあり、「巌」は「高く大きな岩」とある（いずれも『デジタル大辞泉』小学館刊）。

つまりこれは「河原にある小さな石が長い年月をかけて大きな岩に成長する」という意味で、「君が代」つまり「あなたの時代、あなたの寿命」がそれほど「長い年月」続いてください、というのがこの歌の全体の意味である。

では実際には「小石が長い年月をかけ大岩に成長する」ということはあり得るのだろうか？　一般的にはむしろ大岩のほうが川の流れなどの物理的な力によって小石に分解される、という考え方のほうが合理的であると言えないことも無い。そこで、かつて「左翼系」からは「この歌は非科学的だ」という批判が浴びせられた。

ところが、このことに不快感を抱いていた「右翼系」の人々を喜ばせるニュースがあった。岐阜県在住の小林宗一という石の研究者が、揖斐《いび》郡春日《かすが》村（現揖斐川町）で発見された県指定の天然記念物となっていた「石灰質角礫岩《かくれきがん》」こそ「さざれいし」だという研究結果を発表したのである。これはまさに小石が石灰質に取り込まれて大きな岩に成長したもので、小林説はこの石の存在が都にも知られ『君が代』という歌が作られるきっかけとなった、というものだ。残念ながら、それを確実に証明する史料は存在しない。しかし、この石は古くから存在するものだから小林説をまったく否定することもできないのだが、私は「小石が大岩に成長する」という考え方は、こうした「実物」以前からあった考え方だと思っている。

この一件は、そもそもの発端となった「左」の批判がおかしい。『君が代』の原典は、今から一千年以上も前に詠《よ》まれた和歌である。それを現代の科学的常識で批判するのは、不公正な行為である。言いがかりと言ってもいい。現代ですら、たとえば『千《せん》の風になって』（新井満《あらいまん》訳詞）という歌を「人間の魂が死後『風』になるなんて非科学的だ」と批判することは、まさに言いがかりであろう。そもそも日本には古くから「塵《ちり》も積もれば山となる」という諺もある。それを前提に考えるのが歴史を的確に見る方法だ。そう考えれば、「塵が山」になるなら「小石が大岩」になると考えても不思議は無い、という結論になるはずである。だからムキになって「科学的証拠がある」などと反論する必要は無い。「そんな言いがかりをつける人間は文化の本質、歴史の本質がわかっていない」と批判すればいいだけの話だ。

と言うわけで、これ以上この不毛の論争につき合うのはやめにしよう。

国歌『君が代』に関する最大の問題はこの「君」があきらかに「天皇」のことでは無いのに、多くの日本人がこれを「天皇賛歌」だと思っていることだ。もちろんそう思っている人が大勢いるのには理由がある。この『逆説の日本史』シリーズで何度も取り上げた、明治以来の「天皇を中心とした国家体制」に原因がある。

この点についてはもう少し詳しく調べる必要があるかもしれないが、私は当初この『君が代』を国歌に制定することに尽力した人々は、大山巌も含めてこれが後世つまり昭和の時代になって「天皇制絶対の賛歌」になるとは思っていなかったと思う。それはすでに述べたように同時期『軍人勅諭《ぐんじんちょくゆ》』の作成を推進した山県有朋が、これが「軍人の政治専断の錦《にしき》の御旗《みはた》」になることなど夢にも思っていなかったのと同じことである。しかし、日露戦争、第一次世界大戦を経て満洲事変、支那《しな》事変（日中戦争）と日本が果てしない戦争に突入していく中で、『君が代』の位置付けはあきらかに変わった。

『「君が代」の履歴書』（川口和也《かわぐちかずや》著　批評社刊）は、こうした『君が代』が平安時代の和歌から一般的な「祝歌」として国民に定着し、明治から昭和を経て天皇制絶対の賛歌になった過程を丁寧に検証した労作である。川口も「君＝天皇」説は学問的根拠は無いとしており、この点はまったく同感である。また川口は、一九三七年（昭和12）の尋常小学校修身の教科書で「『君が代』は、日本國の國歌」であり「外國の國歌が奏せられるときにも、立つて姿勢をただしくしてきくのが禮儀です」とわざわざ注意しているのに、それから五年たった一九四二年（昭和17）発行の『初等科修身書』では、『君が代』は国歌という表現では無くなり、外国の国歌についても礼儀を尽くせという注意が削除されていることを指摘し、その理由について次のように推測している。

> 我が国は他の国と異なる「神の国」だからです。それを他の国と同列であるかのように記述するのはけしからんという訳です。他の諸国には「国歌」がある。しかし我が

神国日本には他国と同様の国歌などない。「君が代」は現人神《アラヒトガミ》に対する儀式歌・奉祝歌であって断じて他国と同様の国歌ではない。国歌など不要である。文部省は神国日本の国体（日本の姿）を他国と同様に扱うつもりか、と恫喝《ドウカツ》されたのに違いありません。

（『「君が代」の履歴書』）

この推測は貴重であり、たぶん正しい。もちろんこの恫喝の主体は軍部であり超国家主義者である。そして川口は、現代日本の『君が代』を国歌として定着させようという勢力の中には、こうした超国家主義者の後継者たちがいて、再び日本を戦前に回帰させるための手段として『君が代』を利用しようとしていると、断罪している。これも一方的な思い込みとは決して言えない。確かにそういうことを主張している人々もいる。そこで、この考え方に基づき川口は「国歌斉唱義務不存在確認等請求訴訟」の原告の一員ともなった。これは簡単に言えば、卒業式などで教職員が起立して国歌を歌わなければならない義務など無いし、そうしなかったことを理由に校長等が教職員を罰するのは「思想・良心の自由」を保障した日本国憲法第十九条に違反する、というものである。こうした訴訟は一つではなく、それに対する判決も多岐にわたるため、その動向がわかるものを一つだけ紹介しておこう。「(国歌についての) 起立斉唱行為は、学校の儀式的行事における慣例上の儀礼的な所作としての性質を有するものであり、『日の丸』や『君が代』が戦前の軍国主義等との関係で一定の役割を果たしたとする当該教諭の歴史観ないし世界観を否定することと不可分に結び付くものではなく、上記職務命令は、その歴史観ないし世界観それ自体を否定するものとはいえない (平成23年5月30日最高裁判所判決より一部抜粋)」。

おわかりだろう。司法は今のところこうした主張を退けているのである。

もちろん司法判断がどうであれ、本当に『君が代』が国歌でいいのか、ということはきちんと議論されるべきである。前出の川口の『「君が代」の履歴書』の「はじめに」には、「一般教養として日本や各国の国旗や国歌を教えること、国旗や国歌に対する礼儀作法を教えることに反対しているわけではありません」と書いてある。このあたりはどうもわからない。世界共通の国旗や国歌に対する礼儀作法というのは、自分の国の国歌なら起立して斉唱し、他国の国歌なら起立して敬意を表すことだろう。それをしないということは、国歌としては認めないということだ。それなら、『君が代』など廃止せよ。新しい国歌を作れ」という主張になるはずだが、いくら読んでもそうした直接的表現は見当たらない。わからない、というのはここのところである。

私の読み落としということもあり得るが、はっきりしているのはこうした人々がやはり

「『君が代』が日本国の国歌であることは認めない」という考えを持っているに違いないということだろう。
じつは私はそう思っていない。しかし、その理由を述べる前に少し回り道が必要だろう。

■『君が代』を国歌として認めない人々がとらわれている「ケガレ」信仰

じつは『「君が代」の履歴書』の著者の鋭い分析力に私は感服した。とくに素晴らしいのは次のくだりである。

現代社会でも、家族が重病になった時など、万一のことを話し合うのは抵抗感があります。(中略) 口に出すと本当のことになってしまうという恐怖感を日本人は伝統的に抱いてきたのです。逆に言うと、どんなに危機的な状況に至っても、いたずらに楽観主義的な観測や気休め・慰めの言葉を言い、問題を真摯に受け止めず、ごまかす傾向もあります。

「口に出すと本当のことになってしまうという恐怖感」。『逆説の日本史』シリーズの愛読者なら説明する必要はあるまい。言霊(信仰)である。川口が優れているのは、この「恐怖感」つまり言霊が昔どころか現代でも日本人の行動を拘束しているということを、明確に認識しているということだ。

ならば、なぜ気がつかないのか？　こうした『君が代』反対論者」のほとんどが固執している「憲法九条改正絶対反対」も根底にはそれがあることを。

私は右翼では無い。少なくとも川口らが忌み嫌う超国家主義者では無い。しかし憲法九条は早急に改正し、自衛隊をきちんと認めるべきだと考えている。それに反対する人々がもっとも嫌う「報道」の内容は、日本の周囲に日本の平和を脅かすような国家があるという現実である。だからこそ護憲派のマスコミや文化人や教育者は、北朝鮮というとんでもない国家が日本のみならずアメリカも破壊できる核兵器を開発している間も、「楽観主義的な観測や気休め・慰めの言葉」的報道を繰り返し、国民を誤った方向に導いていた。

その語学力で〝鹿鳴館の花〟と呼ばれた捨松だが、薩摩出身の大山巌との縁談が持ち上がった際、会津戦争を戦った兄の山川浩は猛反対したと言われる（写真提供／近現代PL）

その結果、ついに北朝鮮はアメリカまで到達する核ミサイルを開発できる体制を整え、トランプ大統領も「これ以上の核兵器開発さえやめれば、現状を認める」というところまで追いつめられてしまった。現状とは民主主義など夢の夢の一党独裁、いや一家独裁体制で資金はあるのにきわめて多くの国民を餓死させ、裁判も無しに批判者を公開処刑する、というものだ。もちろんアメリカが実力でその現状を変更する可能性もあるが、それは戦争に訴えるということで必ず多くの血が流れることになる。日本だっていつ北朝鮮からミサイルが撃ち込まれ何十万、何百万人の犠牲者が出たって不思議は無い。北朝鮮は「日本列島の四つの島は、核爆弾によって海に沈むべきだ」などと威嚇しているのである。このような状況を招いたのは、いわゆる護憲派を中心とする人々が「危機的な状況になっても問題を真摯に受け止めず、ごまかす傾向」があったからである。最大の責任は彼らにあり、そうなった最大の原因は言霊信仰という「迷信」である。それに彼らは一刻も早く気がつくべきである。

もちろん、自民党あるいは安倍首相の改憲案に反対だという立場はあり得る。私も自衛隊の存在を追記するというだけの安倍案には反対だ。しかし、九条を一字一句変えることは許さんなどという考え方は、まさに古代からの迷信に振り回されたきわめて愚かなものだと言うしかない。

　ところで、日本は一度罪を犯して刑務所に入り出所後社会復帰した人間の再犯率が、諸外国にくらべて高いという批判があるのはご存じだろうか？　これも私に言わせれば、言霊と同じ「神道」からくる「ケガレ」信仰に基づくものである。一度「罪」によって「ケガレ」たものは二度と使えないという発想である。敬虔なイスラム教徒は異教徒が一度でも豚の調理に使った器具はケガレているとして絶対に調理には使わないが、こうした信仰は尊重するにしても日本人は日本人として自らの信仰や現代社会に調和しないものがあれば、改善していくべきだ。たとえば「アイツは前科者だから二度と社会で日の当たる地位を与えるべきではない」などという考え方は、真の民主主義の実現の立場から見れば徹底的に排除していくべきものである。

　ところが、一千年以上におよぶ長い『君が代』の歴史で、『君が代』が本当の意味で「現人神に対する儀式歌・奉祝歌」だったのは、ほかならぬ川口の分析によってもわかるように、長く見積もっても昭和十二年から昭和二十年までのたった八年間に過ぎない。それ以外はちゃんとした国歌だった。それでも「もともと天皇賛歌だったのだから日本国憲法の時代には合わない」と言うのなら、まだ話はわかる。だが、これも他ならぬ川口が分析しているように、『君が代』は「自分では無い他人の幸せを祈る歌」なのである。民主主義社会にもっともふさわしい国歌ではないか。

国家主義に利用された「前科」「前歴」があると言っても、それはほんのわずかな期間（たとえ明治以降、昭和20年までが全部そうだったとしても『君が代』全体の歴史からすれば10分の1程度）である。それをあげつらい『君が代』をおとしめるのは、「罪はケガレ」という神道的迷信にとらわれた態度であって、真の民主主義社会に生きる人間の取る態度では無い、と私は考える。

明治の文化大変革II

第二章

演劇そして芸術一般の変革

演劇改良運動と「女優」の復活

■世界の演劇史でも稀な「女形」という奇蹟

第一章「日本語改造計画の悲喜劇」で、「日本語」を静的な状態つまり文章の面から扱ってきた。もっとも最後に扱った唱歌は「動的」なものかもしれないが、第二章ではさらに「動的」な演劇を取り上げていこう。平たく言えば、江戸《えど》時代から明治《めいじ》にかけて「演劇はどう変わったか？」である。

あまり変わらなかったものもある。代表的なのが能《のう》、歌舞伎《かぶき》であろう。これは伝統的な芸を守ることが主眼となっているから、いくら「文明開化」したからと言っても、それほど劇的に変わったわけでは無い。もちろん重大な変化もあるのでそれは後に触れることにして、まず江戸と明治の最大の違いはなにか、というところから始めよう。

それは女優が再び舞台に登場したということである。

近代以前の日本にももちろん女優はいた。誰でも知っているのが「出雲阿国《いずものおくに》」だろう。『デジタル大辞泉』（小学館刊）には、「阿国歌舞伎の創始者。出雲大社の巫女（みこ）の出身で、慶長《けいちょう》（１５９６〜１６１５）ころ京に上り歌舞伎踊りを始めたという。歌舞伎の祖とされる。生没年未詳」とある。もう少し詳しく彼女のことを調べてみると、初めは北野天満宮境内や五条河原に小屋がけして、「ややこ踊」や「念仏踊」といった単純な踊りだったが、1603年（慶長8）春のころ、男装して歌舞伎者に扮（ふん）し、茶屋の女のもとへ通うさまをみせる「茶屋あそびの踊」を創案し、異常なまでの人気を集めた。これが「歌舞伎踊」である。歌舞伎踊の創始については、夫となった狂言師三十郎（鼓打ちの三十郎とも、あるいは歌舞伎者の名古屋山三〈なごやさんざ〉とも伝える）の指導と協力があったというが確かではない。阿国の芸団は佐渡へ行ったともいい、江戸に下って千代田城内の能舞台で芸を演じたともされる。（中略）1600年（慶長5）7月に、出雲国出身と名のる「クニ」が宮中に参入し、ややこ踊を演じたとの記録（時慶卿記（ときよしきょうき））がある。

（『日本大百科全書〈ニッポニカ〉』〈小学館刊〉より一部抜粋）

つまり「クニ」、通称「出雲阿国」と呼ばれる「女優」は伝説では無く確実に存在し、「歌舞伎」という新しいスタイルの演劇を始め大人気を博したということは歴史的事実なのである。歌舞伎は「歌唱」「舞踏」「演技（伎）」の三要素を兼ね備えたものという意味らしく、現代で言えばミュージカルといったところだろう。女優が男装したのだから現代では宝塚《たからづか》歌劇のようなものを連想するのが正しいのかもしれない。ただし、現代の宝塚とは違って

「清く正しく美しく」では無く、性的要素をアピールするものであったらしい。だからこそ頭の固い江戸幕府はこれに難色を示した。その後、女歌舞伎すなわち登場人物をすべて女優が演じるといった演劇もできたのだが、どうやらこれは売春行為を兼ねた「ショー」だったらしく作品は現存していない。そこで徳川《とくがわ》幕府はとうとう寛永《かんえい》年間（1624〜44）に「風紀が乱れる」という理由で女歌舞伎を禁止した。ほかにも若衆《わかしゅ》歌舞伎という男色に媚《こ》びる「ショー」もあったため、これも禁止された。残ったのは成年以上の男性が演じる野郎《やろう》歌舞伎だが、これだけは女優との共演も無かったために存続を許された。これが現在の歌舞伎の先祖で、彼らは男性が女性を演じる「女形《おんながた》」という世界演劇史でも類を見ない「奇蹟」を生み出し、もともとは人形浄瑠璃《にんぎょうじょうるり》の脚本であった近松門左衛門《ちかまつもんざえもん》等の一流の作品が後に歌舞伎の台本として採用されたこともあって、江戸を代表する演劇となった。ちなみに、なぜ近松門左衛門は歌舞伎では無く人形劇の台本を書いたのか？　それは当時はまだ「女形」が発達しておらず、「男女共演」が可能な演劇は人形劇だけだったからである。

従って、江戸時代に正式な女優は一人もいなかった。それどころか、女芸人が演劇の舞台に上がることすらめったに無かった。江戸城大奥《おおおく》では普段外に出られない女性たちのために、女中が男役として芝居を演じたこともあったという。また、舞台では無く広間なら女性が踊ることも、男性がその輪に加わることも問題無かった。祇園《ぎおん》や柳橋《やなぎばし》などの花柳界で行なわれていたことである。

明治《めいじ》になると当然海外の演劇が入ってきて女優が必要となってきた。しかし、約二百六十年間も女優がいなかった国でどうやって女優を誕生させるのか？　まさに手探りとはこのことである。

だからそれ以前に、別の分野で女性が、それまで上がることのできなかった「舞台」に上がり始めた。女優では無く女芸人である。女義太夫《おんなぎだゆう》という芸がある。近松などの人形浄瑠璃を上演する時舞台袖で三味線の伴奏のもとに語られるのが義太夫節である。名人の竹本義太夫が創始したのでこう呼ぶ。今と違って人形一体ごとに声優がつくということは無いので、まるで無声映画の活動弁士のようにナレーションから現場の状況、各登場人物のせりふまで全部一人でやらなければならなかった。当然、上手下手があり名人の芸は聞いているだけで楽しい。そこで近松の作品を江戸歌舞伎で男優が実演するようになった後も、義太夫語りだけが寄席芸として独立した。人形劇のフル上演と違って語り手と三味線弾きがいればいいのだから、気軽に地方にも行ける。最初、演者は男だけだった。しかし、江戸時代十九世紀初頭に京都、大坂で妙齢の女性が義太夫節を語るようになり、これが江戸でも大流行した。さっそく幕府はこれを禁止にしたのだが、どうやら「表舞台」から離れた場所でこっそりと興行されていたらしく、明治にこれが復活した。

明治に入っても一八七七年（明治10）までは寄席に女芸人が上がることは禁止されていた。ところがその年に寄席取締規則が改正されて可能になった。すると、それまで影の存在であった女義太夫の演者が堂々と興行し脚光を浴びるようになった。その人気は凄まじいもので、当初女義太夫だったのが「娘《むすめ》義太夫」と呼び方が変わった。

83年に名古屋から竹本京枝（きょうし）が、85年に義太夫の本場大阪から竹本東玉（とうぎょく）と竹本綾之助（あやのすけ）が上京、東京の各寄席は満員の盛況を続けた。86年には名古屋から竹本小土佐（ことさ）も上京、当時10代初めの綾之助・小土佐はともにボーイッシュ・スタイルで人気を集め、いわゆる「娘義太夫」の評判を高めた。ことに綾之助は「八丁荒（はっちょうあらし）」とよばれて周囲8丁の高座の客を独占し、以後、日清（にっしん）戦争の終わる95年ころまでが娘義太夫の全盛期であった。当時の聴衆は、芸の鑑賞よりも、10代から20代前半の娘たちの容貌（ようぼう）や身ぶりに熱狂したのであり、ことに書生連中は感極まると「どうするどうする」と奇声をあげ、堂摺連（どうするれん）を結成して、娘義太夫語りを寄席から寄席へと追いかけた。

（『日本大百科全書〈ニッポニカ〉』〈小学館刊〉より一部抜粋）

まさにアイドルである。ちなみに、ビートたけしの祖母も、竹本八重子（本名・北野うし）という娘義太夫だったという。

■文豪森鷗外も激しく反発した「演劇改良運動」

娘義太夫（女義太夫）は江戸時代からの伝統があったからいい。しかし女優はそうはいかない。だが、その復活に触れるためにはまず明治の演劇改良運動に言及しなければいけないだろう。これが前節で述べた歌舞伎の話である。能はともかく歌舞伎は時代考証を無視した荒唐無稽な筋立てや、過去の因習に基づくあらすじなど、近代社会には馴染《なじ》まない部分があると明治政府は考えた。こうした中、歌舞伎関係者が東京府庁に呼ばれ外国人の見物に耐える道徳的な劇にすべしと申し渡されたケースもあったという。

明治時代をとおして欧米との不平等条約を改正したいという動きがあり、それが日本を一流国家に見せようとする鹿鳴館《ろくめいかん》建設などの方向に向かわせたことを忘れてはならない。またその後、欧米視察団など洋行帰りの人々が帰国しヨーロッパには伝統演劇であるオペラを観る立派な石造りのオペラハウスがあるが、日本には粗末な芝居小屋しかないという現実が少なくとも政府サイドには広く認識されるようになった。そこで守田勘弥《もりたかんや》(十二世)

による新富座《しんとみざ》、洋式建築の歌舞伎座なども造られるようになった。

当初こうした運動の中心となったのは伊藤博文《いとうひろぶみ》で、娘婿の末松謙澄《すえまつけんちょう》や「万歳三唱《ばんざいさんしょう》」の考案者の外山正一《とやままさかず》らを集めて演劇改良会を結成させた。末松は『演劇改良意見』を出版した。その意見がどのようなものであったか、基本は伊藤博文の見解であったようだ。伊藤は新しい歌舞伎をめざしていた守田勘弥らに次のように述べたという。

西欧の劇場を見るとその結構雄大で言葉につくしがたい、物語は温和平坦で、剣戟争闘のこと少なく、殺人はあってもこれは物語に出てくるだけで舞台上にはあらわれないし、男女の恋愛も決して淫らではない。役者も立派な紳士でだれも差別しない、芝居は本来こうありたいものだといった。

（『明治演劇史』渡辺保《わたなべたもつ》著　講談社刊）

この伊藤の「提言」を聞いて首をかしげる読者も少なくないだろう。確かに西洋のオペラハウスは「雄大」であり、「役者は河原者《かわらもの》」と差別された日本と違って俳優は西洋では堂々たる職業である。しかし、「剣戟《けんげき》争闘も殺人そして不倫」も題材の中にあるし、むしろ決して少なくない。おわかりだろう、やはり伊藤も朱子学《しゅしがく》の影響を受けて芝居に対する偏見がある。この娘婿の末松が書いた『演劇改良意見』も伊藤の影響を強く受けていて、女優を復活しなければいけないというところだけは近代的だが、他はそうでも無かった。文学者森鷗外《もりおうがい》のもう一つの顔は陸軍軍医総監森林太郎《りんたろう》であり、日本文化を近代化しなければいけないという意識はこの時代の人間として強烈であったはずだが、この伊藤・末松の「演劇改良論」については激しく反発し「こんなものは必要無い」という意見を堂々と発表している。確かに、この路線はその後伊藤博文が日本国の元老になったにもかかわらず消滅してしまった。今や百科事典に名をとどめるだけの「運動」になってしまった。

「餅は餅屋」と言う。やはり演劇改良は演劇人によって行なわれるべきだったし、実際そうなった。まず、そのことを語るには川上音二郎《かわかみおとじろう》について語らなければいけない。今では音二郎は男優・演出家としてよりも、「日本人女優第一号」川上貞奴《さだやっこ》の「亭主」としてのほうが有名だが、貞奴を「日本人女優第一号」とするのは正しく無い。「日本人として初めて国際的に認められた女優」と言うならば確かにそうである。しかし「初めて男女共演の舞台」に乗った女優では無い。

だが、逆に音二郎のほうは、まさに日本演劇史においては「近代的」（能や歌舞伎のような伝統芸能では無い演劇）男優第一号と言ってもいい存在なのである。幕末に九州博多《はかた》で生まれた音二郎は明治維新後十四歳で上京しさまざまな職を転々とした。しかしその後、自由民権運動の影響を受け故郷に戻り政治活動に専念するようになった。演説が抜群に上手かったという。しかし、あまりにも過激な言動に走ったため何度も投獄された。そのうち官憲の弾圧で演説会の開催が難しくなると、一八八七年（明治20）、都で役者の一座に転がり込み俳優としてのキャリアをスタートさせた。もっともこれは演劇に目覚めたというよりは、俳優あるいは芸人として自らの主張をより広く知らしめるためであったようだ。そこで演劇の基礎（？）を身につけたのか、早くも翌年関西で日本第一号の演歌『オッペケペー節』を世に出した。ハチマキに陣羽織《じんばおり》、手に日の丸の軍扇《ぐんせん》を持ち、「権利幸福嫌ひな人に、自由湯《じゆうとう》（党）をば飲ましたい」と大音声で調子よく歌う。最後に「オッペケペ、オッペケペ、オッペケペッポー、ペッポッポー」と囃《はや》すのが「お約束」である。関西、そして後に東京で大流行し、一世を風靡《ふうび》した。

■リアリズムに徹し「新派」の実質的開祖となった川上音二郎の功績

日本の近代的俳優第一号とも言うべき川上音二郎の、日本演劇界に果たした功績について芸能史家の倉田喜弘《くらたよしひろ》は次のように述べている。

（1）壮士芝居の確立によって演劇と現代との融合、ないしは生活との密着を図る。

（2）日本俳優にして初めて海外公演を行い、欧米人に日本文化を意識させる端緒を開く。
（3）シェークスピアなどの翻案劇を上演し、日本の演劇に新しい血を注入する。
（4）茶屋制度の廃止、切符制の採用など、劇場経営の近代化を進める。
（5）独力で川上座（東京）や帝国座（大阪）を建設し、抱負の実現を意図する。
（6）日本で初めて児童演劇の公演を行い、情操教育の実践に乗り出す。
（7）俳優養成所を設立して、新時代にふさわしい俳優の育成に努力する。

（『明治大正の民衆娯楽』岩波書店刊）

項目に挙げられたことを一つや二つ実践した俳優は他にもいるが、これだけのことをまとめてやったのは川上音二郎ただ一人である、とも倉田は同書で述べている。まさに絶賛である。「川上貞奴の亭主」どころでは無く、まさに日本の近代的演劇の創始者とも言える人物なのである。

ところで、誰が最初に言ったかはよくわからないのだが、日本の改革を唱える壮士出身だった川上が演劇の道に踏み込んでいったのは、故郷博多の伝統芸能でもある「俄《にわか》」の影響が強かったのではないかという説がある。これは大いに可能性があると思う。では、「俄」とはどのようなものか。

基本的には江戸時代に始まった素人の即興芝居のことである。「俄（＝突然）に始まる劇」ということらしい。もちろん正式な狂言（演劇）では無いから、演じる場所は宴席か路上である。そのうち神社の祭礼などでアトラクションとしても行なわれるようになった。とくに九州博多では独特の仮面をつけ政治の風刺をすることが多い（下写真参照）。江戸時代は「お上《かみ》の御政道《ごせいどう》」に下々は口を出すことを禁じられていた。しかし、この「博多にわか」はそうでも無かったようだ。起源はどこにあるのか。諸説あるが、私が一番納得しているのは「悪口《あっこう》祭説」というものだ。

戦国時代の終わりころ、あの黒田如水《くろだじょすい》（官兵衛《かんべえ》）・長政《ながまさ》親子がこの地の領主に封じられた。彼らは当時の流行に従ってこの地を福岡《ふくおか》と改めたが、反骨精神に富む博多っ子は城下町福岡とは一線を画して博多の地名を守り抜いた（前にも述べたが、今でも福岡県福岡市のJRターミナル駅は福岡駅で無く、博多駅である）。黒田如水はこの治めにくい人たちを統治するにあた

福岡市の無形民俗文化財にも指定されている「博多にわか（仁和可）」は、「にわか面」と呼ばれる半面をつけた演者が博多弁でユーモラスな話しを繰り広げる即興話芸として知られる（写真提供／朝日新聞社）

って、故郷姫路《ひめじ》の神社の祭礼を思い出した。それは祭礼の日に限って村人が政治に対する不満や悪口を大声で言い合うのを許す「悪口祭」のことだった。今で言う「ガス抜き」である。そこで黒田家はそれを許し、そこから「博多にわか」が始まったというのだ。これは福岡藩士が唱えていた起源説で、まさに「名軍師」黒田官兵衛ならやりそうなことだから、私はこれでいいのではないかと思っている。それに起源はどうあれ「博多にわか」が反骨精神に富む博多っ子に愛されてきたことは事実で、そこから政治批判の『オッペケペー節』まではほんのわずかな距離しかない。

ただし音二郎は、そこにとどまらなかった。オッペケペー節だけならば今で言う「ピン芸人」で、その活動範囲は演説会場あるいは寄席にとどまるが、そこから近代演劇の道に進んだという功績が大きかったのである。最初、音二郎の芸は劇場のゲストという形で田舎芝居の上演プログラムの中で行なわれていたらしい。しかし、そのうち音二郎は芝居の持つ面白さ、テーマの訴求力に目をつけ、プロデューサー兼俳優として演劇を主宰するようになる。

一八八二年（明治15）、自由民権運動のリーダーだった自由党総理板垣退助《いたがきたいすけ》が全国遊説の際、岐阜《ぎふ》で遊説中に暴漢相原尚褧《あいはらなおふみ》に刺されるという事件が起こった。この「岐阜事件」で板垣が傷口を押さえながら「吾死スルトモ自由ハ死セン」と言い、これが新聞で「板垣死すとも自由は死せず」と言ったと報道され大いに話題となった。

また三年後の一八八五年（明治18）には、自由党の中でも過激な左派に属していた大井《おおい》憲太郎《けんたろう》らが、朝鮮国に渡り金玉均《キムオッキュン》を支援してクーデターを起こし、独立党政権を樹立しようとした。しかし、実行に至る前に当局に察知され大井らは逮捕された。これを「大阪事件」と呼ぶ。つまり、このあたりで西南《せいなん》戦争後に政府批判勢力の中心となった自由民権運動にも一定の限界が見えてきたというわけだ。

その流れを受けてのことだが、まず一八八八年（明治21）、自由党壮士角藤定憲《すどうさだのり》が自由民権運動の思想的リーダーであった中《なか》江《え》兆民《ちょうみん》の勧めにより「改良演劇」を大阪で上演した。出し物は「大阪事件」を脚色した『勤王美談上野曙《きんのうびだんうえののあけぼの》』である。

「新派《しんぱ》」と言う言葉がある。これは歌舞伎などの伝統演劇を「旧派」と考え、それに対抗した演劇という意味だが、似たような言葉に「新劇《しんげき》」があって、今も使われているからややこしい。「新劇」という言葉も「新派」と同じく、伝統演劇に対するすべての新しい演劇という意味で使われたこともあった。もっとも語彙《ごい》数の多い『日本国語大辞典』（小学館刊）を引くと、「新劇」の語義が二つ掲載されており、一つは今述べたものだが、もう一つの意味として「歌舞伎・新派劇に対して、西洋近代劇の影響をうけて起こった演劇の総称。現代人の生活感覚に適合した問題の提示を特徴とする。文芸協会・自由劇場・築地小劇場・

新築地劇団・築地座・新協劇団・文学座・俳優座・劇団民芸などがその中心となった」とある。これが現代人の「新劇」に対する一般的イメージだろう。それに対して「新派（新派劇）」は、日本の伝統を色濃く残した（歌舞伎に比べれば新しい）商業演劇ということになるのだろうが、その嚆矢《こうし》とされるのがこの「改良演劇」の『勤王美談上野曙』で、現在では「新派」の第一号として認定されている。しかし、角藤定憲の改良演劇はそのうちに消えていった。理由は簡単で、大衆の人気を博すことができなかったからである。

それに対して遅れること三年、矢野《やの》龍渓《りゅうけい》原作『経国美談《けいこくびだん》』と、岐阜事件の劇化『板垣《いたがき》君遭難実記《くんそうなんじっき》』を上演したのが、川上音二郎であった。得意のオッペケペー節で「権利幸福嫌ひな人に、自由湯（党）をば飲ましたい」と歌い続けていた音二郎が、岐阜事件のような題材を見逃すはずが無い。また『経国美談』はアテネとスパルタという二大強国に挟まれながらも独立を全うした古代ギリシャのテーベの人々を題材にしたもので、欧米列強の干渉を受けながら独立を全うしている当時の日本の姿を投影した長編小説である。

川上の演劇はとくに新しい名称を名乗らなかったので、人々はその素人の男性が演じる芝居を「壮士芝居《そうししばい》」あるいは「書生《しょせい》芝居」などと呼んだが、内容がよくできていたのだろう、角藤の改良演劇と違って大人気となった。その特徴は歌舞伎調を廃した徹底的なリアリズムである。

「板垣君遭難実記」で、板垣退助（青柳捨三郎）が相原尚褧《しょうけい》（川上音二郎）に刺されるところで警官（静間小次郎）が出ると、本物の警官が中止を叫んでいるのかと中村座主中村勘三郎の弟栄蔵は驚いて花道の途中まで駆け出したらしい。川上の芝居は警官に「中止」されることが多かったからだ。この逸話は、彼らの芝居がそれほど〈実か虚か〉わからぬほどに実際の大衆の生活に密着し、それを写していたことになる。

（『川上音二郎と貞奴　明治の演劇はじまる』井上理恵著　社会評論社刊）

この時代、演説会場や劇場や寄席には常に警官がいた。政府を批判する言動があると、直ちに警官が「中止」と叫んで解散させた。それと間違えたというのは、俳優が本物そっくりの警官に扮し、口調や動作も見慣れているプロが間違えるほどのものだったということだ。ちなみに、この「中村勘三郎」というのはもちろん現代の名跡《みょうせき》とは違い、この時代の「中村勘三郎」は「預《あづかり》」になっていた。中村座の座頭《ざがしら》あるいは縁の深い役者が舞台の上では名乗らず名跡を預かっていたのだ。当然中村座にとっては「冬の時代」であり、退勢を一気にばん回しようと関西で大評判をとった「川上一座」を呼んで立て直したということなのである。つまり新派の第一号は角藤定憲だが、実質的な新派の開祖は川上音二郎だということだ。

■あのロダンやピカソも魅了した「マダム貞奴」

このリアリズムに徹する姿勢が大衆に大いに受けた。とくに政治や実際の事件を題材にした劇なら、壮士出身の俳優たちも演じやすい。本物の警官に間違えられるぐらいだから、まさにツボにはまった演技だったのである。また、角藤に無く川上にあったものはジャーナリスティックな感覚で、常に大衆が求めるものを舞台の上で実現してみせた。その究極の形が日清《にっしん》戦争の勝利を題材にした演劇である。日露《にちろ》戦争後はニュース映像が映画館で見られるようになったが、この時代はまだ無い。新聞も写真よりは錦絵《にしきえ》で戦場の様子を再現するしか無かった。しかし、音二郎は日本の勝利がほぼ確定した段階でいち早く舞台劇『日清戦争』を上演し、さらに勝利が確定し安全になってからは現地に飛び実際に自分の目で状況を確かめた後に帰国し、舞台上で自ら従軍記者に扮して『川上音二郎戦地見聞日記』を上演した。これは全国各地で大当たりを取った。

そしてこの時旧派と新派は完全に分離したと、多くの芸能史家は指摘している。それはこういうことだ。

川上はフランスで見た戦争劇を粉本として照明、音響、爆竹などをふんだんに使って、近代戦争の実態を描き、それと同時にその実情を報道する新聞記者という役柄をもって、戦争という現象を視覚化した。（中略）しかし歌舞伎の方は、団十郎の水夫が、鰹節と煙草入れで海戦を物語るという、義太夫狂言の「物語」と大してかわらぬ描写にすぎなかった。

（『明治演劇史』渡辺保著　講談社刊）

この時代は「團菊左《だんきくさ》時代」といって、九世市川團十郎《いちかわだんじゅうろう》、五世尾上菊五郎《おのえきくごろう》、初世市川左《さ》團次《だんじ》という三人の名優がおり、東京歌舞伎の黄金時代であった。にもかかわらず、彼らが現代劇をやると客はまったく入らなかった。西南戦争のころはこの戦争を歌舞伎の題材として上演することもあったのだが、そういうやり方は音二郎の「新派」によって完全に終止符が打たれたのである。まさに「ここで初めて現代劇と古典劇の歩む二つの道が誕生」（『川上音二郎と貞奴』）したのであった。

この日清戦争に関する音二郎の一連の劇は、当時の皇太子（後の大正《たいしょう》天皇）がぜひ見物したいと言い出し、実際に台覧《たいらん》が実現したというからその人気のほどが知れよう。結局、歌舞伎界は日清戦争という絶好の話題を消化しきれず、歌舞伎座はあまりの不評のために休業を余儀なくされた。そこで、音二郎はそれまで締め出されていた歌舞伎座公演を行なうこともできた。また、音二郎は引用文中にもあるように自分の眼でヨーロッパを見て演劇の研鑽《けんさん》を欠かさなかった。それがこの大成功につながり、彼の妻川上貞奴の海外での大成功にもつながった。

貞奴は本名を小山貞といい、東京日本橋で生まれ十五歳で葭町《よしちょう》の芸者となった。最初の「旦那」は伊藤博文だったという説もある。とにかく伊藤に可愛がられたことは事実で、後に音二郎と結婚した。一八九九年（明治32）に、彼女は音二郎とともに欧米に巡業した。機を見るに敏な音二郎はさっそく現地受けする題材を選んで自分で脚本を書き、妻に初めて女優として舞台を踏ませた。舞の名手でもあった彼女はその美貌とエキゾチシズムで欧米の人々を魅了し、二年後にも再び欧米に呼ばれ日本人として初めて国際的に通用する女優「マダム貞奴」として大人気を博した。フランスの彫刻家で「考える人」の作者でもあるオーギュスト・ロダン、また天才画家として有名なパブロ・ピカソなども「マダム貞奴」の大ファンだったという。

だが、先に述べたように、「マダム貞奴」は「日本初の国際的に認められた女優」ではあるが、明治になって解禁された舞台女優の第一号と言っていいか、については少々疑問がある。

■近代演劇の道を大きく切り開いた「イケメン男優」

川上音二郎は俳優としても結構優秀だが、プロデューサーとして抜群の才能を持っていた。芝居は木戸銭《きどせん》を払って見るものである。魅力的な演目、魅力的な役者がいなければ、わざわざカネを払って人は芝居小屋には来ない。それを近代演劇で実現したのが音二郎だった。彼の演劇を見るために人々は争って入場料を払い、劇場にやってきた。その勢いは凄まじく、伝統的な芝居の牙城であった歌舞伎座さえ音二郎の軍門に下り、川上一座のために舞台を明け渡さざるを得なかった。

音二郎はアメリカではたまたまボストンに来ていたイギリスの名優でシェークスピア役者のヘンリー・アーヴィング（1838〜1905）と知り合い、彼の演じる『ベニスの商人』のシャイロックを見た後すぐにそれを日本語に翻案して自らシャイロックを演じ、妻の貞奴には男装の麗人ポーシャを演じさせてアーヴィングを驚嘆させた。ヨーロッパ演劇界への紹介状を書いてくれたのもアーヴィングだったという（『明治演劇史』）。シェークスピア劇を日本に定着させたのも音二郎の功績と言っていいだろう。アーヴィングに翻案劇を見せた時はもちろん日本語でやったのだが、音二郎が正式に英会話を習ったという記録は無い。フランスでも多くを学んでいるから、「度胸で会話」できる九州男児だったのだろう。つまり、歴史上初めて日本演劇の海外興行を実現したという功績もある。

また、音二郎は俳優の育成にも熱心だった。日本で初めての女優養成所を創立したのも彼だし、何よりも日本最初の国際的女優川上貞奴（マダム貞奴）を育て上げたのも彼だった。ひょっとしたら川上音二郎の最高傑作は女優貞奴であったかもしれない。しかし、前節でも述べたとおり、貞奴が女優になったのは音二郎が転機を求めて欧米に巡業に出かけてからのことであり、貞奴の女優としてのデビューは一八九九年（明治32）アメリカ興行においてである。それ以前日本舞踊は披露していたから「ダンサー」としてのデビューはもっと早いことになるが、いずれにせよ海外だ。もちろん、デビューが海外であろうと国内であろうと貞奴は日本人なのだから、日本人女優であることは間違い無い。問題は第一号であるかどうか、ということだ。

結論を言えば、そうでは無い。音二郎が最初に海外に出かけたのは前述のとおり一八九九年だが、先にも述べたとおり、演劇活動を開始したのは一八九一年（明治24）である。この間日本の演劇界が動いていなかったわけでは無いからだ。音二郎の演劇は当初、今で言う「際物《きわもの》」であった。「一時的な流行をあてこんで作った商品／演劇・映画・演芸・小説などで、実際にあった事件や流行をただちに取り入れて題材としたもの」（『デジタル大辞泉』小学館刊より一部抜粋）である。後にシェークスピア劇の定着などに貢献したとは言え、初期の音二郎の活動に不満を抱く人々も少なからずあった。一言で言えば、「演劇とは芸術であり際物は本道を外れている」と考える人たちである。芸術至上主義と言ってもいいだろう。そのリーダーは伊井蓉峰《いいようほう》という男優だった。これは芸名で本名は伊井申三郎と言い、実父の伊井孝之助は北庭筑波《きたにわつくば》の名で知られる写真師だった。江戸っ子の家系で一八七四年(明治7)に日本初の写真月刊誌『脱影夜話』を創刊したことでも有名である。こんな家庭に育った申三郎は音二郎より七歳年下だったが、演劇に興味を持ち川上一座の門を叩いた。しかし、すぐに決別した。この間の事情について新派側の史料では「川上が傲《ごう》慢《まん》過ぎて立腹した」のが原因としている。だが彼自身も後に映画という新分野の人々から傲慢だと批判されているから、プライドの高い二人が「両雄並び立たず」という状態になったのではないかと私は想像している。とにかく一度は所属した川上一座から飛び出た彼は、演劇改良運動を進めていた後援者を得て「男女合同改良演劇　済美館《せいびかん》」という一座の中核になった。済美館創立の立役者は依田学海《よだがっかい》という、あの伊沢修二《いざわしゅうじ》の設立した文部省音楽取《おんがくとり》調掛《しらべがかり》に在籍したこともある、演劇改良をめざす作家だった。漢文が得意で、森鷗外の師でもあり代表作『ヰタ・セクスアリス』の中に登場する「文淵《ぶんえん》先生」のモデルだったという。

この学海が申三郎を見てあまりにもイケメンなので「伊井蓉峰」と命名したという。おわかりだろうか、「良い容貌」というシャレである。ちなみに『明治演劇史』の著者渡辺保によると、蓉峰は芙蓉峰《ふようほう》（富士山）にも掛けてあるという。なぜなら、父親が筑波（山）であるからだ。古代、富士山と筑波山は並び称される山であった。

蓉峰は音二郎が際物路線に走ることに反感を抱いていたようだ。しかも近代演劇と言えば女優が欠かせないのに、この段階の音二郎はまだ男に女役をやらせていた。そこで川上一座とは違うぞという自負を込めてわざわざ「男女合同劇」と銘打った済美館に活動の場を移したのだろう。学海も女優が登場し文学的な作品をやることが演劇の王道だと考えていたから、その理想を実現しようとしていた蓉峰を強く後押しした。そしてこの演劇で、本当の意味での近代的演劇女優第一号が誕生した。その名を千歳米坡《ちとせべいは》という。

彼女も下町生まれで米八《よねはち》と名乗り葭町で芸者をしていたと言うから、貞奴から見れば十六歳年上の大先輩ということになる。この芸名も学海の命名だが、おそらく米八を音読みして「べいは」としたのであろう。その日本最初の男女共演公演は一八九一年（明治24）十一月五日、浅草吾妻座《あさくさあづまざ》におけるもので、出し物は『政党美談淑女の操《せいとうびだんしゅくじょのみさお》』『名大瀧怨恨短銃《なおおたきうらみのぴすとる》』であった。前者は学海の原作小説を脚色したもので、後者は主演女優の米坡自身がこの日のために書き下ろしたことになっているが、どうやら影の作者がいたようなフシがある。とにかく、この日こそ日本に女優が再び（出雲阿国を近代的女優とは別のものととらえるなら「初めて」）誕生した日として記念されるべきだろう。

さて、その舞台がどんなものだったか？　脚本の一幕目から主人公時田（伊井蓉峰）の相手役露子（米坡）のせりふを抜き書きしてみよう。

露子　あなた様が父へのご意見、じつは次の間よりいろいろうけたまわり涙にくれておりました。あなた様のご親切、国家の御為人民の為のみならず、父が身の上まで御心配下されての詳しいご議論、私風情のおなごにもようわかっておりまする。ただ心配にござりまするは父がこと、あの一徹の気性ゆえ、ご議論を耳にも入れませず。すげないお返事を申しまするので、あなたは御立腹でござりましょう

時田　いやなかなか思って立腹など申す事はござりませせぬ。まったく私の心の至らぬゆえ、お聞き入れが無いと存じまする。左様に仰せられてはかえってお気の毒にござって

〈原文旧仮名を新仮名に改めた〉

仮名遣いさえ改めてしまえば、最近行なわれている劇団新派の脚本の一部だと言っても多くの人が信じるだろう。つまり、この時点で日本の演劇は現代と同じ水準にほぼ達していたのである。もちろん、この時点ではせりふと演技が主な改革点であって舞台装置や照

明および演出については、まだまだ現代の演劇とくらべて見劣りがしただろう。

ところが、この日本演劇史上画期的とも言うべき公演はたった十五日で終わったばかりか、次回公演は行なわれなかった。つまり、これだけで劇団「済美館」は解散してしまったのである。原因はよくわからないが、一説には女優同士の対立があったと言われる。対立と言えば千歳米坡も伊井蓉峰と袂《たもと》を分かち独自で興行するようになった。この分裂により伊井蓉峰以外の男優女優は歴史から消えてしまった。総合芸術である演劇は優秀なプロデューサー、脚本家、魅力的な俳優の三拍子が揃わないと、大きくはなれないのである。

とは言え、「済美館」は近代演劇の道を大きく切り開いたと言っていいだろう。この後は基本的に近代演劇は女優を使うのが常識となり、当初女優を使っていなかった川上音二郎でさえ妻貞奴を女優とし、そしてその貞奴を所長とした日本初の女優養成所を創立したのだから。そして、ここから現代の新派では無く新劇の女優につながる人々が出てくるのだから。ただし、それはもう少し先のことである。

■「男優と女優を峻別しない」という日本の演劇の大きな特徴

この間、つまり明治二十年代には川上音二郎の書生芝居が一八九四年（明治27）の「日清戦争劇」という一つの頂点に向かって驀進《ばくしん》し、一方で現代の劇団新派の源流をなす芸術至上主義の男優女優が離合集散し文芸的な演劇を実践していた。後に、川上音二郎は「新派劇の父」と呼ばれた。このあたり用語が混乱して紛らわしいので、もう一度説明すると歌舞伎などの伝統演劇に対して、西洋文化の洗礼を受けた新しい演劇を一時すべて「新派」と呼んだ。伝統演劇を「旧派」としそれに対する名称である。しかしそれと同じ意味で「新劇」が使われたこともある。だから話はややこしくなるが、現代では川上音二郎の流れを汲むがそれにさらに西洋的な要素を加えたものを「新劇」と呼び、伊井蓉峰の流れを汲んで日本的な要素を色濃く残しつつ文芸作品の劇化を中心に活動している演劇集団を「新派」と呼んでいる。前者の代表的劇団が民芸、文学座、俳優座であり、後者が劇団新派である。後者が一つなのは戦後ある時期に大合同したからである。演じる作品も前者が『人形の家』『桜の園』『ゴドーを待ちながら』といった西洋の名作が多く、後者は『金色夜叉《こんじきやしゃ》』『滝の白糸』『婦系図《おんなけいず》』といった日本の小説の脚色が多い。

ここで新派の芸風を象徴する一人の名優の名を挙げておこう。それは喜多村緑郎《きたむらろくろう》(初代。1871〜1961)である。伊井蓉峰や千歳米坡などと同じく東京生まれで、蓉峰の勧めで俳優となった。その芸風は次のようなものであった。

新派の古典といわれる《不如帰(ほととぎす)》の浪子を初演、《婦系図(おんなけいず）》のお蔦、《日本橋》のお孝、《滝の白糸》などの女主人公の演技を完成した。弟子に花柳章太郎（はなやぎしょうたろう）がいるが、戦後まで生き、水谷八重子に女形の芸を伝授して没した。泉鏡花や久保田万太郎と親交があり、ハイカラな文化人でもあった。

（『世界大百科事典』平凡社刊より一部抜粋）

項目執筆者は戸板康二《といたやすじ》である。小説『團十郎切腹事件《だんじゅうろうせっぷくじけん》』（『宝石』昭和《しょうわ》34年12月号所収）で直木《なおき》賞を受賞した作家で、歌舞伎評論家としても定評があった。ここだけ読むと喜多村緑郎は女形専門のように見えてしまうかもしれないが、じつは立役《たちやく》（男役）としてもいくつかの名作を残している。日本の伝統演劇とくに歌舞伎はすでに述べたとおり江戸幕府の女優禁止令によって、女形という世界に例の無い奇跡的な俳優を生み出した。しかし明治以降の江戸時代のタブーが多く解禁される（『逆説の日本史　第23巻　明治揺籃編』で述べたように、僧侶の妻帯も認められた）中で、この伝統は一時風前の灯となった。結局、歌舞伎は江戸時代に完成された芸の型を守るという形で女優解禁という「逆風」にも耐えたのだが、女優が自由に使える「新派」の中でこうした男女を演じ分けることのできる俳優がいたというのは、非常に興味深い現象である。

たびたび紹介している『明治演劇史』の著者渡辺保は、喜多村についてこう書いている。

「明治34年（1901）一月、川上音二郎貞奴が一時帰国した時の、朝日座の『英国革命史』で喜多村は、貞奴の王妃に対して自分は国王の寵姫《ちょうき》で競演している。しかし貞奴と一緒の舞台に立っても喜多村は少しも動揺しなかったし、その後女優を使うどころか、この舞台を契機としてお宮のようなリアルな演技を追求するようになった。女優と共演しても女形でいけるという考え方が喜多村の中にあったからである」

じつに不思議な信念と言うべきか、このあたりはひょっとして江戸川乱歩《えどがわらんぽ》原作、三島由紀夫《みしまゆきお》脚色の『黒蜥蜴《くろとかげ》』を演じ続けた現代の名優美輪明宏《みわあきひろ》に通じるものがあるのか。出雲阿国といい、喜多村緑郎といい、日本の演劇は男優女優を峻別しないというのが大きな特色かもしれない。

■日本で初めて「新劇」を公演した「自由劇場」に女優がいなかった理由

すでに述べたように、明治演劇史の最大の事件を一つだけ述べよと言ったら、やはり「女優の再登場」になるだろうか。ほぼ二百六十年におよぶ「女優禁止」が、明治という新しい時代になって変わった。この背景には四民平等《しみんびょうどう》に続く男女同権をめざした明治人の意識がある。男女平等と言っても当時は女性の選挙権は認められていなかったのだから現代にくらべればきわめて不じゅうぶんだが、それでも朱子学（儒教）の悪弊である「女は男より常に下」という従来の感覚から見れば、格段の進歩であることも間違い無い。前にも述べたように、朱子学を超えた新しい倫理をめざした「教育勅語《きょういくちょくご》」によって女子大の設立など女子の高等教育が容易になったように、演劇の世界にも男女同権という近代化路線が強い影響を与えた。その象徴が「女優の再登場」である。

これまで日本初の女優として千歳米坡、日本初の国際的女優としての川上貞奴を紹介したが、この二人はともに元芸者であった。芸者だから悪いと言うのでは無く、この二人の芸の基礎がともに日本舞踊、長唄《ながうた》そして歌舞伎といった日本の古典芸能であったことを指摘しておきたいのだ。つまり彼女らは女優だが、その演技は歌舞伎の女形（つまり男性）の強い影響を受けていたということである。もちろんこれは完全なマイナスでは無い。たとえばイギリスの名優ヘンリー・アーヴィングを驚嘆させたという『ベニスの商人』の翻案劇において、貞奴はポーシャを演じていた。男装の麗人の役である。こういう役を演じるのに、歌舞伎の素養は大いに役立っただろう。またフランス公演において、作家アンドレ・ジイドや彫刻家オーギュスト・ロダンを夢中にさせた貞奴の演技に対して、西洋演劇史に名を残す名女優サラ・ベルナールは酷評したという。それは嫉妬というよりも貞奴の演技が、いわゆる西洋演劇つまりわれわれが現在「新劇」として理解しているものの演技とはまったく違っていたからだろう。歌舞伎の演技を、それをまったく知らない人が新劇的立場から批評すれば、「動きが遅い、大げさすぎる、メークが派手」などという批評になるに違い無い。彼女の批評はそれに類するものであったのではないかと考えられる。

逆に言えば千歳米坡も川上貞奴も、サラ・ベルナール的な「新劇女優」では無かったということだ。では、日本最初の「新劇女優」、別の言い方をすれば日本の芸能伝統とは隔絶したところから出発した西洋的女優第一号は、いったい誰なのだろうか？

それを探すのには、日本における新劇（すでに述べたように最初「新劇」は新しい演劇すべてを指す言葉であった。ここで言うのは現代と同じ意味の新劇である）の初公演を調べればいいことになる。当然それには日本最初の新劇女優第一号が出演しているはずだからである。

私の知る限りそれは、一九〇九年（明治42）十一月に東京有楽座で自由劇場（という演劇集団）によって上演されたヘンリック・イプセン（１８２８〜１９０６）の『ボルクマン』であった。イプセンは名作『人形の家』（１８７９年作）でも知られるノルウェーの劇作家で、亡くなったのはこの三年前だからほとんど同時代人と言っていい。「シェークスピア以後世界でもっともその作品が上演されている劇作家」という評価もあり、当時も人気の劇作家だった。なぜそれほど人気だったのかは後で説明するとして、この『ボルクマン』は正確には『ヨーン・ガブリエル・ボルクマン』という作品で、主人公ボルクマンは一代で財を築き上げた叩き上げの銀行家だが、不正融資で告発され刑務所に入る。そのためにすべての財産を失うが、老人になっても再び昔の栄光を取り戻すことを夢見ている野心家である。つまり主人公は男だ。もちろん彼を取り巻く女たちが何人も登場する。ところが、この公演では女優は一人も出ておらず、女性役は歌舞伎界の若手が務めていた。主演は二代目市川左團次であった。彼は九代目市川團十郎・五代目尾上菊五郎とともに「團菊左」として一世を風靡した初代市川左團次の息子で、歌舞伎役者として活躍していたが新しい演劇にも深い関心を持っていたので、主演ということになったのである。

この二代目市川左團次という人は大変ユニークな人物で、後世に与えた影響は非常に大きい。たとえば現在もしばしば上演される歌舞伎『毛抜《けぬき》』は完全な時代劇なのに磁石を使うトリックが登場しストーリーとしても面白い話だが、これはもともと七代目市川團十郎が市川宗家のお家芸として定めた歌舞伎十八番《じゅうはちばん》の一つであった。ところが次第に演じられなくなり、左團次のころにはその型がわからなくなっていた。それを劇作家や歌舞伎研究家の協力を求めて復活させた。同じく十八番の『鳴神《なるかみ》』もそうだ。こうしたことを大々的にやったのは左團次が初めてである。また明治に入ってからの新作「新歌舞伎」も積極的に上演にかかわり、『番町皿屋敷《ばんちょうさらやしき》』『元禄忠臣蔵《げんろくちゅうしんぐら》』でも主役を務めた。

海外交流にも熱心で海外を視察したこともあるが、特筆すべきは一九二八年（昭和3）、当時のソビエト連邦で『仮名手本《かなでほん》忠臣蔵』の公演を行なったことである。これが歌舞伎史上初の海外公演であった。映画史に残る傑作『戦艦ポチョムキン』の監督セルゲイ・エイゼンシュテインも公演を見て感動し、歌舞伎の見得《みえ》を切る動作は映画のクローズアップの技法と共通点があるという感想を漏らしたという。また、後に制作した『イワン雷帝《らいてい》』では演出の中で歌舞伎の手法を取り入れているという指摘もある。

当時はまだソビエト連邦という国家の基礎が固まったばかりだったが、そうした国に関心を持ったのは盟友小山内薫《おさないかおる》の影響かもしれない。小山内は一八八一年（明治14）、陸軍軍医の子として広島に生まれた。一八八〇年（明治13）生まれの左團次より一つ年下である。父は、後に陸軍軍医総監となった森林太郎つまり文豪森鷗外と同期であったが、この父親が早逝したため早くから東京に出て東京帝国大学文学科を卒業した。英語が得意だったようだ。在学中から演劇に関心を持ち、その縁から森鷗外の知遇も受けた。新派の伊井蓉峰のもとで実際の上演にもかかわった。「演出」という言葉を現代と同じ意味で使ったのは小山内が初めてだという説もある。

小山内の影響なのか、それとも海外事情にも詳しかった左團次が先に言ったのか、二人は当時ヨーロッパ演劇界で流行していた「自由劇場運動」に強い関心を持った。そもそもフランスで起こった運動で、フランスの演出家　アンドレ・アントワーヌが一八八七年に設立した自由劇場がその発端であり、小山内、左團次の「自由劇場」もそれにあやかったものであった。

このアンドレ・アントワーヌという人物もなかなか興味深い。もともとはパリのガス会社で働いていたのだが、当時フランスで大人気だったエミール・ゾラの自然主義文学論に深い影響を受け、それを演劇の面で実現しようとこの道に転じたのである。当時のフランスではスター俳優の人気にあやかるか、ハッピーエンドを原則とした演劇が全盛であった。それに対してアントワーヌは、言わば「純文学的」な必ずしもハッピーエンドでは無い演劇を制作し、従来の演劇に飽き足らない人々の支持を得たのである。そして、その運動はたちまち全ヨーロッパに広がった。新劇俳優の必須科目とも言える「演技術」スタニスラフスキー・システムを作ったソビエトの俳優・演出家コンスタンチン・スタニスラフスキーもこの自由劇場運動に大きな影響を受け、モスクワ芸術座を創立しゴーリキーやチェーホフの作品を盛んに上演した。

日本では左團次が『ボルクマン』に主演することでその潮流に身を投じたわけだが、この作品をドイツ語から日本語に訳したのは森鷗外であった。鷗外もこの運動の支持者であったのだ。

ところが不思議なことに、この『ボルクマン』公演には女優が一人も出演していなかったのである。なぜ彼ら「自由劇場」グループは女優を採用しなかったのか?

左團次自身はまさに新劇俳優のはしりとも言うべき人物で、歌舞伎は歌舞伎、新劇は新劇ときちんと演じ分けることができた。現代の歌舞伎俳優にも他の分野たとえばミュージカルとか現代劇に出演している人もいるが、そうした分野でも左團次は先駆者であった。だから、左團次が歌舞伎の伝統を守って女優との共演を拒否したわけでは無い。そうすると小山内の方針だったのだろうか。このあたりは史料が無いのでよくわからないが、大胆に想像すれば、西洋の一流の女優をその目で見ている左團次や小山内のメガネにかなう女優がいなかったからではないだろうか。ポリシーの問題では無く、単純に「適任者」がいなかったことが原因ではないか。と言うのは、同じ道を行くが左團次とは別の演劇集団の中から、その指導者たちのメガネにかなうまったく新しい女優が誕生したからである。

■「文芸の西洋近代化」をめざした坪内逍遥の愛弟子島村抱月

『小説神髄《しようせつしんずい》』を書き小説の近代化や写実主義の徹底を提唱した坪内逍遥《つぼうちしようよう》は、実作者としての力量は今ひとつであった小説の筆は折り、演劇の改良運動に力を注いでいた。早稲田《わせだ》大学を拠点にシェークスピア劇の翻訳、普及にも熱心だった。明治というのは西洋演劇が一気に日本に入ってきた時代である。西洋では、十七世紀初頭に亡くなったシェークスピアと二十世紀初頭に亡くなったイプセンとの間には三百年の歴史があるが、それが同時代に一つの塊となって流入してきたのが明治の演劇界であった。そして、左團次とは親子ほども歳が違う「江戸時代生まれ」の逍遥はやはり、シェークスピア劇の歌舞伎とも共通する古典的味わいのほうが好みに合ったのだろう。また「新歌舞伎」の傑作『桐一葉《きりひとは》』も書いている。しかし、もともと写実主義に賛成していたのだから自由劇場運動にも大いに関心があった。その愛弟子が島村抱月《しまむらほうげつ》である。

逍遥よりは若く左團次よりは九歳上の抱月は一八七一年（明治4）島根県に生まれ、上京して東京専門学校（早稲田大学の前身）に入学しここで逍遥の薫陶《くんとう》を受けた。そしてヨーロッパに留学しイギリスやドイツで学び一九〇五年（明治38）に帰国した抱月は、演劇のみならずさまざまな文芸も西洋近代化の道を進めなければいけないと確信し、一九〇六年（明治39）に文芸協会を設立した。翌年に文芸協会が東京の本郷座《ほんごうざ》で上演した逍遥訳の『ハムレット』が、翻案では無い純然たる翻訳のシェークスピア劇の日本最初の上演とされている。

ちなみにハムレットは土肥春曙《どいしゅんしょ》、敵役クローディアスは東儀鉄笛《とうぎてつてき》であった。ともに東京専門学校で学び春曙は最初読売新聞の記者をしていたが、川上音二郎一座の洋行に通訳として同行した後芝居に目覚めたのか、俳優の道に転じた。音二郎を師匠とするのでは無く逍遥のもとで朗読研究会を設立し、文芸協会が設立されると本格的に俳優として公演に参加した。一方、盟友の東儀鉄笛は春曙と同じ一八六九年（明治2）に宮中雅楽《ががく》を伝える東儀家に生まれ最初は音楽の勉強をしていたが、後に芝居に目覚め文芸協会に参加した。早稲田大学校歌『都《みやこ》の西北《せいほく》』の作曲者としても知られている。春曙は女形もできそうな繊細な感じで、鉄笛は逆に体格が堂々とした偉丈夫《いじょうぶ》で感じはまったく違うのだが、よく気が合ったという。その後は無名会《むめいかい》という演劇集団を結成し後進の指導にも当たったという。

文芸協会ではやはり女優の必要性を痛感し、一から養成するしか無いと逍遥の肝煎りで演劇研究所を創設した。一九〇九年春、完成したこの研究所が研究生を募集した。その研究生に応募してきた信州出身の、その時代には珍しい若い「バツイチ」の女性がいた。本名小林正子《こばやしまさこ》、後の松井須磨子《まついすまこ》である。一八八六年（明治19）生まれだから当時二十三歳であった。

■「恋に生き恋に死んだ」女優松井須磨子「三つの伝説」

日本初の本格的な近代女優となった松井須磨子は、一八八六年（明治19）長野県の松代《まつしろ》で士族小林家（旧松代藩士）の五女（9人兄妹の末っ子）として生まれた。一度は養女に出され尋常小学校を卒業したが、養父の死で実家に戻った。しかし実家に戻った年、実父も亡くなってしまった。この時実父は、東京行きを勧めたという。普通、女子は生まれ故郷で早く結婚したほうがいいというのが当時の考え方だったから、東京行きを勧めるのは異例である。何か光るものがあったのだろうか。父親もやみくもに東京に行けと言ったのでは無い。彼女の姉が東京麻布《あざぶ》の菓子屋に嫁いでいたのだ。そこで十七歳の時に上京した。姉の世話になって戸板《といた》裁縫学校（現・戸板女子短期大学）に入学する。

しかし、やはり「結婚するのが女の幸せ」ということなのか、親戚の強い勧めで一年後最初の結婚をする。千葉の木更津《きさらづ》で割烹旅館を経営している若主人が相手であった。ところが、この結婚は上手くいかなかった。須磨子は病気がちだったともいい、肺病（結核）を疑われたともいう。肺病は当時まだ抗生物質が無く不治の病であるうえに、伝染するところから大変に嫌われていた。どうやら、このあたりから彼女は平凡な女の人生から脱却したいと思うようになったらしい。

東京に舞い戻った須磨子は二十三歳で三歳年上の前沢《まえざわ》という教員と結婚した。前沢は演劇に興味があり、その感化を受け彼女も演劇に興味を持つようになり、そこで坪内逍遥の創設した文芸協会付属の俳優養成学校に願書を提出し面接まで進んだのだが、ここで「女優松井須磨子伝説第一号」とも言うべき事件が起きる。

須磨子は「鼻が低くて顔全体が平板」だという理由で、入学試験に落ちてしまったのだ。

しかし彼女はよほど女優になりたかったのだろう。思い切った行動に出た。それは、今で言う美容整形手術を受けることであった。今のようにどんな顔にでも直せるというわけでは無い。ただ、鼻を高くするという隆鼻術《りゆうび》はあった。なんとしてでも女優になりたかった須磨子は、当時としては最新の技術であった隆鼻術を受けたというのだ。須磨子の顔はここで「誕生」したのである。ちなみに、この時代の隆鼻術は鼻筋にシリコンでは無く蝋《ろう》を注入するもので、不安定でよく動きそのたびに炎症を起こし、この後遺症は死ぬまで彼女を苦しめたという。ともあれ、彼女は日本史上初の「整形美人女優」なのである。

とにかく、今度は俳優養成学校に入学を果たした。あるいは、整形までしてきた須磨子の熱意を買ったのかもしれない。このころの彼女は田舎娘丸出しだったというが、そのうち水を得た魚のように女優として洗練されていった。そして前節で紹介した坪内逍遥訳『ハムレット』においてハムレット役の土肥春曙、敵役クローディアスを演じる東儀鉄笛とともに主人公の恋人役オフィーリアを演じ、注目されていく。この時初めて芸名「松井須磨子」を名乗った。このころ須磨子は女優に専念したいと前沢と離婚する。二度目の離婚である。これも想像だが、明治の男として前沢は妻に家事をきちんとやるよう求めたが、前述の持病もあり束縛が嫌いな性格もあいまって離婚という結果につながったのではないだろうか。

そして、この文芸協会で須磨子は運命の男性に出会う。十五歳年上の島村抱月である。島村抱月は本名滝太郎《たきたろう》といって一八七一年（明治４）島根県に生まれ、同じく前節で述べたように欧米留学を経て帰国後の一九〇六年、師の坪内逍遥と文芸協会を設立した。付属の演劇研究所開設にも主導的にかかわり男女俳優の養成を始めたが、ここで見出したのが女優松井須磨子だった。抱月はヨーロッパで観劇してきたヘンリック・イプセンの代表作『人形の家』の主人公ノラ役に須磨子を抜擢した。これが信じられないほどの大成功を収めた。ノラは須磨子の一世一代の当たり役となった。

さて、『人形の家』のあらすじをご存じだろうか？　主人公ノラは弁護士ヘルメルの貞淑な妻で、三人の子を産み夫から愛されていることを確信している。ところが、そこに問題が生じた。夫に雇われている男が突然現われて脅迫してきたのである。その内容は、あなたの夫は自分を解雇しようとしている。しかし、私はあなたの犯罪の証拠を持っている。これを夫にバラされたくなければ、説得して解雇を撤回させてくれ、というものだった。犯罪というのは、夫の財政的窮地を救うため借金をする際、父親のサインを偽造したことである。あくまでも夫を救うためだったとは言え、弁護士という職業柄そういった犯罪が明るみに出ては夫の地位が危うくなる。

そこでノラはやむを得ず承諾するが、いくら説得しても夫が言うことを聞かない。そこで男は解雇され、腹いせにノラの犯罪の話をバラしてしまう。夫は激怒した。もともと夫を救うためにやったことなのに、そのことはまったく評価せず口汚く自分を罵《ののし》る。こんな具合に、

ヘルメル　ああ、なんという恐ろしい眼の醒《さ》め方だろう。この八年というもの、——おれの喜びであり誇《ほこ》りであった女が、——偽善者《ぎぜんしゃ》で、嘘《うそ》つきで、——しかももっともっと悪い——犯罪者なんだ！——ああ、底知れぬ穢《けが》らわしいものが、そこにはひそんでいるんだ！　ちょっ、ちょっ！

ノラ（黙《だま》って、あいかわらずじいっとヘルメルの顔を見つめている）

ヘルメル　こういう事があるだろうということは、早くから感じるべきだった。前もって見抜いておくべきだった。お前の親父《おやじ》の軽はずみな性質を、——黙って聞け！　お前の親父の軽はずみな性質を、お前は残らず受継《うけつ》いでいるんだ、宗教もなければ、道徳もない、義務の観念もない——、そんな男を大目に見てやったばっかりに、おれはなんという罰《ばつ》を受けねばならんのだ。しかもそれはお前のためにしてやったことなんだ。そのお前の報《むく》いがこの通りの有様《ありさま》だ。

（『人形の家』原千代海訳　岩波書店刊）

本人の人格も父親の人格も否定する罵詈雑言《ばりぞうごん》である。ところが、脅迫という犯罪行為を後悔した男から証拠の書類が手紙で送られてきて告発される心配が無くなったとたん、ヘルメルの態度は百八十度変わる。

ヘルメル　（前略）どうしたんだい——そのむずかしい顔つきは？　ああ、そうか、わかったよ、ノラ。かわいそうに。お前にはまだ、わたしが許してやったことが信じられないんだろう。だが、わたしは許してやったんだよ。誓《ちか》って言うが、わたしは何もかも許したんだよ。お前のした事はすべてわたしに対する愛情からだということはよく知っているんだから。

（引用前掲書）

まさに手のひら返しである。ノラは悟った。自分は、一人の人格を持った女性として愛されていたのではない。夫は、自分を人形のように可愛がっていただけなのだと。

ノラ　（前略）あなたはあたしに対して、いつも大変親切にしてくださいました。でもあたしたちの家庭はほんの遊戯室《ゆうぎしつ》にすぎませんでした。あたしは実家で父の人形っ子だったように、この家ではあなたの人形妻でした。そしてこんどは、子供たちがあたしのお人形になりました。それであたしが子供たちのお相手をして遊んでやりますと、みんなが嬉《うれ》しがるように、あなたがあたしのお相手になって遊んでくださると、あたしも嬉しがったものなんです。これがあたしたちの結婚生活だったんですよ、あなた。

（引用前掲書）

ノラは「あなたを愛していない」と宣言し、結婚指輪も返し身の回りの荷物だけ持って三人の子供を残してその晩のうちに家を出る。そこで幕となる。

イプセンのこの作品は、欧米ではフェミニズム（女性解放運動）の先駆けをなすものだと評価されている。「自立する女」の象徴がこのノラだったのである。そして、このノラの役柄は実際の松井須磨子の人生とぴたりと重なった。先に引用した『明治演劇史』の著者渡辺保は、松井須磨子の演技を「上手い」と言った人は無いのに誰もが感動したという事実があったことを指摘し、その理由について次のように推測している。

須磨子の演技は、おそらく技巧でもなく、まして方法論の結実でもなかったからであろう。ただひたすらそこに生命をかけて生きようという彼女の生き方、情熱的な個性がうかび出たからである。それは体当りといったものでさえなかった。彼女自身の生き方、天性のものが噴き出した結果である。彼女はそれに操られたにすぎない。

（『明治演劇史』）

そして、この須磨子の個性を最大限に引き出したのが、「演出」を担当した抱月だ。名伯楽と言っていいだろう。抱月は須磨子の主演第二作にドイツの劇作家ヘルマン・ズーダーマンの『故郷』を選んだ。これも自立する女の話で、父に反抗して故郷を飛び出しオペラ歌手として成功した主人公マグダだが、そういう娘を許さない父親は銃で撃ち殺そうとする。しかし、それでも主人公のマグダは屈しなかった――というストーリーである。この人間像もノラに、そして須磨子に重なる。これも大好評であった。もっとも、警察からは「教育勅語」の「親に孝」に反するとクレームがついたという。前にも述べたように、儒教的社会の倫理を破壊し新しい道徳を築くにあたって確かに「教育勅語」は一定の効力があったのだが、この時代にはもう古くなったということだろう。これが歴史というものだ。

■『カチューシャの唄』が大ヒットした「歌う女優第一号」

ノラは演劇界という狭い世界を超えて社会的にも支持された。奇しくも須磨子と同じ年に生まれた、日本の女性解放運動の元祖とも言うべき平塚らいてうが、雑誌『青鞜《せいとう》』で始めたフェミニズム路線が須磨子の人気のバックアップとなった。青鞜とは英語「Bluestocking」の和訳。ブルーストッキングはイギリスで知性の高い女性が身につける靴下だと言われていたことから命名された。らいてうも厳格な家庭に反発し、二十二歳の時に心中未遂事件を起こしたというツワモノである。その創刊の辞は「元始、女性は実に太陽であった。真正の人であった。今、女性は月である。他に依って生き、他の光によって輝く、病人のような蒼白い顔の月である。さてここに『青鞜』は初声を上げた」という書き出しで始まることはよく知られている。

さて、こうした「演出家」と「女優」のつながりから、抱月と須磨子は男女の関係になった。抱月は妻帯者だったので、これはスキャンダルになった。兼ねてから、師逍遥の穏健な演劇改良路線に不満を抱いていた抱月は、これを機に独立することにした。もちろん須磨子も行動をともにし、二人は新しく芸術座を結成した。時代はすでに大正に入っていたが、一九一四年（大正3）から島村抱月によって脚色されたレフ・トルストイの『復活』

が松井須磨子主演で上演され、再び大評判を取った。とくに大人気を博した理由に、主人公カチューシャを演じた松井須磨子が舞台の上で歌った『カチューシャの唄』の大ヒットがある。「歌う女優第一号」、これが須磨子伝説二つ目である、歌詞はご存じのように次のようなものであった。

カチューシャかわいや　わかれのつらさ
せめて淡雪　とけぬ間と
神に願いを（ララ）かけましょうか

（作詞島村抱月、相馬御風《そうまぎょふう》　作曲中山晋平《なかやましんぺい》）

歌詞は五番まであるがこの歌は大ヒットし、レコードは二万枚も売れたという。まだ蓄音機があまり普及していないころの二万枚である。今ならミリオンセラーと言ってもいいだろう。また同年、抱月の監督で須磨子主演の映画まで作られた。タイトルはずばり『カチューシャの唄』。短編映画である。これは正式なトーキー（フィルムと録音テープが連動している）では無く、フィルムの動きに合わせて蓄音機をかけるキネトフォンというものだったが、これも大評判になった。ちなみに、女性が使うU字型の髪止めを日本だけ「カチユーシャ」と呼ぶが、これも須磨子がこの舞台で使っていたからという説がある。調べてみると実際にはそういう写真は無いのだが、これも須磨子伝説の一つであろう。

しかし、そんな二人の熱愛にも終止符が打たれる。一九一八年（大正7）冬、抱月は当時世界的に流行していたスペイン風邪のために病死した。翌年、年明け早々の一月五日、須磨子は抱月のあとを追って自殺した。享年三十二。「恋に生き恋に死んだ女優」須磨子伝説の終焉である。

■明治維新の荒波に晒された能楽界を改革した「三人の男」

明治維新は能や歌舞伎の世界にとっても大変革期であった。あらゆる事物が西洋近代化の荒波に晒《さら》されたのである。伝統演劇は古い型を守ってさえいればいいというわけにもいかなかった。

最初の荒波に晒されたのは能楽の世界であった。徳川家康が幕府の公式式楽《しきがく》に定めたのが能楽であったからだ。つまり江戸時代、一貫して能は幕府によって保護されていた。いや、大名も能を演じることは「たしなみ」であったので、とくに大大名にはお抱えの能楽師がいた。また、家臣クラスにとっても能を演じることは高尚な趣味であったから、言わば武士階級全体が能楽のパトロンであったと言っても過言では無い。ところが、明治維新というのは幕府も大名も武士も消滅させたのだから、能楽界にとってそれがどんなに大変なことであったか、少しは想像がつくかもしれない。

ただし「追い風」も無かったわけではない。第一に、能を演じることを趣味として好む大名が少なからずおり、それが華族へと身分変更した時も従来のように能楽師のパトロンとなってもいいという意識があったこと。そして第二に、明治政府も西洋のオペラなどに対抗する日本の伝統芸能として能楽を保護する姿勢を打ち出したことである。外国の賓客が来た時、軍楽隊が国歌を吹奏するという国際儀礼のために『君が代』を「制作」しなければならなかったように、賓客接待のためには手品や軽業《かるわざ》の類いでは無く、何か重厚な演芸が必要である。それは明治前半の重要な政治テーマであった「条約改正」にもつながる。その意味では、まったく対照的に見える「鹿鳴館のダンス」と能楽保護は、同じ流れの中にある。双方とも「日本には欧米に劣らぬ文化がある」というアピールにつながるからだ。

もっともそのためには、政府側に能楽の価値を認める人間がいなければならない。そして、それを受ける形で能楽界を近代社会に合うよう改革できる人物がいなければならない。もちろん演劇である以上、ファン層をつなぎとめ拡大するような人間、つまり「新派」における川上音二郎のようなスターがいなければならない。じつに幸いなことに、明治初期にこのような人間が三人いた。名前を挙げれば、岩倉具視《いわくらともみ》、そして梅若実《うめわかみのる》、宝生《ほうしょう》九郎《くろう》である。岩倉具視については今さら説明するまでも無いだろうが、大名で無く公家出身の岩倉は明治まで能楽ファンでは無かった。公家としては貧乏な階級に属していたから稽古に通うような余裕も無かったのだろう。ところが、明治政府の要人となって前述のように外国からの賓客を接待する立場になったところで能に興味を持ち、能楽師などと交流するうちに次第にはまっていったのである。能自体がそれだけ魅力を持つ芸能だということだが、能楽界にとってはじつに幸運な出会いであった。

梅若実と宝生九郎については百科事典には次のように記載されている。

梅若実　能役者。（1）初世（1828－1909・文政11－明治42）幼名亀次郎、のち六之丞、六郎。実は隠居名（中略）。72年（明治5）家督を養子源次郎（のちの観世清之）に譲り、隠居して実と改名。江戸幕府崩解後の変動期にあって、生活上の危機を乗り越え、東京にとどまり演能を続け、能楽復興の最大の功績者となった。

（『世界大百科事典』平凡社刊より一部抜粋　項目執筆者羽田昶）

宝生九郎　能楽師。能のシテ方宝生流宗家の通り名で、8世～13世、16世と17世が名のるが、とくに16世が有名。

16世（１８３７－１９１７）本名宝生知栄（ともはる）。幼名石之助。江戸・神田に生まれる（中略）。幕府が倒れると、隠居を決意して能を離れ、商人あるいは農業を志したというから、当時の混乱ぶりがしのばれる。１８７８年（明治11）宮内省御能係となり、以後、能楽復興の支柱となる。人格の高さ、たぐいない識見、故実の詳しさ、気品ある芸格、抜群の美声で、明治能楽界に君臨した。

（『日本大百科全書〈ニッポニカ〉』小学館刊より一部抜粋　項目執筆者増田正造）


お気づきのように、梅若実は江戸時代「筆頭」とされた観世流《かんぜりゅう》の一員ではあるが家元では無く、宝生九郎に至っては観世流ですら無い。やはり明治は「実力の時代」だったのである。では、「生活上の危機を乗り越え」能楽復興に貢献したというのは具体的にどういうことかと言えば、幕府が消滅したことによって、幕府からの能楽界への援助は一切断たれた。それが「生活上の危機」ということだが、それでも梅若は「東京にとどまり演能を続け」た。ここのところ、より正確に言うなら東京で歯を食いしばって個人的に興行を続けるうちに、旧大名や一般人のファンが集まってきた。そこで江戸城無血開城によって温存された街の中の大名屋敷の能舞台を買い取り、個人で能楽堂を持つことによってさらに興行を続けファンを増やした。注意すべきは、江戸時代には能楽の興行は幕府の式典として行なわれたので、能楽師はそのために日ごろから扶持《ふち》（給料）をもらっていたから、歌舞伎のように一般見物客から木戸銭（入場料）を取って生活の資にすることは基本的には無かった。それを梅若は、現在のようなスタイルに変えたということである。

そういう改革を経て岩倉の目にも止まり、新政府の保護を受けることによって「生活上の危機」を完全に乗り越えることができた。そして、言わば能楽界の大プロデューサーになった梅若は、引退状態にあった名優宝生九郎を呼び戻して舞台に復帰させ、「能楽復興の最大の功績者」になったのである。この二人について、渡辺保は『明治演劇史』では次のように述べている。

宝生九郎は面長で端正、さながら古武士の如くであり、一方梅若実はでっぷりと恰幅のいい、富裕な商人の如くである。宝生九郎が現実と妥協しないつよさをもっているのに対して、梅若実は現実を受け入れて努力する、太っ腹な人間に見える。この対照は明治維新のなかで旧幕府を代表する人々と、下層から身を起して徒手空拳、旧幕府を倒して維新を実現した人々との対照そのままである。

明治期というのはこのような「対照」があらゆるところにあった時代なのだろう。ただ能楽に関して言えば、時代の荒波に洗われることによって興行形態などは変化したが、その内容についてはとくに大きな改変は無かったし求められもしなかった。もともと室町《むろまち》期に完成した芸能であったからだろう。しかし、同じ古典芸能とは言え江戸時代に町人文化として発展した芸能は、また明治の時代に劇の内容をも含めた新しい変革を求められた。幕府に保護された式楽では無く、あくまで大衆芸能として発展した歌舞伎は、フレキシブルに民衆の要求に応える要素を当初から持っていた。だからこそ、その改革は能楽とは大いに方向性が違った。

■聞きかじったオペラの知識をもとに歌舞伎に注文を付けた「半可通」元志士とは？

ある意味で歌舞伎と「兄弟」である人形浄瑠璃（文楽《ぶんらく》）は、当初「明治の荒波」の影響は少なかった。「兄弟」という意味は江戸幕府が女優禁止という「大弾圧」をした結果、江戸歌舞伎が火の消えたような状態になった時、上方では「男女共演可能」な人形劇である文楽が大いに盛行したからである。近松門左衛門は歌舞伎では無く人形浄瑠璃の台本を書いた。『心中天網島《しんじゅうてんのあみじま》』がそうであり、別の作者による『仮名手本忠臣蔵』も元々は人形浄瑠璃の台本として書かれた。それを女形（男が女役をやる）という新工夫によって、

「男女共演」が可能になった江戸歌舞伎が人間の実演で上演した。だから「兄弟」と言ったので、もちろん人形浄瑠璃が兄、江戸歌舞伎が弟ということである。

そしてちょうど能楽の「せりふとナレーション部分」が独立したのが「謡曲《ようきょく》（謡《うたい》）」であるように、人形浄瑠璃のその部分が独立したのが「義太夫」であった。それを本来舞台の上には乗ってはいけない女性が語ったのが「娘義太夫」で、江戸時代は白い目で見られていたが明治になるとともに解禁になったことは、すでに述べたところである。つまり人形浄瑠璃あるいは義太夫は、むしろ明治になって大いにもてはやされたのである。

ところが、歌舞伎はそう簡単にはいかなかった。これもすでに述べたところだが、仏教界とくらべてみると面白い。江戸時代、仏教界では妻帯が認められていた浄土《じょうど》真宗《しんしゅう》以外「女犯《にょぼん》」は罪であった。しかし明治になってそれが「解禁」されると、なし崩し的に（教義の変更では無く習慣の変更として）僧侶は妻帯するようになった。ここで初めて気づかれた方も大勢いると思うが、じつは歌舞伎も女優を舞台に乗せ、本当の意味での男女共演にするという方向性も可能性としては考えられないわけでは無かったのである。とにかくお堅いはずの仏教界で妻帯が当たり前になったのだから、論理的に考えればそういう可能性も無きにしも非ずだったというところに、気がついていただきたい。もちろん、男性が女性役をやるというのは能楽のほうが「先輩」だが、こちらはそういう話はまったく出なかった。それはすでに述べたように、幕府の式楽という形で大衆からは隔離されていたからでもある。しかし、歌舞伎はそうはいかない。常に民衆の要求に応えてきたし、それが歌舞伎を発展させてきたことも事実である。そういうファンは大名や公家よりも一般民衆や下級武士のほうが多かったから、いわゆる「維新の志士」の中にもそれがいた。一人だけ名前を挙げろと言われたら、それは内閣総理大臣まで上りつめた伊藤博文であった。伊藤は公爵《こうしゃく》にもなったが、もとをただせば長州《ちょうしゅう》藩の「足軽《あしがる》」である。であるがゆえに歌舞伎ファンであり、ヨーロッパで聞きかじった（実際に劇場にも行ったかもしれないが）オペラの知識をもとに、歌舞伎に色々と注文を付けた。ただ前にも述べたことだが伊藤の意見は半可通《はんかつう》のもので、「オペラの題材には不倫など無い」などという儒教的方向に偏ったものであった。身も蓋も無い言い方をすれば伊藤には本当の芸術がわかっていなかったと言えるかもしれないが、少なくとも歌舞伎を西洋のオペラに対抗できる日本の演劇として認識していたことは確かである。

　ところで歌舞伎ファンなら、いや歌舞伎ファンならずとも「こいつぁ春から縁起がいいわえ」「知らざあ言って、聞かせやしょう」という名ぜりふを聴いたことがあるだろう。これは、狂言《きょうげん》（芝居のタイトルのことを歌舞伎界ではこう言う）『三人吉三廓初買《さんにんきちさくるわのはつがい》』（通称『三人吉三』）や『青砥稿花紅彩画《あおとぞうしはなのにしきえ》』（通称『白浪五人男《しらなみごにんおとこ》』）のものだが、いずれも同じ河竹黙阿弥《かわたけもくあみ》の作品である。しかも多くの人が錯覚しているが、これらの作品は江戸中期のものでは無く、安政《あんせい》七年（1860）および文久二年《ぶんきゅう》（1862）という幕末の混乱期に初演されたものなのである。明治維新の時に五十二歳でその後明治二十六年まで生きた黙阿弥は、ちょうど幕末から明治にかけてが脂の乗り切った時代だった。

早くも一八六九年（明治2）、黙阿弥は河原崎権之助《かわらさきごんのすけ》（のち9代目市川團十郎）を売り出すために『増補桃山譚《ぞうほももやまものがたり》』を書いた。俗に『地震加藤《じしんかとう》』と呼ばれる作品で、豊臣秀吉《とよとみひでよし》の「朝鮮出兵」の時に石田三成《いしだみつなり》の讒言《ざんげん》により伏見《ふしみ》の屋敷で蟄居《ちっきょ》させられていた加藤清正《かとうきよまさ》が、伏見城が倒壊するほどの大地震のおり身の危険も顧みず真っ先に秀吉のもとに駆けつけ、その忠義を示すという物語である。この作品を受けて、権之助は新しい時代の好みに合わせてより写実的な表現を取り、大評判を博したという。これには後に別の形で演劇改良運動を進め、歌舞伎のような演劇とは決別する道を歩んだ学生坪内逍遥も舌を巻いたという。

もちろん失敗作もあった。今では想像もつかないことだが、この時期には歌舞伎役者が「赤毛《あかげ》」のかつらをかぶってヨーロッパを舞台とする作品もあったという。だが、これは大衆の好みに合わなかったようで、早々に廃れた。しかし、ちょうど能楽界のように、この時代の歌舞伎界には新しい時代を切り抜けるための人材が揃っていた。とくにスターは、むしろ能楽界より豊富だったかもしれない。その代表が通称「團菊左」と呼ばれた、東京歌舞伎の三大名優である。

■水野忠邦による「追放」が契機となり結成された「猿若町三座」

伝統演劇を近代化するためには、先に述べたように政府側にその伝統演劇の価値を認める人間がいたほうがいい。歌舞伎の場合はこれにあたるのが伊藤博文であった。また演劇である以上、ファン層をつなぎとめ拡大するような人間、つまりスターが必要だがこれが通称「團菊左」と呼ばれた三大名優である。

では、歌舞伎を近代社会に合うよう改革できる人物つまり総合プロデューサーはいたかと言えば、もちろんいたのだが、能楽とくらべてそれほど単純では無い。なぜなら、ちょうど能楽界における梅若実のように俳優にしてプロデューサーあるいは座元《ざもと》（興行権を持った劇場経営者）を兼ねることが、歌舞伎の世界では能楽界以上に常識だったからである。これを頭において、「團菊左」の経歴を見ていただきたい。

市川団十郎　いちかわだんじゅうろう　9世（1838－1903・天保9－明治36）7世の五男。8世の弟。（中略）明治期の劇界の第一人者で、〈劇聖〉と仰がれた名優であった。容貌、風姿、音調、弁舌にすぐれ、立役、女方、敵役のいずれにもよく、時代、世話、所作事の何を演じても卓越した技芸を示した。演劇改良運動に意欲を燃やし、その中心となって活躍、忠実に史実を写そうと志す〈活歴（かつれき）〉と呼ぶ史劇を創始したことは演劇史上に特筆される。また、登場人物の性格・心理を研究し、これを内攻的に表現する〈肚芸（はらげい）〉という演技術を開拓するなど、近代歌舞伎に与えた影響はきわめて大きい。《高時》《紅葉狩》《大森彦七》《鏡獅子》などを含む〈新歌舞伎十八番〉を制定。

（『世界大百科事典』平凡社刊　項目執筆者服部幸雄）

では、肚（腹）芸とは何かと言えば、

歌舞伎の演技用語。劇の進行上の気持の変化や決心などの心理表現のさい、せりふや動作、表現などをいちいちはでに表面に出さず、すべて地味に静的に抑制して、しかも観客には十分納得できるように表現することをいう。一種のリアリズム演技で、役の性根（しようね）を〈肚〉と称するところから出た用語である。明治期の9世市川団十郎は肚芸を強調し、とくにみずから始めた〈活歴〉における重要な演技術となり、今日にまで大きな影響を残している。

続いて「團菊左」の二人目は尾上菊五郎である。

（引用前掲書　項目執筆者井草利夫）

尾上菊五郎　おのえきくごろう　5世（1844－1903）　3世の孫。本名寺嶋清。8歳で13世市村羽左衛門（うざえもん）を継ぎ、市村座の座元になった。（中略）天性の様式美に加えて、4世小団次の写実的芸風を洗練し、いなせな江戸っ子の主人公役に独自の境地を開いた。9世市川団十郎とともに「団菊」と称され、明治の劇壇を代表する名優であった。「新古演劇十種」を制定、創演したほか、新時代に材を得た散切物（ざんぎりもの）を積極的に演じた。

（『日本大百科全書〈ニッポニカ〉』小学館刊　項目執筆者服部幸雄）

ちなみに「新古演劇十種」とは、市川團十郎家の伝統芸「歌舞伎十八番」に対抗して五世菊五郎が作ったもので、『羽衣《はごろも》』など能を歌舞伎化した妖怪変化役が多いのが特徴である。

そして三人目は市川左團次。ちょっとお断わりしておきたい。順番が前後してしまって恐縮だが、この左團次は松井須磨子の絡みで取り上げた、新劇もこなした左團次では無い。

あれは二世で、「團菊左」の左團次は初世（初代）で、二世の実父である。

市川左団次　いちかわさだんじ　初世（1842－1904・天保13－明治37）（中略）66年（慶応2）養父没後一時廃業していたが、作者河竹黙阿弥の後援で復帰、70年（明治3）黙阿弥の書きおろし《慶安太平記》の丸橋忠弥の好演で人気役者の仲間入りをし、93年明治座を新築、座元・座頭として活躍、9世市川団十郎、5世尾上菊五郎ら名優と〈団菊左〉と並び称された。容姿とせりふに恵まれ、堅実な芸風で明治史劇に本領を発揮した。

（『世界大百科事典』平凡社刊　項目執筆者野口達二）

お気づきのように、新しい演目を定めたり劇場そのものを建設したり、役者の枠にとどまらない活動をしているケースが多い。ここで歌舞伎を上演する劇場すなわち「小屋」の変遷史を江戸時代から振り返ってみよう。「江戸三座《えどさんざ》」という言葉がある。幕府が正式に許可した三つの芝居小屋で、多くの人は江戸時代に三つの固定された芝居小屋が常に営業していたように錯覚しているのだが、じつはそうでは無くこの「三座」というのは幕府が町人に認めた芝居の「興行権」が三つしかなく、それをさまざまな名前の芝居小屋が争っていたという状態なのである。

しかし江戸時代後期の天保《てんぽう》年間、老中水野忠邦《みずのただくに》の「改革」で芝居小屋をまとめ、当時は江戸郊外だった浅草に移転させたことによって新時代が始まった。水野忠邦の感覚ではこれは江戸城外濠の外側への「追放」だったのだが、芝居関係者や庶民から見れば一種の「芝居村」が結成された形となり、興行する側にとっても見物する側にとっても効率がよくなった。この「当時の三座」とは中村座《なかむら》・市村座《いちむら》・河原崎座《かわらさき》（森田座《もりた》）だったが、後にこの地区が猿若町《さるわかちょう》という名前になったことから猿若町三座と呼ばれるようになった。現在の浅草も演芸の中心地というイメージがあるが、それはこの猿若町時代から始まったのである。

また猿若町という名は初世中村勘三郎《なかむらかんざぶろう》にちなんだものだ。江戸で初めて、ということは日本で初めて常設の芝居小屋を建てたのがこの人で、三代将軍家光《いえみつ》のころ寛永年間の話である。この人は役者あるいは座元としては猿若勘三郎と名乗り、その日本初の常設芝居小屋は猿若座と呼ばれた。「猿若」は中村家の家芸として伝承されてきた狂言で、道化役とも言うべき猿若がさまざまな芸尽くしを見せるものだ。それが大評判を取ったので初世は猿若勘三郎と名乗り、その故事を記念して猿若町という町名がつけられたのだ。その後継者は代々中村勘三郎を名乗った。本姓は中村だったようで、もともと武士の家柄で山城《やましろ》国の出身だったという説と、尾張《おわり》国中村の出身だったからという説がある。後者が正しいなら、勘三郎は豊臣秀吉と「同郷」ということになるが、果たしてどうか。とにかくそのため猿若座は後に中村座と呼ばれるようになった。

■「新歌舞伎」の傑作を生み出す導火線となった歴史劇「活歴」

明治になると、当初新政府は江戸歌舞伎に対して冷淡な態度を取った。いや、冷淡というのは感情的な評価で、既得権を破壊し芝居の世界でも「自由化」をめざした、と言ったほうがいいかもしれない。政府の意向を受けた当時の東京府は一八七三年（明治6）、府令によって東京市内に「劇場は十座認める」という府令を出した。これに応じて猿若町三座からは締め出されていた歌舞伎関係者たちが新しい芝居小屋を次々と設立した。喜昇《きしょう》座《ざ》などそれらは都心の便利な地域にあったので、今と違って交通の不便な猿若町の芝居小屋は客を取られることになった。そこで移転の問題が現実化した。

すでにその兆候を見越して猿若町から「外濠内」の新富町《しんとみちょう》に一八七二年（明治5）に移転したのが守田座《もりたざ》（森田座改め）だった。これを機に守田座は新富座と名を改めた。これを指揮した座元十二代守田勘弥は経営者とプロデューサーの二つの才能があった人で、当時ライバル関係にあった「團菊左」の一人市川團十郎と提携し歌舞伎の黄金時代を築くことになる。

これも話が前後して恐縮だが、川上音二郎は日清戦争を劇化して大ブームを作り「新派」の地位を確固たるものにした。現地を取材してできるだけリアルに戦場の様子を表現した舞台には、すでに述べたように当時の歌舞伎はついていけず、結局音二郎一座の芝居が当時の歌舞伎の中心の歌舞伎座ですら上演されるようになった。ここで歌舞伎は実際の大事件を劇化して評判を取るという、『仮名手本忠臣蔵』以来の伝統を放棄することになる。すでに終わってしまった「伝統」なので多くの人は意識していないが、そういう伝統が大衆演劇としての歌舞伎には厳然と存在した。それが続いていれば今ならアメリカと北朝鮮の「抗争」をネタに『花札統領金文錦絵』（？）などという「狂言」が作られていたかもしれない。しかし「歌舞伎の時計」はここで止まった。

だからそれ以前「時計」は動いていた。日清戦争は元号で言えば明治二十七年に始まり二十八年に終わったが、それ以前の大戦争つまり西南戦争はまだ明治十年の出来事である。川上音二郎の活動は明治二十年代にならないと始まらない。従って、この西南戦争を舞台化できたのは歌舞伎だけだった。しかも、この主役は日清戦争の時のような洋装の「軍人」では無く、「最後の武士」西郷隆盛《さいごうたかもり》である。歌舞伎にまさにぴったりの題材ではないか。もちろん現地の情報は必要だ。そこで勘弥はジャーナリスト福地源一郎《ふくちげんいちろう》（桜痴《おうち》）に接近した。幕臣だった福地は蘭学を学ぶことによって近代化に目覚め、岩倉使節団に同行して実際に欧米を見た男であった。帰国後新聞界に身を投じ、西南戦争のころは東京日日新聞の社長になっていた。しかし、社長になったからといって部屋でふんぞり返っているタイプでは無い。西南戦争では従軍記者として現地で取材にあたった。おそらくそうした生の情報を知るためだろう、勘弥のほうから福地に近づき、以後二人は演劇改良の「同志」となる。実際に欧米をその目で見、たぶんオペラハウスにも招待された福地のもたらす情報は、勘弥にとって非常に有益なものであったに違いない。

勘弥はさっそく西南戦争を舞台化することにしたが、そこには一つ障害があった。明治になって演劇に対するさまざまなタブーが解かれ、実際には江戸時代の事件であるにもかかわらず「室町時代の話」にしなければならなかった「忠臣蔵」も、実名が使えるようになった。塩谷判官《えんやはんがん》でなく浅野内匠頭《あさのたくみのかみ》、大星由良之助《おおぼしゆらのすけ》ではなく大石内蔵助《おおいしくらのすけ》といった具合だ。そこで昭和に入ってのことだが、劇作家真山青果《まやませいか》も実名を使った『元禄《げんろく》忠臣蔵』を書くことができた。前出の九世市川團十郎が始めた「活歴」は「実名を使ったリアルな歴史劇」ということだが、彼の時代にはあまり評判がよくなかった。歌舞伎の荒唐無稽な面白さがかえって損なわれた、という批判があったのだ。そもそも「活歴」という言葉自体、差別語である「小乗仏教《しょうじょうぶっきょう》」のようにライバルから発せられた悪口に基づいている。旧世代に属する戯作者にして新聞記者仮名垣魯文《かながきろぶん》が、こんなものは芝居じゃなくて「活（い）きた歴史」に過ぎない、と喝破したところから始まっている。実際、九世市川團十郎の時代には先に紹介した『地震加藤』くらいしか評価された作品は無かった。しかし、それなのになぜ「活歴と呼ぶ史劇を創始したことは演劇史上に特筆される」と言えるのかと言えば、それはまさに真山青果の『元禄忠臣蔵』あるいは『将軍江戸を去る』のような「新歌舞伎」の傑作を生み出す導火線となったからである。

　明治になって「歴史」をそのまま「舞台化」することができるようになったのだが、じつは西南戦争だけはその例外だった。なぜなら西郷隆盛は天皇に逆らった「賊徒」であったからだ。これも、すでに述べたように当初はその墓を建てることさえ許されなかったのである。では、どうするか？　ここで歌舞伎の「伝統芸」が発揮された。取りあえず大石内蔵助では無く大星由良之助としたように字面を変え、「この作品は架空のもので現存のいかなる組織人物とも一切関係はありません」という態度を貫くことだ。現在でもたとえば実在の警視庁の庁舎を大写しにしておいて、いかにもその室内で行なわれているドラマを作りながら、最後にこの表示（フィクションテロップ）を掲げている例が多いが、そもそもその源流は歌舞伎にある。

　そこで勘弥は一八七八年（明治11）、河竹黙阿弥の新作『西南雲晴朝東風《おきげのくもはらうあさごち》』の上演にこぎつけた。主人公は西条高盛《さいじょうたかもり》、演じるのはもちろん團十郎である。

■仮名垣魯文も感動した歌舞伎『西南雲晴朝東風』のリアル

河竹黙阿弥（当時はまだ河竹新七《しんしち》と名乗っていた）の新作で西南戦争を歌舞伎化した『西南雲晴朝東風』は、西南戦争の翌年一八七八年（明治11）二月、守田勘弥が座元の新富座で上演された。主人公西条高盛（西郷隆盛）は九世市川團十郎、簑原国元《みのはらくにもと》（篠原国幹《しのはらくにもと》）は五世尾上菊五郎、岸野年秋《きしのとしあき》（桐野利秋《きりのとしあき》）は初世市川左團次、つまり名優「團菊左」そろい踏みの豪華キャストであった。公演は大人気で大盛況であった。後に團十郎が展開したリアリズム路線を、「活歴」すなわち「ナマの歴史を再現しているだけだ（演劇とは言えない）」と酷評した仮名垣魯文が、同じリアリズム路線であるこの劇の團十郎の演技には感動し、西郷南洲《なんしゅう》にちなんで彼を「團洲《だんしゅう》」と讃えたほどである。

あいにくと、この脚本は現存していないが、二代目笠亭仙果《りゅうていせんか》こと篠田《しのだ》仙果という戯作者が「ノベライズ」した同名本が残っており、またこの芝居を題材に多くの錦絵《にしきえ》が作られ、舞台の新工夫がさまざまな芸談で語られているため、その様子を知ることができる。

それによると、主なキャストはリアルに再現した軍服を身にまとい、戦場の場面では銃声や砲音の代わりに実際の花火が用いられ観客の度肝を抜いたという。そのリアルな「銃撃」で菊五郎扮する簑原が政府軍の銃弾に倒れ死んでゆく場面は、観客の涙を誘ったという。また、和服姿の時の西条は、舞台上で本物の犬を連れていた。「犬は芝居茶屋大和屋の『コマ』といふのを借りて出た」（『團菊物語』井口政治著　三杏書院刊）と芸談にある。今も上野にある西郷銅像がわれわれ日本人が共有する西郷のイメージだが、それは案外團十郎によって作られたものかもしれない。

ところで、膝行《しっこう》という言葉をご存じだろうか。近代以前に行なわれていた礼法で、貴人の前で正座した人間が膝や尻を上げずにそのまま進むことである。時代劇には比較的出てくるシーンだから、ご覧になったこともあるのではないか。もちろん江戸城内などでは実行されていたことなのだが、歌舞伎ではそれを演技として採用していなかった。江戸時代の歌舞伎では、町人の世界ならともかく武士の世界を扱うことは禁じられており、赤穂《あこう》事件（忠臣蔵）も室町時代の話にしていたことは何度も述べたが、だからこそ採用されなかったのだろう。正座という咄嗟《とっさ》には戦えない座り方が武士の世界で採用されたのは江戸時代、三代将軍徳川家光の時代からだ。室町時代の人間が膝行することはあり得ない。しかし明治になって、それまで絶対舞台に乗せることができなかった江戸時代の大名もキャストとして使えるようになると、膝行も演技として採用しなければならなくなる。新しい時代に歌舞伎を対応させる「演劇改良運動」を進めていた團十郎はそういう考え、つまり正確な時代考証に従うべきだという信念の下にこの膝行を演技に取り入れたが、評判は散々だったという。「此急進の改革を喜ばぬ見物は『芋虫ころころ』などと冷罵した」（『團菊物語』）のだそうだ。しかもこの時、民衆が冷罵した場面は家康の時代の話だった。このころは武士は基本的に正座では無く胡坐《あぐら》だったのだから、実際は時代考証のほうが間違っていたことになる。「史実どおり」などと口で言うのは簡単だが、実際にはきわめて難しいということだ。余談だが、江戸時代それも武家の人妻は、基本的に歯を黒く染めていた。また天皇家、公家でもこういう習慣が行なわれていた。いわゆる「鉄漿《おはぐろ》」で、正式に禁止されたのは一八七〇年（明治3）の「お歯黒《はぐろ》禁止令」が出されて以降のことだから、時代考証を徹底するなら映画やドラマもそうしなければならないはずだが、現状はそうなっていない。

話を戻そう。情報つまり現地の様子や服装などについてはジャーナリスト福地源一郎が協力していたことは、すでに述べた。またこの芝居の「プロデューサー」守田勘弥は各界に有力なコネクションを持っていた。この芝居の上演にあたっては山県有朋《やまがたありとも》、大山巌《おおやまいわお》等の許可を得たという。これは黙阿弥の娘・糸女《いとじょ》の養子となった演劇学者河竹繁俊《しげとし》が証言していることである。

しかし、読者は疑問を感じないだろうか？　明治時代は政府が情報の管理にきわめて厳しかった時代で、各劇場にも検閲のため警察官が派遣されていた。彼らは「反政府的言動」

があったとみなした場合、ただちに上演禁止を命令できるのである。川上音二郎の芝居が何度かそういう目にあったことは、すでに述べた。この『西南雲晴朝東風』は当時政府を仕切っていた大久保利通《おおくぼとしみち》の路線に反旗を翻《ひるがえ》し、「朝敵」にされた西郷隆盛を主人公とした芝居なのである。たしかに「西条高盛」と名は変えてあるものの、誰が見ても西郷のことだとわかる。タイトルにも「西南」という言葉が入っている。一応は「東風（東京の力）」が「西南の雲（日を遮るもの）」を「はらう」というタイトルにはなっており、「政府軍＝正義」「西郷＝悪」を倒すという意味にはなっているが、では西郷が政府に逆らう極悪人にされているかと言えばそんなことはまったく無く、むしろ悲劇の英雄として描かれている。

■「安土宗論八百長説」と日本歴史学界の三大欠陥

さてここで、これまでの流れとまったく関係無いように見える話を、一つさせていただきたい。いや、関係無いように「見える」だけで実際は密接な関係があるのだが、それは「安土宗論《あづちしゅうろん》」の話である。第四章でも取り上げるが、歴史学者呉座勇一《ござゆういち》（本書においては大先輩や大先達、知人友人のすべての敬称を略しているので、原則どおりに表記させていただく）は、私の日本史に対する見方はまったく間違っている、という見解を公にした。

そこで私が反論したことの中に、「安土宗論は織田信長《おだのぶなが》の仕掛けた八百長では無い」という主張があるのだが、これに対し呉座は次のように反論している。

東洋大学教授の神田千里《かんだちさと》氏は著書『戦国乱世を生きる力　日本の中世11』(中央公論新社刊　2002年)で、『信長公記《しんちょうこうき》』と『安土問答実録』の双方を活かし、両論併記的に叙述している。

(『週刊ポスト』2019年3月29日号)

神田教授と言えば、この時代の日本宗教社会史の専門家である。つまり呉座は、正統な歴史学者でありこの分野の第一人者である神田教授が「両論併記的」に『信長公記』の示す「浄土宗《じょうどしゅう》勝利説」と『安土問答実録』の示す「八百長説」を紹介しているのだから、「推理小説家」に過ぎない井沢の主張する「安土宗論は信長の仕掛けた八百長に非ず」という一方的な断定は誤りである、と言いたいのだろう。

神田教授の著書には私もずいぶんとお世話になった。だから大変申し上げにくいのだが、やはり「八百長説」は誤りであると、私は申し上げたい。もし神田教授が、呉座と同じ「歴史学者でも無いくせに口を出すな」という信念をお持ちなら何を申し上げても無駄だと思うが、たとえどんな人間の言葉であっても、その批判に一片の真実があれば聞く耳は持つという寛容な心をお持ちなら、ぜひ聞いていただきたい。

呉座も、すべての歴史学者も認めているようにこの安土宗論の結果、法華宗《ほっけしゅう》（日蓮宗）側は負けを認め「これからは他宗を誹謗しない」という詫証文《わびしょうもん》を書き信長に提出した。常々法華宗の戦闘的な姿勢を苦々しく思っていた信長にとってみれば確かに「大勝利」であり、もし八百長説が正しいならば信長は最初からこれを意図していたことになる。つまり、信長は公開討論の場で審判に圧力をかけることによって法華宗側に不利な判定を下させ、詫証文を書かせることを狙って計画的な犯行におよんだことになる。

ここで歴史学者だけで無く、宗教学者の方々にも問いたい。本当にそんなこと可能ですか？

時代は十六世紀。ヨーロッパでも日本でも宗教の信徒が強い武力を持っていた時代で、彼らは国家権力を無視して暴れ回っていた。日本でも一向一揆《いっこういっき》、法華一揆あるいは東大寺《とうだいじ》、興福寺《こうふくじ》、延暦寺《えんりゃくじ》といった旧仏教の寺院が擁する兵力は下手な大名を上回っていた。そういった状況の中で、密室ならまだしも公開討論の場の不公正な判定で「宗教団体」を「敗北」させればその団体をコントロールできるなどと考えるのは、まさに正気の沙汰《さた》では無い。現代のスポーツ試合でも、審判に不正があったということになれば多くの人々が黙っていない。ましてや、宗教の信徒たちが当たり前のように武装し宗派が違うだけで殺し合っていた時代に、八百長で敗北さえさせればその相手が命令を聞くだろうと考えるような間抜けな権力者がいたというのか。そしてそれが「宗教」を相手に長年戦っていた織田信長だった、などということが本当にあり得るのか。

また仮に八百長説が正しかったとすると、法華宗の「上層部」は不正に屈して信長への「降伏文書」にサインしたことになる。だったら、必ず不満を抱く人間が反乱を起こすはずである。八百長への怒りは今も昔も大きく深い。にもかかわらず、この上層部の措置について少なくとも大規模な反乱は起こらなかった。それは、討論で負けたことは残念ながら（公開されていたこともあり）認めざるを得なかったからではないか。それ以外に法華宗全体が信長の意図に率直に従ったことに対する合理的な説明はできないと私は考える。

そして史料絶対主義の歴史学者の先生方には「釈迦に説法」かもしれないが、「浄土宗勝利説」を述べているのは『信長公記』の他に『フロイス日本史』があるが、これらはともに一次史料である。それに対して「八百長説」の論拠とされている『安土問答実録』は、あきらかに二次史料ではないか。それを同列に論じるのは、史料絶対主義の立場から見てもルール違反のはずである。

それでも「シロウトのくせに口を出すな」というなら仕方が無いが、もう一つだけ言っておくと呉座は私が「浄土宗勝利説」を紹介した浄土宗の学僧林彦明《はやしげんみょう》についてこう言っている。

林彦明氏は、浄土宗の僧侶である。歴史学者としては安易にどちらかの肩は持てない。
（引用前掲誌）

つまり呉座の言っていることは、浄土宗の僧侶だから学説も浄土宗寄りに曲げている可能性がある、というじつに失礼な断定である。たとえ社会的にどんな立場であろうと学説の内容は公正であるかどうかで批判すべきであって、その人の社会的地位を軽々に持ち出すべきではない。それが民主主義社会の原則であるが、「推理小説家」など引っ込んでいろという「身分差別」がお好きな呉座には、それがわからないのだろう。問題は社会的地位では無く、論説の内容である。

さて、そもそも『西南雲晴朝東風』の話であったはずなのにポイントがずれてしまったなと思っているあなた。ずれていませんよ。要するに、ここで論じている問題は一つ、日本歴史学界の三大欠陥の一つ「宗教の無視あるいは軽視」である。

まだわからない人がいると思うので、ヒントを述べたい。

そもそも明治に入っての日本演劇史を論ずるにあたって、通常は伝統芸能の能から始まり、歌舞伎そして新派、新劇という流れになるはずである。しかし、私は新派、新劇のほうを先に紹介した。すでに述べたように、川上音二郎が少しでも政治批判をすると新派の舞台は上演中止を命ぜられた。そして演劇史以前に『逆説の日本史　第22巻　西南戦争と大久保暗殺の謎』で語った政治史を思い出していただきたい。この時代、西南戦争の翌年の一八七八年（明治11）に暗殺されるまで日本を仕切っていた大久保利通は、あらゆる権謀術数を使って「武士の廃止」に取り組んだ。心ならずも佐賀《さが》の乱の代表者になってしまった江藤新平《えとうしんぺい》に対しては問答無用の暗黒裁判で死刑に処したばかりか、その梟首《きょうしゅ》の写真を新聞に載せるよう画策し「晒し首」にした。徹底的に見せしめにしようとしたのだろう。もちろん、言論も厳しく取り締まった。そして、ついに西郷が立ち上がると全力を投じてこれを打倒し、西郷を死に至らしめた。「朝敵」「賊徒」となった西郷については、その墓を建てることはおろか法事を営むことすら許されず、親友の勝海舟《かつかいしゅう》ですらこっそりと慰霊碑を建てたぐらいである。

その大久保は明治十一年五月十四日に暗殺されたが、この芝居『西南雲晴朝東風』はその年の二月に上演されているのである。大久保は病死ではないから、当然ぴんぴんしていた。おわかりだろう。当たり前のように年表に載っているこの話、外国では絶対にあり得ない事態なのである。そして、その理由を分析するには「宗教」が必要である。

■「自分だけが絶対正しい」と譲らない呉座勇一の傲慢さ

さて、『西南雲晴朝東風』の続きである。

歴史学者呉座勇一は、私の首都移転問題に関する「井沢仮説」についても、『週刊ポスト』二〇一九年三月二十九日号で「論評に値しない」と一蹴した。

この「古代の首都移転に関する井沢仮説」については、私の『逆説の日本史』のエッセンスをまとめた『日本史真髄』（小学館刊）に詳述しておいたが、未読の読者もおられると思うので改めて簡単に解説しよう。現代の高校の歴史の教科書などでは古墳《こふん》（４世紀～５９２年）、飛鳥《あすか》（５９２年～７１０年）、奈良《なら》（７１０年～７９４年）、平安《へいあん》（７９４年～１１８５年？）、鎌倉（１１８５年～１３３３年）、室町（１３３３年～１５７３年。南北朝、戦国）、安土桃山《ももやま》（１５７３年～１６０３年）、江戸（１６０３～１８６８年）、明治、大正、昭和といった時代区分を用いている。政権の内容が明確で無い古墳時代はともかくそれ以降は、奈良、平安、鎌倉、室町、安土桃山、江戸までは日本を実質的に支配した政権のあった場所で時代区分をしている。しかし、飛鳥時代というのは大和《やまと》朝廷という明確な政権があったにもかかわらず、その所在地は大和国飛鳥だけでは無く、摂津《せっつ》国や近江《おうみ》国にもあった。つまりこの「飛鳥時代」とは事実上「首都移転時代」だったのだ。しかもその首都移転は原則として天皇一代ごとに行なわれていたのである。これは井沢新説などでは無く、『日本書紀《にほんしよき》』等に記載されている歴史的事実である。ところがその首都移転が藤原京《ふじわらきよう》という持統《じとう》天皇によって建設された日本初の中国式都城《とじよう》で一度固定された。結局これが平城京《へいじようきよう》（奈良）という恒久的な首都のきっかけになった。

天皇一代ごとで都を移転していたなどという国家は、私の知る限り古代日本だけである。そしてその移転が藤原京で止まったことは歴史的事実なのである。そもそも、この日本史最大の特徴とも言うべき「天皇一代ごとで都を移転していた」ことについて、日本の歴史教科書はきちんと取り上げていない。取り上げているなら当然「藤原京以前」を首都移転時代、「藤原京以後」を首都固定時代に分類して説明しなければならないはずだが、今でも教科書はそうなっていない。つまり、それが重大なことだと認識していないのか、それとも認識はしているが理由が説明できないので「飛鳥時代」と総称してごまかしているかのどちらかであろう。呉座には「下衆《げす》の勘繰り」と言われるかもしれないが、日本歴史学界の古代史専門学者の基本的態度は後者だろうと考えている。いくら何でも、世界史に類を見ないこの首都移転という特徴に気がつかないというのはおかしいからだ。

それについて私が、合理的な仮説を論評すらしないというのは学者の態度としてはいかがなものかと反論したところ、呉座は同誌四月十九日号で、井沢仮説に対して綿密に反論しなかったのはご本人の言葉をそのまま記せば、「人生の大先輩である井沢氏にこれ以上恥をかかせては気の毒であると考えたからである」つまり「武士の情け」（これも呉座自身の言葉）であったと述べた。つまり、井沢の仮説など学問的立場から木っ端みじんにできるが、あえてそれをしなかったということだろう。そして「武士の情け」をかなぐり捨てた呉座は、その後約二ページにわたって詳細に現在の日本歴史学の立場からは井沢仮説などまったく認められないという論説を展開した。そして最後は、もっと歴史学者のように「勉強」すべきで「もし勉強するのは億劫で、推理だけしていたいと言うのなら、推理小説家に戻られてはいかがだろうか」（これもご本人の言葉）と締めくくっている。

人生の大先輩に対して無礼千万（笑）だが、それはともかく真実を探究する世界にルーキーもベテランも無い。誰が言おうと、「推理小説家」が言おうが「専門の歴史学者」が言おうが正しいことは正しいし、間違っていることは間違っている。呉座は私の仮説を完全に否定した。彼自身の言葉を借りれば「持統天皇の火葬と首都固定は無関係だ」ということだ。

ここのところが、私が常々批判して止まない日本歴史学界の三大欠陥「宗教の無視あるいは軽視」なのである。何度も繰り返すが、「帝王の葬礼が変わること」これは宗教史にとどまらず昔は政治と宗教が密接に連関しているので、政治史の大事件でもあるのだ。だから当然、「首都流転の解消」という政治上の大改革につながった可能性が高い。それを認めないというのは結局、この事件の重要性がまったくわかっていないということなのだ。そして井沢仮説を完全に否定したいなら、なぜいきなり持統天皇が火葬に付されたのかを別の理由できちんと説明していただかなければならない。それができたならば、私も潔くこの仮説は引っ込める。

呉座は私に、不勉強だからもっと勉強せよとおっしゃる。忠告ありがたくお受けする。ならば私も御礼に一言忠告させていただこう。せっかく国際日本文化研究センターという素晴らしい組織にいるのだから、もっと宗教学、文化人類学、考古学の学者に意見を求めたらどうか。安土宗論もそうだ。「権力者が公開の場で八百長を仕組んで特定の宗派を陥れ屈服させる。そのことに対して信徒が一切抗議行動をしなかった」などということが十六世紀の世界で本当にあり得るのか、聞いてみるといい。繰り返しになるが、公開討論で負けたと語っているのは一次史料で、あれは八百長だったと語っているのは二次史料である。負けたことを悔しがった日蓮宗側がデッチ上げたものだろう。そして、このことがまさに日本歴史学界の三大欠陥の二つ目、「史料絶対主義」を証明している。なまじ史料があるから振り回され、事情を語る史料の無い持統天皇の火葬は「考察外」になってしまうのである。

念のためだが、私は呉座の研究を否定しているのでは無い。彼の応仁《おうにん》の乱に関する著作などは労作だと評価している。呉座のような歴史の一部を切り取って綿密に検証するやり方は、医療にたとえてみればよくわかると思うが細胞の組織検査のようなものだろう。この必要性を否定する人間は誰もいない。しかし、もしその技師が「患者の病状を調べるのに細胞検査さえあればいいので、問診もレントゲンもCTスキャンも試薬による検査もまったく必要無い」と言ったらどうだろう？　世界中の誰もが「それはおかしいよ」と言うだろう。さまざまな検査方法を駆使して、さまざまな角度から見てこそ病状という「真実」があきらかになる。別に学問に限らないが、視点を変えた見方というのはどんなことに対する判断でも有益なものだ。仮にその見方にまったく従えなくても「ああ、こういう見方もあるのか」ということで、自分の見解を検証することができる。

ちなみに、呉座の所属する国際日本文化研究センターを創立した哲学者梅原猛《うめはらたけし》は、そういう考えで日本史の「真実」をあきらかにしようという考えの持ち主だった。だから日文研にはさまざまな分野の研究者が招かれているのである。

ところが呉座は、自分のやり方だけが絶対に正しいとして譲らない。だから狭量で傲慢であり、完全否定された当方としては売られたケンカは買わざるを得ないということなのである。私が主張しているのは「あなたのやり方は認めるが、私のやり方も認めていただきたい」ということに尽きる。それなのに向こうはこちらを抹殺しようとしているから正当防衛で戦っているのである。ただし、呉座の言うように「恫喝《どうかつ》」などは一切していない。これは事実と違うので厳重に抗議しておく。

「勉強」という言葉で思い出したが、最近、日本歴史学界の学者が書いた本で感心したのが『武士の起源を解きあかす』（桃崎有一郎《ももさきゆういちろう》著　筑摩書房刊）である。まさに日本歴史学界の伝統的な方法論、つまり信頼できる史料を綿密に分析するという手法を駆使してこのテーマに肉薄したもので、労作であると思う。まずはその労苦に敬意を表したいと思う。

さて、著者の桃崎有一郎高千穂大学教授は、呉座のような狭量で傲慢な史料絶対主義者なのか。それならば、井沢元彦の歴史に関する諸説はすべて無価値なのだから、なにを言っても無駄かもしれない。しかし、通常の歴史学以外の視点も取り入れつつ日本史の真実を解明するという梅原日本学に少しでも存在意義を認めるというならば、ここは一言「人生の大先輩」からご忠告させていただこう。

残念ながら、この著書はこのままでは世界的には業績として認められないだろう。私は現在『逆説の世界史』も執筆中で、英語版も公開している。その経験を踏まえて言うと、仮にこれを外国語に翻訳して世界に問うた場合、欧米人でもイスラム教徒でも最初に「では、武士たちの信仰（宗教）はいったい何だったのか？　その信仰と天皇あるいは公家の信仰はどう違うのか？」ということを質問してくることが予想されるからであり、この労作はその質問にはほとんど答えていないからである。それは、たとえば西洋人にしてみれば「キリスト教抜きの騎士道精神に関する考察」のようなもので意味が無い。肝心の部分が抜け落ちている、と彼らは感じるだろう。ここは腹を立てずに冷静に私の意見を聴いていただきたいのだが、桃崎教授自身も前掲書で「歴史学界は武士の成立問題に匙《さじ》を投げた」と指摘している。ここをお考えいただきたい。なぜそうなってしまったか、私の回答を言えば「宗教を無視している」からである。

残念ながら桃崎教授は、私の著作を一度も読んだことはないらしい。この武士の起源問題については二十一年前にこの『逆説の日本史』で「武士はなぜ生まれたか」を詳細に分析している（『第4巻　中世鳴動編』に収録）し、そのエッセンスは『日本史真髄』にも書いた。これも前出の首都固定問題と同じで、神道の「ケガレ忌避《きひ》思想」という宗教が原因だ、というのが結論だ。

ここは桃崎教授にぜひ『日本史真髄』を読んでいただきたいところだ。仮に私の意見に反対でも、すでに述べたように参考にはなるはずである。

■「朝敵」で「賊徒」が主人公の芝居が堂々と上演された「非常識」

さて、前節の冒頭で何と記したか覚えておられるだろうか？『西南雲晴朝東風』の続き」について述べる、と書いたのである。何だ、本題からまったく離れているじゃないか、と思ったあなた。また同じ「仕掛け」にはまったことに気がつきましたか？

もう一度繰り返そう。この芝居『西南雲晴朝東風』が東京の新富座で堂々と上演されたのは一八七八年（明治11）二月である。西南戦争で西郷が敗死したのが前年の九月で、まだ半年も経過していない。しかもこの時点で明治政府のトップは、西郷を敗死させた張本人大久保利通なのである。すでに述べたとおり、この時点で西郷は「朝敵」であり「賊徒」であり、墓を建てることはおろか葬儀を営むことすら許されなかったのである。

どうもこのあたりがよくわかっていない人がいるのでもう一度説明するが、幕末に静岡沖で撃沈された幕府海軍の「咸臨丸《かんりんまる》」乗組員の遺体は最寄りの清水《しみず》の海岸に打ち上げられたのだが、彼らは「朝敵」ということで遺体を葬ることは禁じられていた。それを清水の次郎長《じろちょう》がお咎《とが》め覚悟で丁重に葬ったのである。しかし、咸臨丸の乗組員はまだ幸運だった。同じく「朝敵」とされた会津《あいづ》藩白虎隊《びゃっこたい》の少年たちの遺体は、そのまま野ざらしにされた。

今ある墓は後に建てられたものだ。五稜郭《ごりょうかく》で最後まで戦った新撰組《しんせんぐみ》の土方歳三《ひじかたとしぞう》なども扱いは同じで、遺体は放置しておくと腐乱するのでまとめて穴に埋められたが、それは埋葬というにはほど遠い死体処理であった。もちろん墓標も無い。

西郷軍の扱いも同じだった。今ある立派な墓は後に建てられたもので、西南戦争直後の時点では遺体はまとめて埋められたのである。

そんな状況で、「朝敵」にして「賊徒」の西郷を主人公にした芝居が上演され、政府が何の弾圧もしなかったということなど、世界の常識ではまったくあり得ないということをすべての日本人の皆さんに認識していただきたいのだ。

まず歴史学者は、とくに政治が専門の歴史学者はこの「日本の非常識」にまったく気がついていない。それはそうだろう、彼らの専門は政治である。政治という「細胞の組織検査」しかしないのだから、同じ時代に『西南雲晴朝東風』が上演されていたことなどまったく知らないか、知ったとしても「そういうこともあったのか」で終わってしまう。

では、演劇史の専門家ならどうだろうか？　散々彼らの著書のお世話になりながら大変申し上げにくいのだが、彼らは演劇という「細胞の組織検査」しかしないから政治史にはあまり強くない。もちろん、明治の演劇には伊藤博文や岩倉具視が大いにかかわっていたのだから、「政治を意識している」と彼らは言うかもしれないが、それならば大久保利通が

『西南雲晴朝東風』上演の時点で最高権力者であったこと、一方で西郷と同じような反乱を起こした江藤新平に対しては「梟首」という過酷な措置を取った人物であったことを、知っていただきたい。こういう場合、権力者が犯罪者を主要な登場人物とする演劇を認める唯一の考え方が「極悪人として登場させる」ということだが、この『西南雲』はむしろ西郷を悲劇の英雄として扱っている。そんなことを許せば、それが政府に対する反抗心を育てるかもしれないのに、である。

つまり、なぜ「朝敵の西郷隆盛を主人公にした芝居が上演されたのに、政府が何の弾圧もしなかったのか？」という謎は、世界の常識では決して解けないということだ。それはイギリス史で言えば、ライバルのスコットランドのメアリー女王を処刑したイングランドのエリザベス女王が、その処刑の直後にメアリーを悲劇のヒロインに仕立て上げた芝居の上演を許す、というのと同じことだからである。

こう言えば古くからの私の愛読者はお気づきになったかもしれない。「宗教を無視」している人々は気がつかないが、洋の東西を問わず人間がとてつもなく非合理的な行動に出る時は、その原因は宗教であることがきわめて多いのである。エリザベス女王はそんなことは決して許さなかったが、日本の平安時代、藤原氏はライバルの源氏を倒した後、その源氏の若者がヒーローとなって、あきらかに藤原氏と見られる一族に勝利する物語を、自分の陣営に属する女官紫式部《むらさきしきぶ》に書かせた。『源氏物語』である。世界の常識であり得ないことが、日本ではある。それは無念の思いを抱いて死んだ敗者は丁重に鎮魂しなければならないという、怨霊《おんりょう》信仰が日本の宗教の基本（その一つ）だからだ。そして、こうしたことに気がつくためには、日本史全体を歴史学者のやり方では無く、私の「日本通史学」のやり方で見なければならない。

要するに「細胞検査」は否定しないが、「CTスキャン」もきわめて有効だということなのである。

■冷酷非情な大久保の心の中にも生きていた「怨霊の祟り」への恐怖

要するに、西南戦争の翌年一八七八年（明治11）二月に「西条高盛」を主人公とした『西南雲晴朝東風』が上演され大成功を収めたばかりか、大久保利通が最高権力者であった政府から何の「お咎め」も無かったことは、世界の常識では到底考えられないことであり、この異常な事態を説明するには「日本の非常識」、この場合は「宗教」についての知見が必要だということだ。

それは怨霊信仰である。日本人は偉大な人物が「無実の罪」で不幸な死を遂げた場合、それが怨霊になる可能性が高いと考える。菅原道真《すがわらのみちざね》が典型的な例だが、それを防ぐためには何らかの形で鎮魂しなければならないとも考える。その鎮魂の手段が日本の芸術や芸能を発展させてきた。『源氏物語』が『平家物語』がそうであり、能楽もそうだ。その伝統を、この場合は明治という新しい時代に直面して方向性を模索していた歌舞伎が復活させたということだろう。能楽はすでに遠い昔に、現実の事件を舞台の上に取り入れるという手法を捨てていた。しかし歌舞伎は違う。幕府という政府の干渉があった時代も、現実の赤穂事件を換骨奪胎《かんこつだったい》した『忠臣蔵』で大当たりを取った。あれも主君の無念を家臣が晴らすという、怨霊信仰に沿ったものであることを思い出していただきたい。

幸いにもこの明治初期、歌舞伎には守田勘弥という名プロデューサーがいた。プロデューサーの仕事は芝居の興行を実現させることだが、政府の干渉が予想される場合はそれについても手を打っておかねばならない。多額の費用をかけ上演したところいきなり政府から中止を命ぜられたら大損害である。この時代はまだ観客席に警官が常駐し、いつでも中止を命令できるという体制までは整っていなかったが、政府はさまざまな許認可権限によって芝居の興行権を簡単に操れる状態だったことは、すでに述べたとおりだ。もっとわかりやすく言えば、政府があるいは大久保利通が「あの芝居はケシカラン。直ちに上演中止にせよ」と言えば、従うしかない時代だったのである。

もちろん守田はそうしたことの無いように、さまざまな手を打っていた。岩倉使節団のメンバーでもあった元幕臣でジャーナリストの福地源一郎を通じて情報収集を欠かさなかったし、水面下では政府高官に根回しもしていただろう。なぜそんなことがわかるかというと、この『西南雲晴朝東風』がまだ上演中の明治十一年の四月二十八日に、当時参議であった伊藤博文の腹心の書記官松田道之《まつだみちゆき》の屋敷を他ならぬ伊藤が訪問し、そこで守田それに團菊左のうち市川團十郎、尾上菊五郎が宴席に呼ばれているからだ（『明治演劇史』）。

ここはしつこいようで申し訳ないが、もし同時代の清国や朝鮮国で洪秀全《こうしゅうぜん》（太平天国《たいへいてんごく》の乱の首魁）や金玉均（甲申《こうしん》事変のリーダー）を主人公にした芝居など上演していたら、関係者全員が死刑になってもおかしくない。なぜなら、彼らは皇帝や国王に反逆した「賊徒」であるからだ。西郷隆盛もこの点ではまったく同じである。しかしすでに述べたように、この時伊藤博文や松田道之は彼らに、「西洋の演劇は殺人も無く、男女の恋愛も淫《みだ》らではない」などという半可通の説教はしたが、今回の芝居は朝敵を賞揚するものでケシカランとか、直ちに上演中止せよなどとは決して言っていない。そしてこれも繰り返しになるが、この時大久保利通は病気でも無く健在であった。殺されたのは翌五月の十四日である。そして明治政治史を知る者には常識だが、この時の伊藤は大久保の「子分」だ。大久保の意向には絶対に逆らえない。もちろん、内務卿の大久保がこの芝居のことを知らなかったということもあり得ない。帝都で大評判を取っていたのだから。維新の志士時代から大久保は希に見る情報通であり、江藤新平の評判を下落させたことでもわかるように情報操作の達人でもある。つまり、その大久保が『西南雲晴朝東風』上演については黙認したということだ。それ以外には考えられない。ここにまず注目しなければならない。

では、なぜ大久保が清国や朝鮮国では関係者が全員死刑になるほどの芝居の上演を黙認したのか？「賊徒の汚名」を着ながら天皇に至誠を貫いた西郷隆盛という偉人を、明治の日本人の理想像にしようとしたのだ。だから政府も黙認した。このような見解もあるが、それは結果論というものだろう。確かに、その後西郷という人間はそういう形で尊敬の対象となっていくのだが、この時点の国家の判断ではあくまで西郷は「朝敵」であり「賊徒」であった。これも繰り返しになって恐縮だが、この時点では墓を建てることはおろか法要を営むことすら不可能だったのである。

むしろ、こう考えるべきだ。西郷という明治維新を成し遂げた偉大な英雄が、「朝敵」という形でもっとも不幸な死を遂げた。これは何とか鎮魂しなければいけない。そうしないと西郷は怨霊になり新生国家にあらゆる不幸をもたらす存在になってしまう。しかし新しい法治国家の仕組みでは、藤原氏が菅原道真を生前の右大臣から太政大臣に「昇進」させたような「法的措置」を取ることは不可能だ。唯一残された鎮魂手段が芸能である。古くは藤原氏が『源氏物語』で自ら追い落とした源氏一族を鎮魂したし、怨霊を恐れない武家の源氏が平氏を滅ぼした時は、朝廷勢力の一員である天台座主慈円《てんだいざすじえん》がプロデューサーとなって『平家物語』を作成し平氏の鎮魂に努めた（『逆説の日本史　第5巻　中世動乱編』参照）。その伝統が、この時代にも受け継がれたのだ。

誰もが天皇に憚《はばか》り公式には西郷への鎮魂の言葉を口にできなかった時代に、いち早くその慰霊碑を建立した西郷の盟友勝海舟が、それ以前に最初にしたことは何だったか？『城山《しろやま》』という琵琶《びわ》歌つまり鎮魂歌を作ることだったではないか。歌と言えば、「朝敵西郷軍」と戦った政府軍を讃える『抜刀隊《ばっとうたい》』を作詞した外山正一は、西郷と西郷軍兵士のことを何と呼んでいたか。思い出していただきたい。一番の出だしはこうだ。

我《われ》は官軍我が敵は
天地容《い》れざる朝敵ぞ
敵の大将たる者は
古今無雙の英雄で
これに従う兵は
共に慓悍《ひょうかん》決死の士
（以下略）

確かに「天地容れざる（絶対に許されぬ）朝敵」という前置きがあるものの、西郷のことは「古今無雙（双）の英雄」であり、彼に従う兵士は「慓悍決死の士」と讃えている。これも外国とくらべればよくわかると思うが、金玉均のことを「反逆の徒には違いないが、真に国を思う忠臣であった」などと讃える詩や歌を作れば、間違い無く閔妃《ミンピ》や取り巻きの官僚によって極刑に処せられただろう。そもそも、頭の中に朱子学しかない朝鮮の官僚や学者には、そんな歌を作ろうとする発想すら無かっただろう。国王に反逆した人間は極悪人と決まっており、それ以外に考えようが無いからである。それが朱子学体制というものだ。日本は再三言うようにそうでは無かった。ではどこが違うのかと言えば、「志を貫けず不幸に死んだ人間の魂は、それが丁重に鎮魂されなければ祟《たた》る」という怨霊信仰が日本人の心の中に生きているからである。だからこそ冷酷非情な大久保利通ですら、『西南雲晴朝東風』の上演を黙認したのである。

■怨霊の出現を防ぐもう一つの「手段」とは？

じつは鎮魂手段、いや死者に対する措置が鎮魂だから正確には鎮魂手段と言えないかもしれないが、怨霊の出現を防ぐための「手段」がもう一つある。それは「本人が生きていることにする」ことである。死ぬから怨霊になるので、死ななければ怨霊になりようが無い。だから「あの人はじつは死んでいない。今もどこかで生きている」と「信仰」すれば、怨霊の祟りへの恐怖を逃れることができる。だから怨霊信仰という信仰がある世界、つまり日本では民衆の中からこういう「英雄不死伝説」が生まれやすい。

このことは、すでに二十年以上前にこの『逆説の日本史』で指摘している（『第5巻中世動乱編』に収録）。源義経《みなもとのよしつね》のことである。非業の最期を遂げた源義経に対し、日本人は「義経は死んでいない。無事に蝦夷地《えぞち》に逃れた」という北行伝説を生み出した。「死ななければ怨霊にならない」という、もっとも簡便で安上がりの怨霊「対策」である。そして、江戸時代には中国の金《きん》王朝の武将として義経が活躍したという話が戯作者沢田源内《さわだげんない》によって創作された。そこまでは前出の第五巻で述べたところだが、その後私は「この（後の）過程については幕末から近代にかけての編で取り上げたい」と予告している。今、その予告を果たそう。

明治になると、義経はじつは元《げん》王朝の祖チンギス・ハーンだったという「説」が生まれた。この「伝説」を英文にして世界に広めた人物をご存じだろうか？　政治家にして文筆家だった末松謙澄であり、彼はじつは伊藤博文の娘婿であり前出の外山正一とともに演劇改良運動の同志でもあった。「義経ジンギスカン説」（当時はそう呼ばれた）を世界に広めた目的は取りあえず中国への対抗意識で、国民の中国に対する対等意識を育てるためであっただろう。しかし、それを国民が信じるためには、そもそも「義経は死んでいない（あるいは不幸な死を遂げたとは思いたくない）」という民衆の強い思いがなければ不可能であり、末松も義父の伊藤もそうした日本民族の嗜好やその対策の効果については政治的に大いに利用できる、と認識していたということだろう。

それゆえ、明治の日本では「西郷不死伝説」が根強く語られるようになる。日本初の本格的なSFシリーズ『海底軍艦』の作者でもあり、二〇一九年のNHK大河ドラマ『いだてん』に登場した「天狗倶楽部《てんぐくらぶ》」の創設者でもある作家押川春浪《おしかわしゅんろう》は、ロシアに潜伏していた西郷が日本に帰ってきて大歓迎されるというストーリーの作品を発表しており大人気を博したが、注意すべきはこの作品も決して政府によって発禁処分にされていないということだ。また一八九一年（明治24）の大津《おおつ》事件の際、来日中のロシア皇太子（後の皇帝ニコライ2世）に斬りつけるという凶行におよんだ巡査津田三蔵《つださんぞう》は西南戦争に政府軍兵士として参加したが、ロシアとかつての敵西郷がつるんでいたと考えており、それが犯行の動機だったという説を唱える者まで現われた。また、以前紹介したように芥川龍之介《あくたがわりゅうのすけ》は「西郷が現在も生きているかもしれない」という内容の短編小説『西郷隆盛』を一九一八年（大正7）に発表している。これは鎮魂行為とは言えないが、西郷不死伝説が後々まで語り継がれていたことの証拠にはなるだろう。

怨霊信仰の原則をもう一度確認しておこう。「怨念を抱いたまま死んだ人間は鎮魂しなければ怨霊になる」が、「丁重に鎮魂しお祀りすれば善なる霊的存在になる」。それを「御《ご》霊《りょう》」と呼ぶ。御霊は基本的に神であり「天神《てんじん》」となった菅原道真がその典型だが、大日本帝国は国のために戦って死んだ兵士を「英霊《えいれい》」と讃えた。戦死したのだから基本的に不幸な死であり、それを国家が丁重に祀ることによって怨霊化を防ぐ、という考え方である。当然丁重に祀るのだから彼らの霊は「善なる霊的存在」になる。つまり「英霊」とは「御霊」の近代的表現なのである。

それを認識していれば、一九四一年（昭和16）に昭和天皇ですら難色を示していた日米開戦に踏み切った内閣総理大臣東條英機《とうじょうひでき》が言ったという「英霊に申し訳ないから撤兵できない」という言葉の恐ろしいほどの重みがわかるだろう。日本が日清戦争、日露戦争を勝ち抜き中国大陸に利権を獲得するまでどれほど多くの兵士が死んでいるか。今アメリカの要求に従って中国から撤兵すれば、これらの英霊がすべて怨霊と化してしまう。いくら天皇の意向とは言えそれはできない、というのが怨霊信仰の信者でもある日本人東條英機の信条である。

そして結局戦争は実行され、何百万人の日本人が死んだ。すると日本人は不幸に死んだそれら犠牲者が怨霊と化さないように、「彼らは平和の礎《いしずえ》となったのだ」と考える。実際には「鬼畜米英《きちくべいえい》」を倒そうとして志を果たさず死んだ人もいるのだが、それは無視してすべて「平和の礎」つまり「新しい英霊」と考える。

それゆえ、その力によって実現された日本国憲法を変えることは彼らを怨霊化させることだから、何が何でも反対する。東條英機に「アメリカと戦争なんかしたら何百万の犠牲が出るかもしれないよ」と言っても聞く耳を持たなかったように、戦後の護憲派は「北朝鮮がミサイルを撃ってきたら何百万人の犠牲が出るかもしれないよ」と言ってもまったく受けつけない。これが日本人の信仰であり、そうした信仰を理解しない限り日本史は決して理解できないのである。

■寛政の改革の「迷君」に弾圧された江戸期の落語

明治とは改めて言うまでも無く、日本史上三本の指に入るほどの大変革期であった。西洋近代化というのがその主要テーマであり、必ずしもそれを必要としていなかったはずの分野、たとえば伝統芸能でも大変革の荒波を受けざるを得なかった。

能楽はその内容について大変革の影響をもっとも受けなかった伝統芸能だが、それでも興行の形態は変えざるを得なかった。そもそも能楽は幕府の公式式楽で一般の観客をまったく相手にする必要が無かったからである。

逆に言えば、歌舞伎などの一般大衆を観客とするエンターテインメントはその内容も興行形態も大幅に変える必要があった。歌舞伎と違って「チームプレー」では無い落語《らくご》はそのぶん身軽で寄席《よせ》という興行形態を大変革する必要は無かったが、その内容についてはやはり「時代の荒波」を受けた。これまで述べてきたように明治政府は、その文化政策においても日本の歴代政権の中できわめて有能な政権であった。鎌倉幕府や室町幕府は大衆をコントロールするにあたって文化政策が必要であるなどとは夢にも考えていなかったし、江戸幕府は武士たちには朱子学を奨励したものの大衆は言わば「ほったらかし」であった。しかし、明治になって国民国家、つまり身分の差が無く国民（成年男子）が投票権を持って政治に参加し兵役等を務める国家が成立すると、「ほったらかし」にはできない。つまり、政府は文化政策の一環として落語にも「介入」する必要があったということだ。

では、どういう「介入」をしたのか？

それを分析するためには、改めて落語というものはどういうものであったかを振り返る必要があるだろう。

江戸時代までの落語の歴史については、すでに十年以上前にこの『逆説の日本史』で詳細に述べたところだが、未読の読者もいると思うので簡単に振り返ろう。

落語とは「落《お》ち（関西では『さげ』）」のある話ということで、「落とし噺《ばなし》」ともいう。肝心なことは不特定多数の観客に「話す」、つまり口演《こうえん》の形を取るものであるということだ。この口演であることが重要だ。なぜなら、「落ちのある話」は書物の中ではすでにいくつも例があったからだ。特筆すべきは、以前『逆説の日本史 第八巻 中世混沌編』で取り上げた、室町時代後期の説話集『塵塚物語《ちりづかものがたり》』にある当時の徳政令《とくせいれい》つまり「借金踏み倒し法」にまつわる話である。

あるところに強欲な宿の主人がいた。徳政令が施行されることを聞きつけ、泊まり客から高価な金品を借りまくった。そして施行されると「これらの金品は返す必要が無い」と開き直った。ところが、泊まり客の一人が「それならばお前から借りている部屋も返さなくてよいのだな」と言い返し、結局客が団結し主人から宿を取り上げてしまった、という話である。ただし、これはあくまで文章で味わうものであって口演では無い。

では、その端緒を開いたのは誰かと言えば、これも『逆説の日本史 第十六巻 江戸名君編』で取り上げた「落語の祖」と呼ばれる、浄土宗の僧安楽庵策伝《あんらくあんさくでん》である。戦国時代に生まれ江戸時代に活躍した策伝は、もともと織田信長の家臣金森長近《かなもりながちか》の弟であった。策伝は後にトップの座（京都誓願寺《せいがんじ》住持《じゅうじ》）に上りつめるのだが、笑話《わらいばなし》が大好きで、説法の時にこれを交えて人々を笑わせていたという。彼のファンであった京都所司代板倉重宗《いたくらしげむね》が策伝に文字化してまとめることを勧めた。それが『醒睡笑《せいすいしょう》』つまり「睡眠を醒ます笑話集」だが、策伝にとって「笑話を語ること」はあくまで宗教活動の一環であって、それ自体独立したものでは無かった。

策伝の説法は、路上に立って教えを説いた日蓮の辻説法とは違い、屋内で文机を前に座り聴衆も座らせるという、今日の法話に近いものであった。このスタイルは寄席という形で江戸および上方《かみがた》でそれぞれ始まった「宗教から独立した笑話口演」すなわち「落語」に受け継がれ、上方落語では演者の前に見台《けんだい》という小机が置かれるという形も受け継がれた。

江戸と上方でどちらが先に本格的な落語が生まれたかという点については一部で争いもあるのだが、通説では江戸落語の祖の鹿野武左衛門《しかのぶざえもん》が先ということになっている。現在も語られている『武助馬《ぶすけうま》』という古典落語の作者でもある。しかし、ほとんど同時期に京では上方落語の祖と言われる露《つゆ》の五郎兵衛《ごろべえ》が、少し遅れて大坂では米沢彦八《よねざわひこはち》が落語家としての活動を始めていた。じつは鹿野も出身は上方だから、上方落語のほうが先だという根拠はここにあるわけだ。

鹿野はその後「流言飛語」の罪で幕府に咎められ、伊豆大島《いずおおしま》に流罪になっている。この罪状を調べてみたのだが、幕府の言っていることは目茶苦茶でなにがなんだかわからない。とにかく「見せしめ」にして庶民を抑えようというのが幕府の政策だったようだ。

これらの先駆者は寄席という「小屋」は持てなかった。農家や民家を借りての興行であった。しかも、武左衛門がわけのわからない理由で流罪になったため江戸落語はその後衰退し、寛政年間になってようやく「ほとぼり」も冷めて復活の兆しを見せた。ところが、それを再び弾圧したのが幕府であった。あの「寛政の改革」の「迷君」老中松平定信《まつだいらさだのぶ》である。幕府とは朱子学政権で、町人文化の徹底的な弾圧者であったことはもっと認識されていい歴史的事実だろう。その定信の失脚で落語は息を吹き返した。初代三笑亭《さんしょうてい》可楽《からく》が初めて寄席を開いたのだ。可楽は「三題噺《さんだいばなし》」を始めたことでも知られている。

■言文一致運動にも影響を与えた初代三遊亭圓朝の偉大な功績

さて、明治になって落語についても改革の嵐が吹き荒れたのは東京であった。新しい政権の首都であるからだ。江戸時代もこの地は実質上の首都であったが、文化の中心地だったかと言えば、日本全体から見れば京大坂の比重も大きかった。上方には朝廷に由来する古い文化が残り、それにくらべれば新しい歌舞伎や落語についても江戸とは別の「型」が明確にあったからである。だが、天皇家も東京に「移転」すると、京大坂の比重は著しく低下した。上方落語は一時低迷し、江戸いや「東京」落語全盛の時代となったのである。

もっとも、そうした風潮に抵抗しようとした落語家もいた、もっとも過激だったのは四代目三笑亭可楽である。旗本に生まれ榊原鎌三郎といったが、名前のとおり三男坊の部屋住みだったのだろう、二代目可楽の養子となり四代目を襲名した。そこへ明治維新である。彰義隊《しょうぎたい》にも参加したようだが、最終的に新政府の建物に爆弾を仕掛けようとして逮捕され獄死した。三笑亭可楽は歴代何人もいるが、「爆弾可楽」と呼ばれるのは彼だけである。彰義隊参加者なら他にもいる。御家人小島長重だが、彼はその後徹底抗戦の道は選ばず、さまざまな職業を転々とした後落語家に弟子入りし、初代三遊亭遊三《さんゆうていゆうざ》となった。「武家の商法」に関するネタが得意だったという。おそらく人生経験を生かしてのことだろう。

落語家と言えば「三遊亭○○」と名乗るものだと思っている人が多いが、この「三遊亭」という名跡は比較的新しい。江戸後期の落語家初代三遊亭円生《えんしょう》からこの「三遊派《さんゆうは》」は始まっている。この人は芝居噺《しばいばなし》の創始者であった。芝居噺というのは歌舞伎の演目を演じることである。

> 落語の人情噺の途中で鳴物が入り、せりふが芝居風になって声色（こわいろ）が入り、衣装は引抜きになり、背景も見せて、ときには短刀のような小道具も使うなど、演出がすべて芝居風になる。
>
> （『世界大百科事典』平凡社刊より一部抜粋　項目執筆者興津要）

じつはこれは江戸落語の型で、上方落語では芝居を題材にした話をこう呼ぶ。これに対して完全な一人芝居になるのが、円生の創始したスタイルなのである。

「三遊亭＝落語家」というイメージができたのは名人初代円生もさることながら、初代三遊亭圓朝《えんちょう》（1839〜1900）の功績が大である。父は武士の出で出淵《いずぶち》という苗字を持っており、次郎吉《じろきち》と名付けられたが生まれた時に父はもう落語家であった。長じて落語家となった彼は自身が名人であるばかりでなく、時代の要請に応じて多くの新作を書き、多くの弟子を育てた。いずれの道でも名人ともなると狷介《けんかい》な性格の人間が多く、弟子を育てるのは苦手という向きも少なくないのだが、圓朝は大変弟子思いで有名だった。

『落語の歴史』（柏木新《かしわぎしん》著　本の泉社刊）には、圓朝が毎月弟子を連れて料亭に行き食事をふるまった後、一人一人に噺をさせ出来のよいものには自分の煙草《たばこ》入れやキセルや紙入れを与えていたが、ある時着物まで与えてしまい、そのままでは帰れなくなったという、まさに落語のようなエピソードが紹介されている。

また、その芝居噺の『殺しの場』を実見した名優九代目市川團十郎が、「圓朝の芸は実に恐ろしい。（中略）残念ながらおれには、一打で真に人を殺したように見せるまでの意気は出せない」（『落語の歴史』）と、舌を巻いたとも伝えられている。

圓朝の新作は主なものだけでも『怪談牡丹灯籠《かいだんぼたんどうろう》』『真景累ヶ淵《しんけいかさねがふち》』『塩原多助一代記《しおばらたすけいちだいき》』『文七元結《ぶんしちもっとい》』『芝浜《しばはま》』『鰍沢《かじかざわ》』『黄金餅《こがねもち》』『死神《しにがみ》』など枚挙にいとまが無い。落語に馴染みの無い人は何が何だかわからないかもしれないが、いっぱしの落語ファンなら圓朝の奥深さがよくわかるだろう。中でも『死神』は、『グリム童話』にヒントを得たという有名な話で、最後は主人公が死神に連れられて無数のローソクが灯されている場所に行く。その中で、今にも燃え尽きそうなのが主人公の寿命を示すローソクである。主人公は慌てて、別のかなり本体が残っているローソクに自分の火を移そうとするのだが……。

落ちは伏せておこう。じつは一つでは無い。圓朝以後の落語家がさまざまな落ちを考え、そのどれもが結構面白い。落語の初心者はこういうところから入るのも、また一興かもしれない。

しかし、何と言っても圓朝の凄さは落語界にとどまらず日本文化全体に大きな影響を与えたことだろう。それは言文一致《げんぶんいっち》運動への多大な影響である。すでに一部述べたところだが、明治の「文化大変革」の中でもっとも大きなものの一つが言文一致であった。手紙の「候文《そうろうぶん》」がそうであったように、明治以前は話し言葉と書き言葉が別というのが当たり前であった。「話すように書く」ことは不自然であり、非常識だったのだ。

しかし、明治になって圓朝の噺が速記本となって全国に広がるようになると、この文体を新時代の模範にしようとする人々が出てきた。それも本来知識人であり文化の担い手である坪内逍遥や二葉亭四迷《ふたばていしめい》といった人々である。逍遥は圓朝を高く評価し、弟子の二葉亭にも推奨した。言文一致体の取りあえずの達成者と言える二葉亭の偉業も、圓朝の仕事無しにはあり得なかったのである。もちろん、その背景には国民のほとんどすべてが速記本つまり文字を読めるようになったこと、つまり明治政府が一貫して進めてきた初等教育の普及が成功していたことも、きわめて大きい。

また、圓朝は明治政府の井上馨《いのうえかおる》など高位高官とも太いパイプを持っており、その筋からの要請を受けて『塩原多助一代記』のような、立身出世物語を創作した。塩原太助はNHK連続テレビ小説『おしん』の主人公のように貧しい家から苦労して財を成した、江戸時代の実在の人物である。まさにそれが、ちょうど「唱歌」における豊臣秀吉のように「貧しい国家から世界の大国をめざす」国民の思いにピタリとはまったということだ。この話は歌舞伎化もされた。一八九二年（明治25）、歌舞伎座で名優五代目尾上菊五郎が演じたのである。菊五郎はわざわざ圓朝を招いて演技のアドバイスを求めたという。三遊派の初代円生が始めた芝居噺は「歌舞伎のマネを落語がする」ものだったが、ここでは関係が逆になっている。この一事を見ても圓朝の偉大さがわかろうというものだ。それどころか、この話は後に「修身《しゅうしん》」の教科書に載せられることにもなった。道徳教育の一環を担うことにもなったのである。

このような近代化は当然組織の近代化も促す。江戸時代、落語家の団体は無かった。歌舞伎と違い個人プレーである落語は、そもそも団体を組む必要が無かった。しかし明治になってあらゆる芸能人に税金が課されるようになり、その見返りとして鑑札《かんさつ》つまり営業許可証が交付されるようになると、同業者としての自覚が生まれ団体を組織するようになったのである。

■国民の知的レベル向上とともに姿を消していった「珍芸」の数々

落語の名人で、言文一致体の「創始者」として日本文化全体にも貢献した三遊亭圓朝の「三遊派」が明治の落語界をリードしたことは間違い無いが、落語家はすべて「三遊派」だったわけでは無い。他の「流派」の人間もいた。では、どれぐらいの人数がいたのか？

文化政策にも「熱心」だった明治政府は、その監視と統制のために賦金《ふきん》（営業税）を課し、見返りに営業許可証である鑑札を与えた。つまり、鑑札発行数を見ればその分野の芸人の数がわかる。それによれば、芸人は上等、下等に分類され、それぞれ月額五十銭、二十五銭徴収された。そして政府の肝煎りで落語睦連《むつみれん》という業界団体が初めて作られた。

落語家の数は、一八七五年（明治8）の段階でお上の帳簿には以下のように記されている。

上等六十九名、下等二百十二名、総計二百八十一名が記載されています。落語だけでなく、音曲、写絵、手品、八人芸などの芸人も入っており、落語家は上等四十六名、下等百七十八名で合計二百二十四名となっています。

（『落語の歴史』）

音曲、手品などの落語以外の演芸は、「色物《いろもの》」と呼ばれる。中心芸である落語に彩りを添えるという意味らしい。写絵《うつしえ》（写し絵）は今では忘れ去られてしまった芸だが、十九世紀初頭の江戸の芸人うつしゑ都楽《とらく》が創始したもので、オランダ渡来の幻灯機《げんとうき》を複数台使って登場人物などの絵が描かれた種板《たねいた》（ガラス板）を舞台の白幕に映し出し、なおかつさまざまな工夫で動かしてみせるもので、日本いや世界のカラーアニメーションの原点と言えるものだ。言葉ではなかなかその妙は説明できないので、ぜひインターネットなどで動画を見ていただきたい。

八人芸は、一人で複数の人物の声色や楽器の音を演じ分けるもので、本来は座頭《ざとう》（視覚障害者であるがゆえに聴覚が鋭い）の芸であったが、そのうち普通の芸人もやるようになった。今日のモノマネ芸の原点と言えるだろう。

じつは明治初期の落語家の中には、これら水準の高い演芸とはまったく異なる「珍芸」を創始し人気を博した者もいた。珍芸四天王とも言うべき落語家は、三代目三遊亭圓遊《えんゆう》（初代を自称）、初代三遊亭萬橘《まんきつ》、四代目立川談志《たてかわだんし》、四代目　橘家《たちばなや》圓太郎《えんたろう》である。これらの芸は「落語史」の専門書ならともかく、この『逆説の日本史』ではわざわざ紹介する価値は無いものである。ただ、それまで半股引《はんだこ》と言った男性の下着が、圓遊がこの下着を見せたまま踊りそれを「ステテコ踊り」と言ったことから、下着自体がステテコと呼ばれるようになったこと、萬橘の決めぜりふが「ヘラヘラヘッタラ、ヘラヘラヘ」だったことは述べておこう。このせりふは、その後も長く使われたからである。少なくとも団塊の世代なら一度は耳にしたことがあるのではないだろうか。

問題は、このような珍芸がなぜ一世を風靡したか、別の言葉で言えば落語界がなぜそのようなレベルの低い芸を必要としたのか、だ。この答えは簡単で、観客全体のレベルが下がったからである。

江戸は、やはり独自の文化を持っていた都市であった。文字の読めない長屋の「八っつぁん、熊さん」でも、「江戸の粋《いき》」は身につけていた。たとえば古典落語の名作『居残り佐平次《さへいじ》』（2011年に亡くなった7代目立川談志の得意芸でもあった）の世界である。

ところが明治維新によって江戸は「消滅」し、新政府の首都となった東京に地方から江戸文化をまったく理解していない人々が大量に流れ込んできた。要するに「野暮天《やぼてん》」が増加したのだ。『居残り佐平次』など、どこが面白いの？」という連中だ。そういう連中を取りあえず寄席に呼び込むためには、「誰でもわかる芸」が必要だったのである。ちなみに、本来は七代目であったはずの前出の立川談志が自らは「五代目」を名乗っていたのも、歴代「談志」の中で先輩とは認めたくない人がいたからではないだろうか。となると、この珍芸の「談志」がその候補の一人かもしれない。

しかし、こうした珍芸が早い段階で廃れていったのも事実である。政府の方針により国民の知的レベルが次第に向上していったからである。もちろん落語界も、たとえば古典落語の名作である『船徳《ふなとく》』を新時代に合わせて改作するような努力を重ねていたことを、前掲『落語の歴史』の著者柏木新は指摘している。

■隆盛をきわめていた「講談」はなぜ衰微してしまったのか？

落語とまったく逆の経過をたどったのが、講談《こうだん》であった。

講談と言えば、一時期のどん底の状態は脱したものの、『絶滅危惧職、講談師を生きる』

（神田松之丞《かんだまつのじょう》著　新潮社刊）などという本が出されるほど長い低迷期が続いた。しかし明治期では話はまったく逆で、歌舞伎、落語と並んで日本の芸能界の三本柱に講談は数えられていた。つまり歌舞伎の市川團十郎、落語の三遊亭圓朝と並んで講談師の松林伯圓《しょうりんはくえん》（2代目）は、日本三大芸人の一人だったのである。

松林伯圓は常陸《ひたち》国（茨城県）の小藩に仕える武士の子に生まれたが、四男坊であったこともあり幕臣の養子になって江戸に出た。だが講釈（講談）好きのあまり離縁となり、その後初代伯圓の芸養子になって二代目を継いだ。ちょうど、ペリーの黒船がやってきたころである。歌舞伎で言う白浪物《しらなみもの》、つまり盗賊を主人公とした講釈を得意とした。

たとえば、雲霧仁左衛門《くもきりにざえもん》。あれを小説家池波正太郎《いけなみしょうたろう》のオリジナルだと思っている人が最近は多いが、もともとは講談ネタで「因果小僧六之助《いんがこぞうろくのすけ》、素走《すばし》り熊五郎《くまごろう》、木鼠吉五郎《きねずみきちごろう》」といった人気キャラクターも、すでに江戸時代から知られていた（「七化《ななば》けのお千代《ちよ》」は池波オリジナルらしい）。そして伯圓は、「義賊」として有名な「鼠小僧《ねずみこぞう》」も新たな講談ネタとして創作した。落語の圓朝を歌舞伎がネタにしたように、伯圓の「鼠小僧」も歌舞伎は取り入れた。また河内山宗春《こうちやまそうしゅん》や、直侍《なおざむらい》こと片岡直次郎《かたおかなおじろう》、三千歳《みちとせ》などが活躍する『天保《てんぽう》六花撰《ろっかせん》』も、もとはと言えば伯圓作の講談であった。あまりに面白いので河竹默阿弥が『天衣《くもに》紛《まごう》上野《うえの》初花《はつはな》』として歌舞伎化したのである。ちなみに初演は江戸時代では無く一八八一年（明治14）で、舞台はあの守田勘弥の東京・新富座だった。これほどの力量だったので、人は彼を評して「泥棒伯圓」と呼んだ。もちろん褒めているのである。
百科事典では伯圓のことを次のように紹介している。

1873年教部省に教導職が置かれ大講義を拝命、浅草寺境内で新聞の重要記事を読む新聞講談を始める。77年に翻案物《独逸の賢婦ヲチリヤの伝》を演じ、85年《安政三組盃》を講談速記本の先駆けとして刊行。92年7月9日鍋島邸で明治天皇に御前講演《楠公桜井の駅訣別》を読むなど、講談の地位を高めた。断髪、洋服着用、椅子やテーブルの使用など壮年期は時代の寵児の感もあった。（以下略）
（『世界大百科事典』平凡社刊より一部抜粋　項目執筆者延広真治）

単なる講談師で無く、新しい感覚に富む人で世渡りも上手だったということがこの記述でわかる。江戸川乱歩が創作した日本を代表する名探偵明智小五郎《あけちこごろう》は、講談師五代目神田伯龍《はくりゅう》がモデルである。少なくとも外見や容貌はそうだ。それは作品（『D坂の殺人事件』）中に明記されている。つまり、講談はそれほど盛んだったということだ。
問題はこれほど隆盛をきわめた講談が、なぜ衰微してしまったかであろう。それは後継者に恵まれなかった、あるいは名人が続かなかったなどという単純な問題では無い。ヒントとなるのは、落語も講談も同じ「明治の荒波」に晒されたという事実である。つまり、明治以降新たに生まれた環境が落語にはプラスになり講談にはマイナスになった、ということだ。

では具体的にはどんなことか？

三大芸能は演じる側の立場から見れば、歌舞伎は「演《や》るもの」であり、落語は「語るもの」であるが、これに対して講談は「読むもの」であったことが重要だ。講談の原点は室町時代以降盛んになった「太平記読み」という職業であったことはすでに述べたところだ。字が読めるからと言って、いきなり『太平記』のような古典を読み下すことは到底不可能である。漢字も難しいし語義もわからない。それを「講釈」してくれる人間がプロとして独立し、不特定の多数の観客の前でそれを行なうようになったのが講談の始まりである。昔はテレビもラジオも無いし庶民が『太平記』のような「大河ドラマ」を書物として手に入れることも難しい。第一、手に入れたところで難しくてとても読めたものではない。だからこそ、それを「代読」してくれる講談師が必要だったのである。また講談は「大河ドラマ」の代わりでもあった。これも前に述べたところだが、寄席では何日もかけて『太平記』などを読み聞かせるのが講談師の仕事であった。

こうしたことを知っていれば、明治になって「泥棒伯圓」が新聞講談を始めたことも、むしろ講談という芸の伝統に沿うものだということがわかるだろう。江戸の碩学新井白石《あらいはくせき》も、その初等教育は父の友人による『太平記』の講釈であった。つまり、国民教育の「足らざる部分」を講談が補っていたのである。ということは、この「足らざる部分」を国家や社会が補うようになれば、講談の社会的存在意義は急速に薄れていくことになる。

実際そうなった。明治政府による初等教育の強化によって、国民は新聞や落語や講談の速記本を楽々と読めるようになった。それでも落語はエンターテインメントであり演者の力量にも左右される実演でもあったから、速記本が普及するようになっても人気は衰えなかった。かえって、それを読んで実演を見たいという人間すら出てきた。芝居の脚本を読むよりは、実際に舞台で見たほうが楽しいのと同じことである。しかし、講談はもともとわかりにくいものを「読み聞かせて理解させる」というものであったため、「速記本が読めればいい」ということになり、なまじ名作が歌舞伎化されたため「講釈で聞くより菊五郎の演技を見たほうがいい」などということにもなってしまった。

こうした状況の中、頽勢《たいせい》をばん回する方法は一つしかない。それは実演のエンターテインメント性を高めるということだ。難しいことではない。「活字で読めればもういい」と思わせてしまってはダメだということだ。ところがここに、講談の強力なライバルが出現した。扱う題材はほぼ同じなのだが、三味線の伴奏を取り入れて言わば「音楽化」して、講談には無い新しい楽しさを追求したものであった。

それを浪花節《なにわぶし》（浪曲《ろうきょく》）という。

現代とくに忘れ去られているのが、講談のかつての隆盛もさることながら、浪花節がいかに一世を風靡したか、明治以降、昭和のある時期までいかに人気を博した演芸であったか、ということだ。とくに若い人は、この事実を知らない人が多いようだ。浪花節の隆盛の最後を飾ったとも言えるのは広沢虎造《ひろさわとらぞう》（１８９９～１９６４）で、いわゆる「戦前から戦後」にかけての大スターだった。筆者の亡父は井沢慶一《いざわけいいち》といい、日本の民間放送で初のラジオ放送を行なった中部日本放送（ＣＢＣ）の創立メンバーである。これは東京の局よりも早かった（１９５１年〈昭和26〉９月１日）のだが、開局当時の苦労の中に、野球中継が中止になった場合の代替番組をどうするか、という問題があった。業界用語で雨傘《あまがさ》番組（レインコート）と呼ばれるものだ。開局月の九月、中継を予定していたナイターが急きょ中止になり、代替番組に窮した父は次のような手を打った。

当時は浪曲全盛時代でもあった。そこで早速手分けして各レコード会社へ走らせた（中略）。とにかく野球中継のウラ番組二時間を浪曲レコードで埋めた。好評であった。

聴取者から沢山の感謝の電話も頂戴した。しかし翌日の新聞には「浪花節放送局」と皮肉られた。

（『空気を売るの？ —民放第一声裏面史—』井沢慶一著　北白川書房刊）

野球の代わりに浪花節を放送しても「好評であった」というのである。今ではまったく考えられないことだが、そういう時代も確かにあったということだ。

この浪花節という新しい演芸が大きく輝いたのは、その演者の中に一種の天才とも言える人物が出たからだろう。

その名を桃中軒雲右衛門《とうちゅうけんくもえもん》という。

■「祭文」を起源とするがゆえに「差別」されていた浪花節

『いい湯だな』（作詞永六輔《えいろくすけ》、作曲いずみたく）という流行歌がある。本来はデューク・エイセスが歌った群馬県のご当地ソングで、県内（上州《じょうしゅう》）四か所の温泉が歌い込まれている。後にザ・ドリフターズがカバーしたのでそちらのほうで知っている人も少なくないが、四番の歌詞は「いい湯だな、いい湯だな、日本人だなァ（ドリフ版では「日本人なら」）、浪花節でも、うなろかな、うなろかな、ここは上州、水上《みなかみ》の湯（同じくドリフ版では「南国、別府《べっぷ》の湯〕」である。とにかく、どちらのバージョンでも日本人は温泉に入ったら浪花節（浪曲）を「唸《うな》る」のが「既定の事実」になっている。また『浪花節だよ人生は』（作詞藤田まさと、作曲四方章人《よもあきと》）というヒット曲もあったが、これは演歌であって浪花節そのものでは無い。

誰もが気軽にインターネットで「実物」を視聴できる時代だが、あえて文章で説明すると浪花節とはまさに「唸る」もので、三味線の軽快で重厚な伴奏とともに言わば「半分音曲、半分演劇」の形で演じられる。まったくの初心者には、昭和の名人広沢虎造の「〽旅ゆけば、駿河《するが》の道に茶の香り」で始まる『石松三十石船道中《いしまつさんじっこくぶねどうちゅう》』あたりを聞いてもらうのが一番いいかもしれない。「街道一の親分清水次郎長《しみずのじろちょう》」のおっちょこちょいな子分「森の石松」が繰り広げる珍道中記であり、その場面は時代劇ドラマにも取り入れられている。もとは講談ネタであったようだが、それに磨きをかけて万人に親しまれるものにしたのは浪曲師である。浪曲師と言えば、昭和を代表する演歌歌手である『東京五輪音頭』『世界の国からこんにちは』の三波春夫《みなみはるお》や『王将』の村田英雄《むらたひでお》は、そもそも浪曲師である。浪花節が二人の原点だったのだ。

では、そもそも浪花節の原点はどこにあるのか。『世界大百科事典』（平凡社刊）の「浪花節」の項目には次のようにある。

浪曲（ろうきょく）ともいう。江戸後期にほぼ形成され、明治時代に大発展した語り物。三味線の伴奏に合わせて独演し、義理人情を主題としたものが多い。関西では、明治40年代まで〈うかれ節〉と称した。起源の時期はあきらかでないが、《嬉遊笑覧（きゆうしょうらん）》にも、〈ちょぼくれと云ふもの、已前（いぜん）の曲節とはかはりて、文句を歌ふことは少なく詞のみ多し。芝居咄をするが如し。これを難波（なにわ）ぶしと称するは彼地より初めたるにや〉とあり、江戸中期以前に関西地方に始まったと見られる。浪花節の文句は、主として史実、講釈、物語などからとり、節は、祭文（さいもん）、説経節（せっきょうぶし）、琵琶などの影響を受け、これが総合されて一つの芸能として大成されたもので、ちょぼくれ、ちょんがれ、うかれ節などと呼ばれていたものを総称して、江戸で浪花節と呼ぶようになった。（以下略）

（項目執筆者興津要）

『嬉遊笑覧』は江戸時代の十九世紀初頭に喜多村《きたむら》節信《ときのぶ》の著わした「事物起源事典」と言うべきものだが、要するに関西で「ちょぼくれ」などと呼ばれていた大道芸が「祭文」や「説教節」の影響を受けて浪花節へと進化した、ということだ。では祭文とは何かと言えば、現代人にも一般的なその「一種」がある。祝詞《のりと》だ。神前結婚式の時には神官が必ず読み上げる祈禱《きとう》の書で、夫婦の幸せを願うのだから願文《がんもん》と呼んでもいいだろう。祝詞と言えば「神前」だが、「仏前」で願文を読み上げる場合も当然ある。そもそも昔は神仏混淆《しんぶつこんこう》である。だから総称して祭文と言ったのだ。

神様に楽しんでいただくところから始まった神楽《かぐら》や能楽も、当然もっと楽しんでいただくためにスキルを上げる。具体的に言えば節語り、つまりせりふの入れ方が巧妙になり、伴奏も凝ったものになる。そうなると、最初は「神様がお客様」だった能楽が「お客様は神様」つまり観客を対象とする興行になったように、祭文語りも大衆を相手にするようになる。最初は古典的漫才（万歳）がそうであったように、正月などに民家を訪ねその門前で縁起のよい祭文を読み上げ銭を受け取る（「門付《かどづ》け」）というものだったが、そのうち現代の「駅前ミュージシャン」のように、人通りの多い所で祭文語りをして銭を稼ぐ大道芸になった。こうなると題材は宗教的なものだけでは無く、現代の週刊誌のように話題になった事件を面白おかしく取り上げることにもなる。これが大流行し、「なにわぶし」と呼ばれるようになったということだ。

以前からこの『逆説の日本史』で述べているように、日本では農耕に従事しない芸能者は「河原者」と呼ばれ差別の対象だった。しかし差別される人々の中にも、その階層の中で差別があった。インドのカースト制度もそうだが、差別というのはそういうものらしい。日本の芸能者の中の差別の大きな区分は、その芸を行なう場所が「舞台」か「大道」か、ということであった。能、歌舞伎、講談、落語、義太夫などは屋根のある舞台で演じられる。同じ舞台でも「能楽堂」か「葦簀《よしず》掛《が》けの小屋」か、という差別もあったが、とにかく屋内か屋外であるかがまず重要なのである。もう、お気づきだろうが、祭文を起源とするならば浪花節の始まりは講談や落語に引けをとらない歴史を持っている。にもかかわらず、なぜ明治までは下等な芸として一段低いものとされていたかと言えば、屋内での語りからの伝統を保持していた講談や落語と違って、祭文語りは一度「屋外に出てしまった」ことが大きいのである。それが再び「屋内」に入るためには意外なほどの年月を必要とした。

「〽旅ゆけば、駿河の道に茶の香り」のように浪花節の出だし、落語で言えば「まくら」にあたる部分を表題付という。今はすべての出し物によって異なるこの表題付も、明治中期まではすべて一定していたという。次のようなものだ。

「ご入来《にゆうらい》なる皆々様に、弁じ述べます表題の儀は、〇〇にて、いざや、これから言上《ごんじよう》たてまつる」

このことについて大衆芸能の研究家である倉田喜弘《くらたよしひろ》は、次のように述べている。

浪花節の愛好者を〝ご入来〟と呼んだが、もちろん軽蔑の意味合いもこめられている。まだ浪花節は大道芸だと見なされて、落語や講談とは同席できない時代であり、腕の立つ者でも、筥店に出るのがやっとのことであった。

(『明治大正の民衆娯楽』倉田喜弘著　岩波書店刊)

筥店《はこみせ》とは「演者の背後こそよしずで囲ってあるが、前のほうは上敷を敷いただけの簡単な客席」(引用前掲書)である。通りがかりの人間も外から覗《のぞ》け、そのまま入ってきてタダで見物することもできたという。寄席とは到底言えない。

倉田によれば、浪花節語り美弘舎東一《びこうしゃとういち》が初めて東京四谷《よつや》で寄席の舞台を踏んだのは一八七三年(明治6)のことだったが、それは私財を投じてのことだった。つまり、カネを払って舞台に出させてもらったということだろう。それを都心の寄席で通常の出演として定着させたのは浪花亭駒吉《なにわていこまきち》で、一八九三年(明治26)のことだ。ここまで二十年かかったわけだ。寄席にかかるようになると、浪花節はそのリズムのよさや内容の面白さが受けて、落語や講談などと並ぶ演目として定着するようになる。こうなってくると、浪花節のほうも文芸路線も取り入れるなど演目が洗練される。また、バリエーションも豊富になる。次のような風変わりな「浪花節語り」もいた。

中納言という芸人である。（中略）舞台のみすが上がると、烏帽子、直垂を身に着けた中納言は、笏《しやく》を斜めに構えて立っている。その横には、入道頭の左近（三味線弾き引用者註）が紫の直垂で身を固め、三味線を頭上高くささげている。両人とも居丈高に突っ立っているが、ドドン、ドーンと鳴る楽屋太鼓につれて、左右へ三歩ずつ分かれて座に着く。

（引用前掲書）

こうして芸が始まるわけだが、前節で触れたように明治の末期になってこうした浪花節語りの中から、中興の祖とも言うべき一人の天才が現われた。

桃中軒雲右衛門である。

■歌舞伎座での浪花節公演を実現した一人の天才

雲右衛門は一八七三年（明治6）群馬県に祭文語りの子として生まれた。父の死後、浪花節に転向したが、別の一座に客演中なんと座長の妻でお浜という三味線の名手と相思相愛の仲になり二人して逃亡した。早い話が駆け落ちしたのである。その後、桃中軒と名乗ったのは、それまでの人生を捨てて心機一転するために、たまたま通過した静岡県沼津《ぬまづ》の駅弁屋の名前をいただいたという話が伝わっている。三味線のお浜とは名コンビだったようだ。しかし関東を捨てて関西に行ってみたものの、なかなか芽は出なかった。これという「当たり芸」が無かったのである。

　転機となったのは、一人の異色の弟子が入門してきたからである。その名を宮《みや》崎滔天《ざきとうてん》という。師の雲右衛門より二歳年上のこの男は、とんでもない大物であった。

≪宮崎虎蔵　みやざきとらぞう
1871—1922（明治4—大正

「宮崎滔天」こと宮崎虎蔵（左）は、西南戦争で西郷軍に加わり戦死した熊本民権党の八郎、自由民権運動に影響を受け土地の平等配分を唱えて土地復権同志会を組織した民蔵（右）、支那革命主義者の弥蔵を兄に持ち、彼らは〝民権兄弟〟と呼ばれた（写真提供／朝日新聞社）

11）》

中国革命運動の協力者。熊本県荒尾の人。寅蔵とも記されるが、戸籍名は虎蔵。号は白浪庵滔天（とうてん）。宮崎滔天の呼称でも知られる。（中略）官憲ぎらい民権びいきの家にそだち、〈先天的自由民権家〉と自称したが、のち中国革命のよき援助者となった。青少年期における大江義塾、東京専門学校等の頻々たる転校、キリスト教への入信と棄教は、その偽善への嫌悪と自己の心情に忠実たらんとする純粋さの発露である。結局彼が到達したのは、日本ひいては世界の民衆を救済するためにはまず中国の革命から始めねばならぬとの革命論であった。これは兄弥蔵（1866―96）の思索の成果に賛同したのだが、その実践においては早逝した兄の分までひきうけて奮闘したかの観がある。1897年に孫文と相知った虎蔵は、99年には孫文とともにフィリピン独立戦争を助け、翌年には孫文の恵州蜂起を援助した。（以下略）

（『世界大百科事典』平凡社刊より一部抜粋　項目執筆者狭間直樹）

この経歴はまだまだ続くのだが、それはまた別の機会に述べよう。とにかく滔天は後に、辛亥《しんがい》革命（1911年）を成功させる中国人革命家の孫文《そんぶん》と組んで中国におけるブルジョア革命を仕掛けたのだが、この恵州《けいしゅう》蜂起は失敗した。失意の滔天は自分の人生を見直しためにあえて雲右衛門に弟子入りし、桃中軒牛右衛門と名乗ったのである。だがこの弟子入りは、むしろ師の雲右衛門にとって有益だった。歴史や哲学、宗教そして文学に深い造詣を持っていた滔天は、何を語るべきか悩んでいた雲右衛門に的確なアドバイスを与えることができたからだ。滔天の提案は、日本古来の武士道を大いに推奨するような題材を選んだらどうかということであった。『忠臣蔵』である。実際の赤穂事件を題材としたこのドラマが日本人の琴線に触れる作品になったのはこれまでに何度か述べたところだが、雲右衛門はこれを忠臣蔵の登場人物一人一人のエピソードである『義士銘々伝《ぎしめいめいでん》』として、これまでに無い洗練した調子で語り始めた。これが空前の大ヒットとなったのである。ここで浪花節は大道芸を完全に脱却し、古典芸能の一翼を担うようになった。それまで見向きもしなかった高貴な階層が見にくるようにもなった。マスコミの注目も引き、明治を代表するジャーナリスト徳富蘇峰《とくとみそほう》などもファンの一人になった。そしてとうとう、あの川上音二郎と同じく東京の歌舞伎座公演を実現させた。歌舞伎座はあらゆる芸能の名人だけが興行を許される日本一の舞台であった。雲右衛門の大成功は、彼の演目が日本人の琴線に触れたばかりでなく、当時大日本帝国が国家として進めていた忠君愛国教育にも重なるところがあったからだろう。逆に言えば、そうした体制の崩壊つまり昭和二十年の敗戦は大きな打撃であった。

しかし浪花節は忠君愛国だけがテーマでは無い。その証拠に、先に紹介した広沢虎造の全盛期は戦後である。新しいジャンルも生まれた。いわゆる「母もの」で、母と子の愛、その交流をテーマにするものである。その内容は、もともとは浪曲師だった二葉百合子《ふたばゆりこ》が、演歌歌手として大ヒットさせた『岸壁の母』のイメージを感じていただければいい。また「浪曲」という言葉は、「浪花節」が過去の差別された時代のニュアンスを残す言葉だということで、戦後とくに普及したものである。

ただ、幼少時は浪曲師だった三波春夫、村田英雄、二葉百合子といった面々がことごとく演歌歌手になって成功したように、浪曲の音曲は現代の若い世代の好みにどこか合わないところがある。それが「もはや戦後ではない」と言われた時代あたりから浪曲が急速に衰えた理由ではないかと、今のところ私は考えている。

■軍国歌謡に押されて消えていった「反戦歌」としての演歌

演歌とは何だろうか?

とくに若い人は、辛うじて知っている三波春夫や村田英雄、あるいは美空ひばりや島倉千代子の歌っていた「日本的音階の歌」だと思っているだろう。それは間違いでは無いが、正確でも無い。なぜなら、それは一度衰えて復活した後の演歌だからだ。百科事典にはこうある。

1960年（昭和35）前後に「艶歌（えんか）」ということばとともに「演歌」が復活する。美空ひばりをはじめ、島倉千代子、春日（かすが）八郎、三波春夫ら、枚挙にいとまがないほど多数の歌手が出現し、その歌声は民衆の魂を揺さぶって黄金時代を形成した。外国のポップスの流行につれて、こぶしのきいた日本調の歌謡曲を演歌とよんだわけであるが、第一次石油ショック（1973）を境に歌謡曲は演歌とニューミュージックに二分された。（以下略）

（『日本大百科全書〈ニッポニカ〉』小学館刊より一部抜粋　項目執筆者倉田喜弘）

では、そもそも演歌とは何だったのだろう？　じつは読者はすでに答えを知っている。あの川上音二郎の『オッペケペー節』がその第一号だからだ。演歌の「演」は演説の「演」で、歌を使って政治的主張を述べるというのが当初の目的だったからである。音二郎は早い段階で演劇に方向転換したが、演歌はその後も隆盛をきわめた。ラジオもテレビもインターネットも無い時代、庶民が政府を批判するには、演歌がもっとも有効な手段だったからである。なんでもそうだが、流行すれば「芸」は磨かれてくる。名人上手も出てくる。そんな中で誕生したプロの演歌師たちは、自ら作った歌の歌本を売って生活の糧にした。

次のようなものだ。

〽野蠻の眠りのさめない人は、自由のラッパで起こしたい、開化の朝日が輝くぞ、さましておくれよ長の夢、ヤッテケモッテケ改良せえ改良せえ

(『改良節』)

〽民權論者の涙の雨で、みがきあげたる大和魂、國利民福增進して、民力休養せ、若しも成らなきゃダイナマイトドン

(『ダイナマイト節』)

(『日本演劇全史』河竹繁俊《かわたけしげとし》著　岩波書店刊)

『オッペケペー節』が各番共通で「オッペケペー、オッペケペー、オッペケペッポー、ペッポッポー」と繰り返すように、『改良節』は「ヤッテケモッテケ改良せえ改良せえ」、『ダイナマイト節』は「国利民福増進して、民力休養せ、若しも成らなきゃダイナマイトドン」と繰り返したようだ。

こうした伝統は、明治の演歌師としてもっとも有名な添田唖蟬坊《そえだあぜんぼう》（１８７２―１９４４）に受け継がれた。彼の本名は平吉《へいきち》、神奈川県の農家の次男坊に生まれた。上京して演歌師となり、『ストライキ節』で有名となった。日露戦争下に社会主義者堺利彦《さかいとしひこ》から制作を依頼された『ラッパ節』が空前の大ヒットとなった。その歌詞は昔レコードで聴いたのだが、今手元に無い。

覚えている印象的なところは次のようなものだ。

大臣大將の　胸先に
ピカピカ光は　なんですえ
金鵄《きんし》勳章か　違ひます
可愛い兵士の　しやれかうべ
トコトットット

名譽名譽と　おだて上げ
大事なせがれを　むざむざと
砲の餌食《つつ》に　誰がした

元のせがれに　して返せ
トコトットット

今なら反戦フォークソングと呼ばれるかもしれない。注目すべきは、日露戦争のころまでは日本には明確な「反戦歌」があったということだ。それがそのうちに戦争を応援するような軍国歌謡に押されていく。それと同時に演歌も流行歌の第一線から消えていった。だからこそ、戦後になって「演歌の復活」という言葉が使われたのである。このあたりの事情は、いずれ日露戦争の分析の中で再び触れることがあるだろう。

■西洋近代化よりも「平等社会」への対応が重視された「新しい文化」

ここまでの「まとめ」をしておこうか。

これは文化だけでは無く政治にも経済にもすべて通じることだが、明治という時代のテーマは「西洋近代化」であった。欧米列強に負けないよう、彼らの植民地にされないよう「敵に学んで」国家を近代化することである。だが、朱子学によって毒された東洋世界においては「東洋的近代化」はあり得ず、西洋近代化の道しかなかった。なぜ朱子学が近代化の障害になるかは何度も述べたところだが、祖法《そほう》（先祖の決めたルール）を改めることは「孝」に反すると考え、なおかつ外国文化を文化と認めず蔑視するからである。

しかし、日本はその朱子学の悪影響を何とか打破した。それだけで無く、朱子学の理論を逆手に取って天皇を絶対化し、天皇の下にはすべて平等という日本的民主主義を確立した。四民（士農工商《しのうこうしょう》）をすべて平等にするということは、本来の朱子学から見て絶対に不可能なのだが、日本人は天皇という「平等化推進体」の創造によって、この困難な課題を見事クリアした。これが「逆手に取って」という意味である。

そしてその結果、建設された「平等社会」は当然新しい文化を必要とする。これほど本質的な文化の改革が必要だったのは、ひょっとしたら鎌倉時代以来のことかもしれない。ずいぶん前に述べたことだが、古くからの読者は思い出していただきたい。あの時代、それまでの貴族に代わって武士が日本を支配するようになった。当然文化も新しい支配層の欲求に応えるような、貴族的なものとは違った簡素で明快な文化を必要とした。その代表的なものが鎌倉新仏教である。江戸時代も一見、鎌倉時代と同じように見えるかもしれないが、徳川家康がめざしたのは「士農工商的」身分制度を確立することであった。「的」というのは、本当に朱子学に基づいて士農工商の身分を確立するなら、科挙《かきょ》を実施して「士」を選ばなければならないが、家康はそこまではしなかったからだ。だが、階層社会をめざしたのは間違い無い。なぜならば、下克上《げこくじょう》という形で自由な競争を認めていた戦国時代を終わらせ、平和な社会を築くことが家康の目的だったからだ。だからこそ文化も「階層文化」になった。階層ごとの交流は無かったわけでは無いが、基本的に能楽は武士の文化で歌舞伎は町人の文化だった。ところが明治になってその秩序は完全に壊れたため、文化のほうもそれに合わせてリニューアルする必要があったのだ。

また、文化の面では西洋近代化よりも平等社会への対応が重視された。これが軍隊なら西洋近代化を徹底しなければ戦争に負けてしまう。最後まで「サムライ」にこだわった新撰組の土方歳三も、鎧兜《よろいかぶと》を身に着けることはやめた。そんなものを身に着けていても最新式の鉄砲の弾丸を防ぐことはできず、かえって革の破片が傷にめり込みケガが重くなるばかりか、動作も鈍くなる。だからこそ官軍は勝海舟の言う「カミクズヒロイ」の軽装で現われた。日本の伝統を残すというわけにはいかなかったのである。

しかし、文化は違う。いくら西洋近代化が時代のテーマだからと言って、落語も英語で語るべきだなどという人間は一人もいなかった。そこが、政治や軍制などとの大きな違いである。ただし、国語改革の面では日本語は非効率だから日本人も日本語を捨てて、英語やフランス語を国語としたほうがいいという意見があったことは、覚えておくべきだろう。それだけ取り上げるときわめて突拍子も無い話に聞こえるかもしれないが、刀や槍や鎧兜を捨てて、あるいは羽織袴《はおりはかま》を捨てて断髪したサムライを見た外国人は、そこまでいってもおかしくないと思ったかもしれないのである。現代でも海外路線の航空機では日本人乗組員も英語を使っているではないか。

最後に、それまでは存在しなかったので改革の必要性は無かったが、まさに明治期を出発点とした芸術（芸能）があるからそれに触れておきたい。

それは映画である。映画はそもそものスタートが、西洋においても明治時代に入ってからであった。映画の始まりはアメリカの発明王トーマス・エジソンが一八九三年（明治26）に発表したキネトスコープだという説がある。だが、これは一種の「のぞきからくり」であり、一人一人が「穴」を覗き込むと、フィルム上の風景や人物が動いて見えるというものであり、多くの人間がいっしょに鑑賞できるものでは無かった。

しかしそれから二年後、一八九五年（明治28）にフランスのオーギュスト・リュミエール、ルイ・リュミエール兄弟が発表したシネマトグラフは、今と同じように映写機からスクリーンに動画を映すものであったから、こちらのほうがやはり「映画の祖」と言うべきだろう。当初は、映像が動いて見えることが人類にとって初めての経験だったので、一種の見世物であり芸術性などカケラも無かった。リュミエール兄弟の最初の作品も、自分たちの経営する工場から退社する社員を映しただけのものだったと言う。

しかしいったん技術が発明されてしまえば、内容は徐々に洗練されてくる。たとえば、多くの人が話には聞くが見たことの無い「美しき青きドナウ（川）」の風景を映画にしたとしよう。その映画をより楽しいものにするためには、録音や生演奏でその風景にちなむ伴奏音楽を流したり、場合によってはナレーターが状況を説明すればいい。日本では当初「映画」という言葉が無く「活動写真」と呼ばれたが、それを生かすも殺すも脇に立って説明するナレーターの力量次第だった。彼らは「活動弁士」と呼ばれ、名人上手はスター並みの人気を博した。「これにて一巻の終わり」というのは彼らの決めぜりふであり、江戸時代のものでは無い。なぜなら、一巻とは映画のフィルム一巻を指すからである。

では、日本の「映画の祖」と呼ぶべき人物はいったい誰だろう？　これが結構難しい。新し物好きな日本人は、早い段階でキネトスコープやシネマトグラフを日本に持ち込んでいた。その中で誰が最初にフィルムを上映し観客を魅了させたか。小規模な上映は数多くあっただろうから、これからも「これが初めて」という発見があるだろう。逆に言えば、日本の映画のスタート時点はおそらく明治三十年代だろう、としか言えないのである。

しかし、ここで、ひょっとしたら日本人として一番早く映画をビジネスとして展開させた可能性のある人物を紹介しておこう。梅屋《うめや》庄吉《しょうきち》という。一八六九年（明治元年11月26日〈旧暦〉）に長崎に生まれ、早くから海外に出て、香港やシンガポールを拠点に実業家として活躍していた。そして明治三十年代の早い時期に、海外で在住外国人を相手に映画館を設立して多額の利益を上げた。つまり、その時期が日本本土にシネマトグラフが輸入され活用された時期よりも少し早いのではないかという説が成り立つわけだ。ちなみに、日本人の多くは彼の名を知らないが、後に日本最初の映画会社となった「日活《につかつ》」(日本活動フィルム株式會社。後に日本活動寫眞株式會社)の創立メンバーの一人でもあり、何よりも中国人革命家孫文《そんぶん》のパトロンとして多額の財政援助を行ない辛亥革命を成功に導いた、重要な人物なのである。また映画プロデューサーとしては中国にカメラマンを派遣し、辛亥革命の記録映画を製作している。梅屋と孫文の交流については、いずれ詳しく触れたい。

日本「映画の祖」という言葉の意味は、日本人で初めてシネマトグラフを使って観客に映画を見せた人物、という意味である。当然そのフィルムは外国製のものだ。たとえばフランスの作家レオン・サジイの創作したキャラクター「怪盗ジゴマ」が主人公の映画シリーズは、日本で初めて大ヒットした外国映画のシリーズ(ドラマ)であった。明治末年から大正にかけてのことである。ちょうどそのころ、日本でも職業監督第一号の牧野省三《まきのしようぞう》によって日本人俳優を主人公とした映画が連作され始め、その俳優は映画スター第一号となり、主演作品は後に日活のドル箱となった。その名を尾上松之助《おのえまつのすけ》(2代目)という。歌舞伎出身で見得を切る動作が決めポーズだったので「目玉の松ちゃん」と呼ばれたが、それも踏まえて「日本映画の祖」はこの牧野省三に捧げられるべき称号であろう。

いずれにせよ、映画の全盛期は明治より後のことで、川上音二郎が日清戦争で「新派」の勢力を拡大したように、映画は日露戦争でその勢力を拡大した。それ以後のことについては、今は触れない。まず、日露戦争の実像を語るのが先だからである。

第三章

日露戦争への道Ⅰ

ロシア帝国の横暴と満洲

日英同盟に狂喜乱舞した日本国民

■「泥棒に弟子入り」せざるを得なかった大日本帝国の葛藤

日露《にちろ》戦争（1904年〈明治《めいじ》37〉～05年〈明治38〉）は、日本史や世界史の出来事と位置づけるよりも、人類史上十指に数えられる大事件と考えていい。それは大げさ過ぎると思った人は、歴史というものがわかっていないと断言してもいいだろう。もし日本があの時ロシア帝国に敗北していたら、白人が有色人種を支配するというイギリスが始めた「悪行」が、その後もずっと続いていたに違いないからだ。日本という国に悪意を抱く人々や、日本人でありながら日本の悪口を言い続けている人間もいるが、そうした人々も予断や偏見を超えて、この事実を認めなければならない。

> 英国が魔物であったという歴史的認識なくして、十九世紀のアジアは理解できない（中略）。十九世紀のアジアにとって、当時の英国が、いかに不快で、暴力的で、一面、魅力的で、さらには、思いだしたくもないような自己憐憫、自己嫌悪、劣弱感という傷を、いかに深くあたえた存在であったか……
>
> （『街道をゆく 30 愛蘭土《アイルランド》紀行Ⅰ』司馬《しば》遼《りよう》太郎《たろう》著 朝日新聞社刊）

英国はまさに「魔物」であり、ことに当時の中国（清《しん》）にとっては「悪魔」であった。国民の健康を損なうアヘンを大々的に売りつけてきたので清国が没収および焼却という当然の処置を取ったところ、あろうことか英国はヤクザのような言いがかりをつけ戦争を仕掛けてきた。そして多くの清国人を殺傷しながら謝罪を要求し、領土を租借という形でかすめ取った。アヘン戦争、それに続くアロー戦争である。極悪非道の行為と言ってもいいだろう。そもそもアヘンも、インドを植民地化することで現地人に奴隷労働をさせて大量に作らせたものである。

これを帝国主義という。イギリスにそれが可能だったのは、いち早く産業革命を成し遂げ蒸気機関を活用することによって、蒸気船による強大な艦隊を作ったからである。最初はイギリスもそれほど悪辣《あくらつ》では無かったのだが、まともに貿易するよりも相手を軍事力で叩きのめして命令に従わせるほうが楽に儲かる、と気づいてしまったのだ。

こうしたことは、すぐにマネをする輩が出る。フランスでありドイツでありロシアだ。彼らはハイエナのように清国という獲物にかぶりついた。そのおこぼれをいただこうとしたのが、アジアで唯一西洋近代化に成功した日本である。前にも述べたように、勝海舟《かつかいしゅう》は日本と中国と朝鮮が同盟し欧米列強の侵略に対抗していこう、という理想を抱いていた。だが、それは完全な夢物語に終わった。その理由もすでに述べたとおり、清国も朝鮮国も朱子学《しゅしがく》に呪縛され日本のような西洋近代化ができなかったからである。そこで彼らに絶望した福澤諭吉《ふくざわゆきち》は「脱亜論《だつあろん》」を唱えて、むしろ欧米列強の仲間入りをする方向性を探ろうとした。それは「世界最大の強国である英国流を学ぶ」ということでもあるのだが、一面それは「泥棒へ弟子入りをすること」である。愉快か不愉快かと言えば不愉快に決まっている。だがそれをしなければ、日本にも清国や朝鮮国と同じ運命が待っている。やらざるを得ない。司馬遼太郎も前出の『愛蘭土紀行』の中で「日本の明治維新の成立（一八六八）も〝魔物〟から併呑《へいどん》されまいとしたためのものだったということを鍵《キー》にしなければ、すべてがわからない」と述べている。

清国はまったく頼りにならなかった。本来なら国力から言っても人口から言っても、アジアの盟主として欧米列強の侵略に対抗するのは清国であるべきだった。だが何度も言うように、「朱子学の毒」が全身に回った清国は欧米列強のなすがままに任せるしかなかった。そもそも中国は有史以来「自国が世界一の国家」であるという意識は過剰にあるが、現代はともかく過去においては、たとえば世界平和のためとか人種差別撤廃のために貢献する、などという国家目標を一度も持ったことが無い国である。ドナルド・トランプ大統領の「アメリカ・ファースト」はまだ他の国の存在を認めているが、中国は真の意味の自国中心主義でしかない。それが中国という国の本質である。やはり「中国以外に国も文明も無い」

という中華思想の弊害だろう。

　だからこそ、「勝海舟路線」は夢の夢に終わった。日本としては「強盗団」の仲間に入って、自分の地位を固めるしかない。見習うべきは「世界の大親分」イギリスである。ところが、その大英帝国が全盛だったのはまさにアヘン戦争のころまでであって、二十世紀が近づくと他の「親分」たちが力をつけてきた。フランス、ドイツ、ロシアといった国々である。ナポレオン・ボナパルト以来イギリスとライバル関係にあったフランスは、ロシアと協力関係を結ぶことによって自国の権益を拡大しようとした。日清戦争に勝った日本が獲得した遼東《りょうとう》半島を、フランスとロシア、加えてドイツの三国が手を組んで清国に返せと要求（三国干渉《さんごくかんしょう》）してきたのも、その流れの中にある。このことを勝が「予言」していたこともすでに述べたとおりだが、この時多くの日本人は怒り狂った。何万人もの犠牲者を出してようやく獲得したものを、泣く泣く返さざるを得なかったからである。

　この三国干渉の主導者はフランスよりもロシアであった。ロシアはアジアに不凍港（冬の間も湾内が凍らず艦船の運用ができる港）を求めていた。首都サンクトペテルブルクから見れば南だが厳寒の地で、開発が困難ではあるが資源の宝庫でもあるシベリアを、南下政策によって植民地や領土を獲得すれば容易に開発できるからである。まずロシアが目をつけたのは満洲《まんしゅう》（中国東北部）であった。ここを拠点として獲得し鉄道を敷設してロシア中央部との輸送を円滑にすれば、ロシアはシベリアを含めた領土の有効活用ができるからである。ロシアから見れば満洲の南に朝鮮国がある。幸いなことに、それを軍事的に保護していた宗主国清国は、今やガタガタである。つまり、満洲を獲得すればその先の朝鮮国を植民地とすることも夢では無い。だがそれをやられてしまったら、その次は日本ということになる。朝鮮半島全土がロシアの支配下に置かれれば、当然ロシアはその先のステップとして日本攻略を考えるだろう。それは何としてでも阻止しなければならない。

■「火事場泥棒」のように清国の一部を奪い取ったロシアの横暴

そこで日本が考えた妥協策が「韓満交換論」であった。主唱者は元老伊藤博文《げんろういとうひろぶみ》である。日本は満洲をロシアの「領分」として認める代わりに、ロシアに朝鮮半島は日本の「領分」として認めさせる。平たく言えば「満洲は譲るから朝鮮には手を出さないでくれ」ということだ。これなら戦争に訴えること無く平和裏に共存できるというわけだが、同じ元老でも山県有朋《やまがたありとも》らはそれで一時的妥協が成立しても、ロシア側の時間稼ぎに利用されるだけで結局は戦争となる。ならば、今のうちに武力行使を考えたほうがいい、という意見だった。

現代日本は、第二次世界大戦の焼土の中から生まれた国と言っていい。だからこそ、戦争という手段で紛争を解決することにはきわめて消極的だ。そもそも国がそうすることは日本国憲法によって禁じられている。もちろん、それは明治から昭和《しようわ》二十年までの「路線」に対する反省あってのことだが、「羹《あつもの》に懲《こ》りて膾《なます》を吹く」というたとえもある。少なくとも過去の歴史において、何が何でも平和的手段が正しく、戦争が間違っていたとは言えない。アドルフ・ヒトラーのナチスがなぜあれほど猛威をふるったか、それは当時の「世界の警察官」イギリスが平和的手段によってヒトラーを抑え込もうとしたからだ。それが歴史上の大失敗であったことは世界史の通説である。

この場合も、伊藤の路線が正しく山県の判断が誤りであると言えるかどうか。それは「戦争は望ましくない」という一般論では無く、その時代の状況によって判断しなければならない。そしてその判断の基準になるのが、「ロシアは信用できるか」ということだろう。信用のできない相手と、たとえ一時的妥協が成立してもまさに山県らが危惧していたように時間稼ぎに利用されるだけだからだ。相手は「魔物の同類」なのである。そこで、次の歌詞を見ていただきたい。発表されたのは一九〇一年（明治34）、つまり二十世紀最初の年だ。

一．
アムール川の流血や

凍りて恨み結びけん
二十世紀の東洋は
怪雲《かいうん》空にはびこりつ

二、
コサック兵の剣戟《けんげき》や
怒りて光ちらしけん
二十世紀の東洋は
荒波海に立ちさわぐ

三、
満清《まんしん》すでに力つき
末は魯縞《ろこう》も穿《うが》ち得で
仰ぐはひとり日東の
名もかんばしき秋津島《あきつしま》

（以下略）

（作詞・塩田環《しおだたまき》）

この歌が「懐かしい」という人はもうほとんどいなくなってしまったかもしれないが、まさに二十世紀冒頭の日本人にとってはこの歌は愛唱歌であり流行歌であった。このメロディーは、じつは軍歌『元寇《げんこう》』を作詞作曲した永井建子《ながいけんし》の作品『小楠公《しょうなんこう》』からの流用らしく、その後は軍歌『歩兵の本領』、労働歌『聞け万国の労働者』などにも使われた。この歌自体は旧制第一高等学校（一高）の寮歌で一九〇一年の「第十一回紀念祭東寮寮歌」だったが、歌い出しがあまりにも有名なので『アムール川の流血や』が歌の正式タイトルだと思い込んでしまっている人も多い。だが肝心なことは、この「アムール川の流血」が何を意味するかということだ。これを知らない人があまりにも多い。これはロシア軍による清国人大量虐殺事件のことを指しているのである。

中国とロシアは昔から国境を接している。だから国境紛争が絶えなかった。しかし十九世紀に入ると、遅ればせながらイギリスやフランスを見習って近代化したロシア帝国にくらべ「祖法《そほう》」に縛られ続けた清国は、徐々にロシアの圧迫を封じ切れなくなった。清朝最盛期の康熙帝《こうきてい》の時代にロシアと結ばれたネルチンスク条約(1689年)は、ロシアの不凍港獲得という野望を封じ込めたもので清国にとって有利な条約だったが、その後ロシアの近代化が進むと清国はロシアを封じ込められなくなった。西洋近代化した日本が日清戦争に勝ったのと同様のことが、露清国境でも起こっていたのである。ロシアはイギリスがアヘン戦争で使った手口とほぼ同様なやり方で不平等条約の瑷琿《アイグン》条約（1858年）を結び、ネルチンスク条約では清国の領土だったアムール川左岸（上流から見て左側）地域を奪った。そして二年後の一八六〇年には、北京《ペキン》条約で満洲の一部の日本海側に面している部分（のちに沿海州《えんかいしゅう》と呼ばれる）を獲得し、そこを拠点として新都市ウラジオストクを建設した。念願の不凍港をついに手に入れたのだ。ちなみにこの名はロシア語で「ヴラジ（владéть）＝支配する」と「ヴォストーク（восток）＝東」から成っており、文字どおり「東洋を支配する」という意味である。

しかも、この「沿海州」を手に入れたやり方がきわめてえげつない。北京条約が結ばれたのは、イギリスそしてフランスが仕掛けたアロー戦争の結果結ばれた不平等条約（天津《てんしん》条約）を清国側が不満に思い、まるで「駄々っ子」のように批准しなかったのを怒った英仏連合軍が天津から上陸し、北京を占領したことがそもそもの始まりである。そこへロシアが「第三国である我が国が仲介する」と甘い言葉で交渉に入り、火事場泥棒のように「沿海州」を奪い、さらに瑷琿条約で奪っていたアムール川左岸地域の領有権を確定させた。

前出の寮歌の三番「満清すでに力つき　末は魯縞も穿ち得で」というのは、この事実を指している。『漢書《かんじょ》』に「強弩《きょうど》の末魯縞《ろこう》に入る能《あた》わず」という言葉がある。どんな強い弓から発せられた矢でも、いずれ勢いを失い魯縞（薄い絹）を貫くことさえできなくなる。つまり、どんな強大なものでもいずれ衰えるというたとえであり、今は満洲と清国がそうでアジアを代表して彼らと戦えるのは「秋津島（日本）」しかないということだ。

「アムール川の流血」は、こんな情勢の中で起こった。ロシアが領有を確定したアムール川左岸地域はもともと清国領だったのだから、多数の清国人が住んでいた。もちろん数千人単位である。

しかし領有を確実なものにしたいロシアは、なんと清国人全員を「コサック兵の剣戟」によって大虐殺し、死体をアムール川に放り込んだのである。

一九〇〇年（明治33）夏の出来事である。

■大虐殺事件『アムール川の流血や』が見せつけたロシアの残虐さと狡猾さ

アムール川（中国名黒竜江《こくりゅうこう》）の左岸地域にあった清国人居住区「江東六十四屯《こうとうろくじゅうしとん》」に居住していた人々を、ロシア軍は皆殺しにした。この地区は清国人が昔から大勢住んでいたので、瑷琿条約でこの地区がロシア領となった後も清国領の様相を呈していた。つまり、ロシアにとっては「目の上の瘤《こぶ》」のような存在だったのである。

そこで、北京で欧米列強に対する民衆の抵抗である義和団《ぎわだん》事件（1900年〈明治33〉）が勃発した時、この地区でも義和団の反乱に呼応する動きがあったことを幸いに、ロシアは大軍を派遣して地区住民の虐殺を敢行したのである。義和団は民衆ゲリラだから一般住民との見分けがつかない、という口実であったようだ。それと、清国自体も義和団への対応に手いっぱいで国境地帯まで軍隊を派遣する余裕は無いだろう、という読みもあったようだ。

この虐殺については中国側に事を荒立てようという意識があまり無いようで、現在でも犠牲者の数は明確では無い。あいまいな言い方で恐縮だが、犠牲者の数は数千人から最大二万五千人程度とみられる。犠牲者数がはっきりしないのは、ロシア軍が虐殺された清国人の遺体を土中に埋めずにすべてアムール川に放り込んだからでもある。遺骨の山でも発掘されれば犠牲者数を想定する手掛かりとなるのだが、それはあり得ないし住民記録などを丹念に分析するしかないだろう。

ところで、ここで注目しておきたいことは、きわめて不快な話ではあるがロシア軍の虐殺遺体処理の巧妙さである。

「机上の空論」という言葉がある。歴史の分野でそれを感じるのはこうした虐殺が行なわれた時に、遺体の処理がどのように行なわれたかについてきちんと考察がなされているかということだ。前にも述べたことがあり決して愉快な話では無いのだが、人間が死んで遺体となって発する腐臭は、おそらく人類が感じる中でもっとも不快で耐え難いものだろう。嗅《か》いだことの無い人は幸いだが、少なくとも歴史で虐殺問題を探究しようとするなら、何らかの形で志願してでも遺体の腐臭は嗅いでおくべきだろう。今は人間が亡くなるとほぼ完ぺきな防腐・防臭処置が施されるのでわからなくなっているが、たとえば仏教で「香華《こうげ》をたむける」という習慣があるのも、発祥の地のインドではとくに遺体が腐敗しやすかったので、その異臭を防ぐために強い香りの香と花を供える必要があったためなのだ。たった一人の遺体の腐臭でも耐え難いものだ。しばしば殺人事件はそれで発覚する。だから、ナチスドイツはユダヤ人を虐殺した後、その遺体を焼却処分（火葬では無い）するための焼却炉を多数用意していた。ソビエト軍がポーランド人将校を大量虐殺した「カチンの森」では、殺される将校に自らの墓穴を掘らせ彼らを射殺した。この一九〇〇年の虐殺では、ロシア兵は清国人の遺体をアムール川に投げ込んだのである。そのまま放置しておけば腐乱死体でせっかくの占領地が汚染され使えなくなってしまうからだ。

ひょっとしたら、『アムール川の流血や』という実際の事件とくらべたらきわめて「おだやかな」歌詞しか知らなかった読者には、ショックかもしれない。だが、じつはロシア帝国の横暴をこれほど強く当時の日本人にアピールした事件は無かった。とくに印象的なのは、ロシアの残虐性と狡猾《こうかつ》さである。前節で述べたように、アヘン戦争以来のイギリスおよびフランスと清国との争いにつけ込んだロシアは、火事場泥棒のように「沿海州」を獲得した。イギリスもインドあたりではひどいことをやっているのだが、日本にとってはまさに「対岸の火事」であり、「隣人」ロシアのほうが直接的な脅威であった。またイギリスには日清《につしん》戦争の時に戦費の調達などで世話になった「恩義」もあり、世界的に見れば「どっちもどっち」の英露に対して、日本ははるかにイギリス贔屓《びいき》、ロシア嫌いであった。

すでに述べたように、この時期つまり二十世紀初頭の日本が選ぶ道は二つあった。まずは「韓満交換論」を国策としてロシアと協調し戦争を回避し平和共存すること。もう一つは、それとはまったく逆にイギリスと協調してロシアと戦うことである。もし前者の道を行くなら、その大前提としてロシアが「信用できる国」でなければならない。おわかりだろう、この時期のロシアは「アムール川の流血」を平然と行なう油断も隙も無い「魔物」であって到底信用できない、という感情が日本人をだんだん支配するようになっていく。

それにしても、なぜ当時のロシアはこんな横暴な国になってしまったのか？　これはこれで重要な研究課題である。というのは、「通史」であるこの『逆説の日本史』シリーズの前々からの読者は知っているように、かつてのロシア帝国は日本に対してじつに友好的な国であったからだ。江戸時代後半、ロシアは自国の南にある日本に有効活用できる不凍港を確保したくて、友好的なアプローチを繰り返していた。確かに、文化露寇《ぶんかろこう》（１８０６

年〈文化3〉）つまりロシアの特使ニコライ・レザノフの部下ニコライ・フヴォストフが日本領の北方の島々を襲撃略奪したような不幸な事件もあった。しかしあれは、日本側の対応がきわめて無礼で不適切なものだったからである（『逆説の日本史　第17巻　江戸成熟編』参照）。その一方で、漂流民であった大黒屋光太夫《だいこくやこうだゆう》（1751〜1828）は優遇されたし、幕末になって日本に派遣されてきたエフィム・プチャーチンも、その態度はきわめて紳士的であった。一八五四年（嘉永《かえい》7）十一月の地震に際しては自分の搭乗していたディアナ号も津波に襲われ大破したにもかかわらず、下田《しもだ》港周辺の日本人被災者の救助にあたっている。これに感謝した地元の戸田《へだ》村の住人は、幕府の許可を得てディアナ号の代わりとして木造帆船を建造した。この船は「ヘダ号」と命名され、その後も日露友好の象徴であった。もっともプチャーチンは清国に対しては英仏と共同歩調を取り、アロー戦争の後に清国が認めさせられた屈辱的な不平等条約には関与しているのだが、それにしても日本に対する態度は終始友好的であった。

■友好的だった国を「魔物」に変えた「頑迷固陋」な幕府外交

ここから先は私の想像、つまり「歴史ｉｆ《イフ》」なのだが、前から述べているとおり歴史を分析するには、この検討はもっとも有効な手段の一つである。そして、日本の歴史の中でこの日露関係は、その材料としてもっとも適切なものではないかと考えている。

さて、これから先のことを述べれば、日本はロシア帝国の南下を武力によっても食い止めるほかはないと戦争に踏み切る。日露戦争（１９０４年〈明治37〉）である。「アムール川の流血」からわずか四年後のことだ。その結果、ロシアが事実上占領していた満洲が一度は「中国」の手に戻るのだが、日本は結局欧米列強に伍していくためにはこの地域を獲得することがぜひとも必要だと、満洲国の確立に向かう。そして、その満洲国を維持するために「中国」と戦い、それが結局アメリカ、イギリスを中心とした連合国との対立を生み、世界大戦に突入する。そして一敗地にまみれ満洲国は崩壊し、大陸に展開していた日本の軍人は終戦直前に日ソ中立条約を一方的に破って侵攻してきたソビエト軍の捕虜になり、シベリアに送られ強制労働に従事させられて多くの犠牲者を生むということになった。

なぜ「シベリア抑留」が行なわれたのか？　もちろん国際法上の違法行為ではあるが、ソビエトの立場から言えば「シベリア開発を進めるため」であろう。つまり、逆に言えばこの時点でシベリア開発がじゅうぶん進んでいれば、そうした事態にはならなかったかもしれないのである。そしてここからが「歴史：ｉｆ」なのだが、そのチャンスはあった。江戸時代後期、ソビエトの「前身」であるロシアが日本にしきりに友好と通商を求めていた時点で幕府がそれに応じていれば、箱館《はこだて》（函館）という不凍港をアジアに確保（ロシアに譲渡しなくても開港すればよい）したロシアのシベリア開発は大いに進み、後に南下政策と呼ばれるものに歯止めがかかり、ロシアとの友好親善関係が深まり「親しい隣人」になっていたかもしれないのだ。

日本国にとってきわめて有利だと思われる選択を、なぜ幕府は取らなかったのか？　この問いに、この『逆説の日本史』シリーズの読者なら容易に答えることができるだろう。朱子学である。徳川家康《とくがわいえやす》が導入した朱子学のせいで、当時の幕府首脳部は朱子学の狂信者たちであった。老中田沼意次《たぬまおきつぐ》はそうではなかったからロシアとの通商関係を進めようとしていたようだが、その田沼を朱子学の立場から見て「極悪人」としていたのが、その後の政権を継いだ老中松平定信《まつだいらさだのぶ》である。日露双方にとってきわめて不幸なことに、この松平定信の時代にロシアの日本への接触が始まった。幕閣は「祖法」によって開国などできないし、ましてや「人間のクズの所業」である貿易（商売）など絶対できないと、せっかくのオファーを断わってしまった。それも単に断わるだけならいいが、相手をわざと怒らせるようなことまでした。それがフヴォストフの「文化露寇」を招いた。しかし、それでもロシアは粘り強く友好的であったのに、結局幕府はすべてのチャンスを棒に振ってしまったのである。この点は日米関係も同じで、せっかくアメリカがイギリスとは一線を画した友好的な通商関係を求めてきたにもかかわらず、あまりに頑迷に拒否するのでアメリカをしてイギリス路線に走らせてしまったことはすでに述べたとおりだ。すべては朱子学の毒がもたらしたものである。

確かに、一九四五年(昭和20)の日本敗戦の時点でシベリアがじゅうぶん開発されていたとしても、当時のソビエトは国際法を無視し自国の利益を追求する国家であったから、日本兵捕虜は別の強制労働をさせられたかもしれない。しかし、日露戦争が無ければ帝政ロシアは崩壊せず、ソビエト連邦自体が成立しなかったかもしれないのである。

確実に言えることは、江戸時代に日本はロシア(じつはアメリカとも)と確固たる友好親善関係を築くチャンスがじゅうぶんにあったのに、朱子学に毒された江戸幕府は頑《かたく》なな対応ですべて棒に振った、ということである。

ここで、私の頭にじつに嫌な考えが浮かんできた。それは、最初はアヘン戦争のような野蛮で狡猾な行為を繰り返すイギリスと一線を画し、通常のやり方で友好親善を求めようとしていたアメリカやロシアが司馬遼太郎の言う「魔物」の同類になってしまったのは、ひょっとして彼らが当初コンタクトしたアジアの国、つまり日本があまりにも頑迷固陋《がんめいころう》であったからではないのか、ということである。感情的に言えば、「彼らが理想を捨てたのは日本のせい」などとは思いたくないのだが、冷静に考えればその可能性は無いとは言えないだろう。日本も朝鮮国や清国があまりにも頑迷固陋であるために、「脱亜入欧」つまり、

「魔物」の仲間になるしかないと思ったのだから。

さて、話を戻そう。もう一つ重要なことは、当時の日本人が「ロシアは日本のことはあまり好きではないだろうな」と考えていたということだ。意外に聞こえるかもしれない。しかし、ある事件のことを思い出せば、多くの人が納得してくれるはずだ。それは大津《おおつ》事件である。一八九一年（明治24）、日本を親善訪問していたロシア皇太子ニコライ・アレクサンドロビッチ（当時）が、滋賀《しが》県大津で警護の巡査津田三蔵《つださんぞう》に斬りつけられ負傷した事件だ。犯人の津田は、皇太子が日本を侵略する目的で偵察に来たと誤解していた。その後ロシアでは、この皇太子が即位し皇帝ニコライ2世となっていたのである。

想像して欲しい。もし友好親善目的で他国を訪ねた自分の国の君主が、本来その君主を守らねばならない警察官によって殺されかけたらどんな気分がするか、ということである。

結論は言うまでも無いだろう。

■「寄らなくてもいい国」に立ち寄ったロシア皇太子の「日本人女性」への憧れ

俗に、「殴った側はその事実を忘れてしまうが、殴られた側はいつまでも忘れない」などと言う。人間世界の一つの真理だろう。日米交渉史でも、「アメリカの正使ビッドル代将に日本の武士が暴行を加えた」という事実が忘れ去られている。だからこそアメリカは、次の正使に「乱暴な」ペリーを選んだのだが、日本人はそのペリーがアヘン戦争の時のイギリス人とはまったく異なり、一人の日本人も殺戮しなかったことも忘れている。そういうことをきちんと教えるのが、歴史教育の使命だろう。

ロシア皇太子(後の皇帝ニコライ2世)を、こともあろうに警護すべき警察の巡査津田三蔵が殺害しようとし重傷を負わせた大津事件もそれだ。政府はロシアの報復を恐れ法律を無視して犯人を死刑にしようとしたが、大審院長児島惟謙《こじまいけん》が司法権の独立を守り、津田を無期徒刑(終身刑)に処したため諸外国からはかえって称賛された。それゆえこの大津事件は忘れ去られることは無かったのだが、やはり「殴られた側の心情」つまりニコライ2世の思いはいまだに軽視されていると言っていいだろう。ロシアは当時、皇帝が独裁する帝国である。平たく言えば皇帝が「日本と戦争すべきでは無い」と考えるならば、大日本帝国の天皇とは違ってその意志は絶対的に尊重される。だからロシア皇帝がこの大津事件の被害者となったことによって、その心情にどのような変化があったかが日露戦争を研究するのに決定的に重要なのである。

今「変化」と言った。つまり、ニコライ2世(事件当時は皇太子だが、以下これで統一する)の心情は、事件前と事件後では変化しているのだ。しかも、ただの変化では無い。百八十度の転換と言ってもいいぐらいのものだ。そもそも彼は訪日する必要性は無かった。

しかし、あの日本人妻をめとって子を為し、日本を追放されてからもオランダ国王ウィレム2世をして日本への開国勧告を為さしめた「親日外国人第一号」フォン・シーボルトのように、日本という国に深い興味と関心を抱いていたのである。そこでシベリア視察に赴く際に、その途中に「寄らなくてもいいが寄れる国」日本にわざわざ立ち寄ったのである。だからこそ犯人津田は、その「わざわざの来訪」を「日本侵略のための偵察」と誤解したのである。しかしそんな思いは、少なくともその時点のニコライ2世には露ほども無かった。

彼のことをシーボルトにたとえたのには理由がある。

若いニコライは、茶菓よりは別のものが欲しかったように見受けられる。長崎上陸の前夜、ニコライはピエール・ロティの「お菊さん」を読みふけった。その結果、一時的な「日本人妻」を得たい欲求を刺激されたようだった。長崎に到着した夜、ニコライは稲佐に駐留しているロシア海軍の士官八人と会い、彼らがいずれも日本人妻と結婚していることを知った。ニコライは「私も彼らの例にならいたい」と考え、「しかし、こんなことを考えるなんて、なんと恥ずかしいことか。復活祭直前のキリスト受難週間が始まっているというのに」と付け加えている。

（『明治天皇（三）』ドナルド・キーン著　新潮社刊）

そもそもこの話は『最後のロシア皇帝　ニコライ二世の日記　増補』（保田孝一《やすだこういち》著　朝日新聞社刊）に載せられているとドナルド・キーンは述べているが、重要なのは普通の日本人が読み飛ばす後半部にある。まず、ピエール・ロティの「お菊さん」を説明する必要があるだろう。

【お菊さん】Madame Chrysanthème
フランスの作家ピエール・ロチの長編小説。１８８７年発表。１８８５年（明治18）海軍士官として長崎に寄港した作者は一夏を日本娘と同棲したが、長崎入港の光景から、当時の庶民の風貌、生活様式など、多少グロテスクな光景に好奇心を燃やしながら描いている。しかし、こうした生活にもやがて倦怠を覚え、ふたたび新しい空のもとに新しい形を求めて立ち去る。（以下略）
（『日本大百科全書〈ニッポニカ〉』小学館刊　項目執筆者根津憲三）

「あれ？　これってジャコモ・プッチーニのオペラ『蝶々夫人《ちょうちょうふじん》（マダム・バタフライ）』の原作じゃないかな」と思ったあなた。残念ながら答えはノーだ。プッチーニのオペラの原作は、アメリカの作家ジョン・ルーサー・ロングが一八九八年（明治31）に発表した短編小説『マダム・バタフライ』だからだ。この小説はわずか二年後の一九〇〇年（明治33）にアメリカの劇作家デービッド・ベラスコによって戯曲化され、それに注目したプッチーニがオペラ化（1904年初演）した。しかし、ロングはあきらかにロティの影響を受けている。それは、今でも「西洋人男性」に存在するちょっと歪んだ日本人女性像である。西洋の自己主張の強い女性と違い、「男性に従順で貞操の固い女性」である。こういう見方は日本人女性にとっても西洋人女性にとっても不愉快だろうが、そうした「男の見方」が厳然として存在したのは歴史的事実である。生涯独身を貫いた初代アメリカ公使タウンゼント・ハリスにも「唐人《とうじん》お吉《きち》」の「伝説」がまとわりついた（『逆説の日本史　第18巻　幕末年代史編Ⅰ』参照）。そうした日本人女性に対する「憧れ」が、ニコライ2世にもあったということだ。

ここで女性読者にはさらに不愉快かもしれないが、もしニコライ2世の「日本人妻が欲しい」という願いが叶っていたら、その後の日露関係はどうだっただろう？　もちろん、その女性がとんでもない「悪妻」（笑）であったりしたら、その後の日露関係はかえって悪化したかもしれない。しかし、シーボルトがきわめつきの「親日外国人」になったように、ニコライ2世もそうなったと考えるのが自然だろう。

だが、事態は完全に逆になった。

そこで重要なのが、ニコライ2世の「受難」つまり大津事件は、五月十一日に起こっているということだ。この年、キリスト教の一派であるロシア正教の復活大祭は五月三日であった。復活大祭の期間は一日だけでは無い。その後何日も続くもので、この日は祭りの期間中であったのだ。

「それがどうした?」というのが、専門の歴史学者をも含めた大方の日本人の反応だろう。日本人の宗教オンチは度し難い病である。

説明しよう。まず復活大祭（カトリックでは復活祭）つまりイースターは、キリスト教においてはクリスマスよりもはるかに重要な最大の祭りであるということだ。クリスマス（生誕祭）は「神の御子《みこ》は今宵《こよい》しもベツレヘムに生まれたもう」と讃美歌にもあるように、イエスが赤ん坊の形をとってこの世に出現したことを祝う重要な祭りではある。しかしそれ以上に重要なのは、イエスが十字架の上で一度は殺されながら三日後に復活し、神であることを証明したという「事実」を祝う祭りである。これが復活祭で、基本的には春分の日の後の最初の満月の日のある週の日曜日と決められているが、その日を始まりとして数週間をお祭りの期間とする。キリスト教徒が、もっとも「自分はキリスト教徒である」と自覚する期間と言ってもいい。

■「大津事件が日露戦争勃発にきわめて大きな影響を与えた」と断言できる理由

さて、キリスト教はカトリックであれロシア正教であれ、基本的に姦淫《かんいん》を禁じている。ニコライ2世も当然熱心な信者で、だからこそ「私も彼らの例にならいたい」と考えながら、一方で「しかし、こんなことを考えるなんて、何と恥ずかしいことか」と自責の念を抱いていた。その時に危うく殺されかけたのである。ニコライ2世のその時の心情を推測することは、「無宗教」の日本人にも決して難しくは無い。こう考えたらどうだろう。あなたが本来墓参りでもして線香の一つもあげるべき父親の命日に、「不埒《ふらち》な考え」を起こして「フーゾク」に行ったとしよう。ところが、そこで暴漢に襲われ危うく殺されるところを九死に一生を得た。さて、あなたはどのようにこの事態を考えるか、ということだ。「偶然の一致」と思う人もいるかもしれないが、通常はこれを「警告」ととらえるだろう。「そういう世界とかかわってはいけない」ということだ。あるいは、人によっては「フーゾク店など撲滅すべし。これは霊界の父の警告だ」と思うかもしれない。キリスト教徒にとってはイエス・キリストは父親以上の父親的存在である。ましてや復活祭の期間というのは、キリスト教徒が一年中で一番「自分はキリスト教徒である」と自覚する時期なのである。そういう時に「不埒な考え」を抱いていたニコライ2世は、危うく殺されかけ九死に一生を得たのである。犯人が浅野内匠頭《あさのたくみのかみ》のように斬りつけるのでは無く刺殺を試みていたら、いったいどういうことになっていたか。巡査の携帯するサーベルは刀身が湾曲しているので刺殺には不向きだったのかもしれないが、それはニコライ2世にとっては不幸中の幸いであった。

いずれにせよ、ニコライ2世は日本人に対する考え方を百八十度変えた。これ以降、日本人を「猿」と呼ぶようになったとも言われる。これも日本人に対する古くからある歪んだ見方で、有色人種に対する偏見と非キリスト教徒に対する偏見が混ざり合ったものである。そうした偏見を打破するものとして「日本人女性」が大きな役割を果たしていた。ニコライ2世はいったんはそちらの方向に向かいかけていたのに、この事件をきっかけにプッチーニとは完全に逆の方向に行ってしまった。具体的には日本人など「猿」だと思い込んだこともそうだが、ひょっとしたら「日本など非キリスト教徒の築いた悪の帝国で撲滅すべきだ。これは神のご意志である」と思い定めたかもしれないのである。だからこそ、大津事件の「意義」は通常の日本人が考えるよりはるかに大きいのである。

それでは、犯人津田三蔵はなぜこんなバカなことをしたのか。これから十三年後の一九一四年（大正《たいしょう》3）に、オーストリア＝ハンガリー帝国の後継者フランツ・フェルディナント大公夫妻がサラエボで民族主義者に暗殺されたことがきっかけで、第一次世界大戦が起こった。そんな未来を知らなくても当時の人間の常識として君主が襲われれば、その国と決定的な対立関係になるということを知らなかったはずが無い。殺害するところまでは意図していなかったという見解もあるが、逆に明治天皇がロシア人に襲われたなら、たとえ殺害に至らなくても「ロシア討つべし」と津田は主張しただろう。そこのところが問題なのである。すなわち、そういう常識はあきらかに持ち合わせていたと考えられるのに、なぜそこまでやったのか。

津田は死刑にはならなかったのだが、結局収監された釧路《くしろ》集治監《しゆうじかん》で四か月後に獄死した。証拠は無いが、獄中の待遇など政府のサジ加減でどうにでもなるから、何か獄死を促進するような「政策」があったのかもしれない。ロシアにとっても、犯人がのうのうと生き続けることは不愉快であったとは容易に想像できるところだ。日露関係を修復するためには、一刻も早く津田に死んでもらおうと政府が考えたとしても何の不思議も無い。

それだけ早く津田が死んでしまったので、その犯行動機に関する詳細な手記などは一切残されていない。それどころか、精神に異常をきたしていたという見解もある。仮にそういう傾向があったとしても、人間が妄想を抱くにはきちんとした理由がある。そして多くの場合、それが宗教であることも、日本人はあまり意識していないが世界の常識である。

この時代、とくに武士階級に生まれた人間の基本教養というか宗教は朱子学であることは、何度も強調したとおりだ。だが、読者にはここでもう一度その朱子学を評した国民作家司馬遼太郎の次の名言を思い出していただきたいのである。「(宋学〈朱子学〉は)理非を越えた宗教的な性格がつよく、いわば大義名分教というべきもので、また王統が正統か非正統かをやかましく言い、さらには異民族をのろった。(中略)このため過度に尊王を説き、大義名分論という色めがねで歴史を観、また異民族(夷)を攘《うちはら》うという情熱に高い価値を置いた」(『この国のかたち　三』文藝春秋刊)。

歴史的事実としては、当時のロシアは日本に友好的な態度を抱き続けていた。その国の皇太子を殺害しようなどという、「理非を超えた」「異民族を攘う」行為に津田が出たのも、まさに「朱子学の毒」に冒されていたからなのである。

■ロシアの満洲進出を許したイギリスの「近代帝国主義」

もうおわかりだろうが、日露戦争の十三年前に起こり、そののち日清戦争も起こったために印象が薄れてしまった大津事件は、日露戦争の勃発にきわめて大きな影響を与えた「大事件」だったのである。

この第三章の冒頭でも述べたように、日露戦争つまり大日本帝国とロシア帝国の武力衝突を平和裏に避ける道として、満韓交換論があった。ロシアの満洲「経営」(占領では無い)

を認める代わりにそれ以上の南下は自重させ、ロシアは韓国（韓半島）を日本の勢力範囲として認める、というものだ。つまり、決定的な対立に至らずに平和共存しようというものので、日本の元老の中でもっとも日露戦争に消極的であった伊藤博文は、その理念を形にすべく日露協商締結に動いていた。ロシアと日本には取りあえず共通の敵は存在しないので、友好関係を結ぶとしたら軍事同盟では無く協商しかなかったのである。

一方、イギリスはまったく事情が違う。世界の大海洋帝国としてすべての国がライバル関係にあったと言ってもいいぐらいだが、とくにロシアとフランスに対してはライバル意識が強く、この二か国がアジアで影響力を強めることに強い警戒心を抱いていた。それゆえロシアが義和団事件を奇貨として「アムール川左岸地区大虐殺」を実行し、満洲に派兵したロシア軍を一向に撤退させずそのまま事実上の占領状態に入ったことは、イギリスにとって大きな脅威であった。満洲という拠点を得たことにより、このままシベリア開発が進めばロシアはとくにアジアにおいてますます強大になるからだ。

何とか歯止めをかけたい、という思いがイギリスにはあった。

ところが、二十世紀初頭のイギリスに他の地区で大変やっかいな問題が発生しており、アジア対策の足を引っ張っていた。それはボーア戦争である。

アフリカ最南端である現在の南アフリカ共和国にはケープタウンという大都市があるが、

かつてここはオランダのケープ植民地と呼ばれる地区の中心であった。この国の南端には「喜望峰《きぼうほう》」と呼ばれる場所があるが、実際には「峰」では無く「岬（英語でケープ）」であり、古くは大航海時代のポルトガル人がヨーロッパからこの南を回ってインドへ行く航路を発見し母国を大発展させた。それまでヨーロッパ人はアフリカ大陸がどこまで南に伸びているかを知らず、貿易商品を多数輸送できる海路でインドに到達する方法を知らなかったのである。この航路を独占されたスペインがポルトガルに対抗するためにコロンブスを逆の方向に派遣し、反対側からインドに到達する航路を求めたところ、想定外の新大陸アメリカを発見したことは、すでに述べたとおりだ。

いずれにせよ、ここは重要な拠点である。スペイン、ポルトガルの時代が終わると次世代の海洋帝国として名乗りを上げたオランダは、直ちにここを占拠した。しかし、最終的に世界の海洋帝国となったイギリスにオランダがこの地を奪われてしまった。その間、ちょうどアメリカの清教徒《ピューリタン》のように本国の宗教弾圧を逃れてこの地に入植していたオランダ系白人（ボーア人）はイギリスの圧迫を逃れて内陸を大移動（グレート・トレック）し、トランスバール共和国とオレンジ自由国を建国した。ところが、オランダ系のこれらの国々は内陸にあり、外洋に出られる港を一つも持たなかったために経済が安定しなかった。その弱みにつけ込んだ「魔物」イギリスは、軍隊を送ってトランスバール共和国を無理矢理イギリス連邦に併合したが、これに怒ったボーア人の反乱に遭い反乱軍が勝利したため結局イギリスは共和国の独立を認めた。これが第一次ボーア戦争（１８８０〜81年）で、日本では西南戦争が終わった少し後のことである。ところがその後、この地区で世界有数の金鉱が発見され、イギリスはトランスバールだけで無くオレンジ自由国にも露骨な内政干渉して利権を確保しようとしたため、たまりかねた両国がイギリスに宣戦布告をした。これが第二次ボーア戦争（１８９９年）で、イギリスは不退転の決意で大軍を送ったが、「アフリカこそ生まれ故郷」と考えるボーア人たちの抵抗も激しく、結局イギリスは三年かかってようやく勝利を収めた。

この間、ちょうど清国では義和団事件が発生していた。「北京の55日」にイギリスが軍事力を行使できなかったのは、この第二次ボーア戦争に手こずっていたからなのである。だからこそ、ロシアは「鬼のいぬ間に洗濯」とばかりに満洲にまで進出したのだ。

ともあれイギリス軍は全力を注ぎ、一九〇〇年に両国の首都を占領した。イギリスの常識ではこれで戦争は終わるはずだったが、ボーア人はゲリラ戦術でイギリス軍に抵抗した。たまりかねたイギリス軍は非戦闘員も含めて殲滅《せんめつ》するという作戦に出た。「虐殺側の論理」で言えば、相手は軍服も記章も付けていないゲリラだから戦闘員と非戦闘員の区別がつかない。だから皆殺しにするしかない、ということだろう。この「論理」はベトナム戦争のころまで主張されたので記憶されたい。また、後にイギリスはボーア人との和解を図り大幅な自治を認めたが、その結果、ボーア人によって世界でも稀な人種差別政策アパルトヘイトが実行されたことは、人類史の中できわめて大きな事件である。しかし、それは現代史で語るべきことだろう。

この戦争にイギリスの雑誌『マンチェスター・ガーディアン』の特派員として現地に派遣された経済学者がいた。ジョン・アトキンソン・ホブソン（1858〜1940）である。彼は母国軍の残虐な振る舞いに強いショックを受け、イギリスがこのような戦争をするように至った原因は何か、ということを経済学的に分析した。それが「帝国主義論」である。「帝国主義論」と言えばロシア革命を主導したウラジーミル・イリイチ・レーニンのものが有名だが、これは、それより先に書かれたものである。まず帝国主義とは、現在一般的には次のように定義されている。

政治・経済・軍事などの面で、他国の犠牲において自国の利益や領土を拡大しようとする思想や政策。狭義には、資本主義の歴史的最高段階として19世紀後半に起こった独占資本主義に対応する対外膨張政策。

（『デジタル大辞泉』小学館刊）

イギリスが清に仕掛けたアヘン戦争がまさに典型的だが、この時代は「帝国主義の時代」である。では、なぜ帝国主義が生まれてしまったかということを初めて学問的経済的に研究したのがホブソンなのだ。

（前略）彼は近年イギリスからの資本輸出が急増している点に着目し、植民地拡大はイギリス国内の過剰資本を投資する先を求める大金融業者と投資階級の特殊利益のためにあり、しかも、帝国主義の全体的な構図を描く能力をもつ司令部は金融業者であるという仮説のもとに《帝国主義論》（１９０２）を書いた。（中略）ホブソンは、帝国主義政策を解消するためには、イギリス国内の労働者により多くの価値の配分を行って海外に流出する過剰資本をなくせばよい、という年来の主張〈過少消費説〉を《帝国主義論》の中心におき、国際的レベルでの帝国主義批判のベクトルの向きとイギリス国内の公正な分配という改革の方向とを重ねあわせた。（以下略）

（『世界大百科事典』平凡社刊　「帝国主義」より一部抜粋　項目執筆者中村研一）

帝国主義という言葉自体は、そもそも古代ローマ帝国が自国の利益を優先するために、カルタゴなど周辺国家を武力で服従させたころからあるという説もあるのだが、ここで論じられているのは、先に定義されたようないわゆる「近代帝国主義」である。そしてその近代帝国主義について、そのもっとも有力な実践者であったイギリスの国民であったホブソンは、これは資本主義の欠陥に基づくものだが、労働者への正当な利益配分など、資本主義の枠内で解決できるという立場を取った。

■資本主義の欠陥を正し「悪」を清算すべく生まれた「共産主義」の幻影

それに対して資本主義というシステムそのものに欠陥があり、帝国主義の解消は資本主義の枠内では決してできないと考えたのが共産主義なのである。カール・マルクスが『資本論』によって主張した資本主義の欠陥に、レーニンが近代帝国主義の横暴への鋭い批判を重ね合わせて生まれたのが、いわゆるマルクス・レーニン主義である。そして、それがロシア革命を経てソビエト連邦という人類初の共産主義国家の設立につながったことは言うまでも無い。しかし、現在忘れられていることは近代帝国主義というものがきわめて残忍かつ暴虐な側面を持つものであり、そのような「悪」を清算するには共産主義という資本主義に優越した思想を奉じ、その体制に移行するしか道は無い、と多くの人々が確信したという歴史的事実である。

だからこそ、ソビエト連邦も中華人民共和国も朝鮮民主主義人民共和国（北朝鮮）もこの世に誕生した。その方向性が正しかったかどうかは、現在では一目瞭然である。ソビエト連邦はすでに崩壊し、中国は世界の大国とはなったが人権弾圧は日常茶飯事である。北朝鮮においては中国ですら許されている旅行の自由すら無い。そして支配階級だけが飽食し肥満し、一方で多くの国民が餓死している。しかも国民は自分たちだけがそういう目に遭っているということをまったく知らされていない。今の日本人で、こんな体制に憧れる人間は一人もいないと言っていいだろう。しかし中高年以上の人には忘却しないでもらいたいし、若者たちには認識してもらいたいのだが、この国ではつい最近と言える時代まで「北朝鮮は労働者の天国だ」「理想の国家だ」などというデタラメを声高に主張する人間が、知識人や大学教授あるいはジャーナリストの中にきわめて大勢いた、いや、それが多数派であったという事実である。二〇一九年にＮＨＫは戦後の「北朝鮮への帰国事業」に関する特集番組を放映したが、若い人にはぜひ「帰国事業」というものがどんなものであったか認識して欲しいと思う。一言で言えば、「左翼マスコミの陰謀」である。その残党がまだマスコミ界を始めあらゆるところに巣食っているが、幸いにも日本人は彼らの悪影響から脱しつつある。もし彼らが国民を洗脳することに成功していたら、いったいどんなことになっていただろうか？

じつは想像するのは難しくない。お隣にそれに成功した国があるからだ。韓国である。韓国はせっかく複数政党制、民主的選挙による政権交代等を東アジアでは日本に引き続いて実現しながら、学問の自由、言論の自由の点ではきわめて後ろ向きである。結果的に日本を「評価」(実際には真実を述べているに過ぎないのだが)するような言論は反日政策によって北朝鮮寄りのマスコミに徹底的に叩かれる。こうして日本の「悪」が誇張され、その日本と戦って独立したという「神話」を持つ北朝鮮が韓国民の間で理想化され、独裁者が我が世の春を謳歌している北朝鮮に国全体がすり寄るという、民主主義国家なら絶対あり得ない事態が実現してしまった。まさに左翼マスコミの勝利だが、この勝利は民主主義の敗北であるということに、韓国民の多くが気がついていないのが残念である。

さて、前節冒頭の話題に戻ろう。大津事件のころの日本、そして後にレーニンのロシア革命で殺されることになるニコライ2世の心情である。

証言がある。先に述べたように彼はむしろ「親日家」だった。それが大津事件で百八十度転換した。

もし日本人が不愉快かつ卑劣で、巨人ロシアの一撃で崩壊され得る無力な国民であるという皇太子の確信がなかったなら、我々は日本との不幸な戦争へと我々を導いた極東政策を採用するようなことはなかったはずである。

（『明治天皇』ドナルド・キーン著　角地幸男《かくちゆきお》訳　新潮社刊）

セルゲイ・ウィッテ（１８４９～１９１５）、後に日露戦争で敗北したロシア帝国の講和全権大使を務めた、政界の大物の述懐である。

■戦争の歴史的評価を「冷静」かつ「論理的」に考えることの困難さ

要するに、ロシアの君主であったニコライ２世が日本人を蔑視していなかったら日露戦争は起こらなかったと、戦後にロシア帝国の重臣が証言しているということだ。この重臣セルゲイ・ウィッテの証言は正しいのか？

まず注意しなければならないのは、素直に自分のミスを認めるという人間は、きわめて少ないということだ。とくに自国民が多数犠牲になった「敗戦」については、誰でも自分の責任を逃れたがるし、逆に他人に責任を押しつけようともする。場合によっては、最初から戦争遂行に大賛成していたのに、負けた瞬間に「本当はあんな戦争には最初から反対だった」などと言い出すのが人間だ。それが人間界の常識なのだが、その常識を歴史学界の先生方があまり理解していないのは、豊臣秀吉《とよとみひでよし》の「侵略」のところですでに説明した

（『逆説の日本史　第11巻　戦国乱世編』参照）。

いくら強権を持つ独裁者でも、国民の大多数が反対している戦争は実行できない。アドルフ・ヒトラーもそれは同じで、さまざまな政策あるいは意図的な情報操作および教育によって国民の意識を統一しなければ、戦争を仕掛けることなど不可能なのである（そういう意味で言えば、曲がりなりにも国民の意識を統一している北朝鮮の金正恩《キムジョンウン》は一般的に考えられているよりずっと危険である）。とにかく戦争を仕掛ける以上その国の意識は統一されているから、開戦の段階では「全員反対」では無く「全員賛成」になる。ところが敗戦に終わると「自分がそれに賛成していたという恥」を隠そうとして、「最初から反対だった」などと言い出す。

問題はこの「ウソ」を、近代以前では暴くのが難しいということだ。なぜなら近代以前はインターネットやテレビ・ラジオはおろか、新聞・週刊誌すら無いからだ。手書きの日記や文書しか無く、公式の伝記でも印刷本では無い。つまり修正、改竄《かいざん》は自由自在である。誰だって自分が「勝てない戦争に賛成していた愚か者」とは思われたくない。だから、そのように書かれた文書や記録の類はすべて抹殺する。近代以前はこの「抹殺」が可能なことが肝心だ。近代以後はそれは不可能なのである。なぜなら印刷物として日本国中にバラまかれたものをすべて回収することも、ラジオの録音をすべて消去することも絶対不可能だからだ。そしてインターネット時代になって、ますますこのことは不可能になった。しかし、現代の常識をもって過去を判断してはいけない。近代以前はそうした史料の改竄がきわめて容易だった。だからこそ史料絶対主義は駄目なのだ。秀吉の時代はそれが可能だったから、結果的に「国民はすべて戦争に反対だった」という史料しか残らない。それを絶対的なものとして歴史を分析すれば「井沢元彦は秀吉の侵略戦争に当時の武士たちは大いに賛成していたというが、そんな考えはファンタジー（幻想）に過ぎない（検討するに値しない）」ということにもなる。だが私はそういう愚かな史料絶対主義では無く、人間界の常識に基づいて歴史を分析しているのだ。どちらが正しいかは、いずれ歴史が証明するだろう。

しかし、日本ではまだまだ人間界の常識で判断するという、当たり前かつきわめて有効な方法が「常識」となっていない。だからこそ『少年H』（妹尾河童《せのおかっぱ》著　講談社刊）のような作品がベストセラーになる。これが完全な小説ならば私は何も言わない。小説である以上何を書こうと自由だし、その内容が歴史的事実とそぐわなくとも一向に差し支え無い。フィクションというのはそういうものだからだ。しかし、著者ご本人は自伝的小説だと言っているらしい。「自伝」つまり「伝記」ならば話は違う。それならばノンフィクションであり、ウソは許されないからだ。もっともこの『少年H』については、すでに児童文学者の山中恒《やまなかひさし》・典子夫妻が共著『間違いだらけの少年H―銃後生活史の研究と手引き』（辺境社刊）で徹底的に批判しており、私がその批判に付け加えるべきことはなにも無いし、このことも同じく『逆説の日本史　第十一巻　戦国乱世編』で詳しく取り上げているので、ここでは簡単に述べよう。

『少年H』は戦前育ちの天才的な洞察力を持った少年が、たとえば「ノモンハン事件で日本が負けそうになっているのにドイツはソ連と不可侵条約を結んで裏切った」などと分析し戦争の愚かさを訴える、というストーリーになっている。ご存じのように、ノモンハン事件の敗北は陸軍がひた隠しに隠し海軍にすら知らせていなかった、というのが本当の歴史である。一言だけ『少年H』の作者に言っておこう。「戦争の悲劇を二度と繰り返すまいと私はこの本を書いたのだ。だからそうした批判は受けつけない」というのが作者の姿勢だろう。だが、よくよく冷静に論理的に考えていただきたい。その態度は「聖戦遂行は正しい。だから一切の批判は受けつけない」という戦前の軍部のものとまったく同じではないか。「正義を実行するためなら大本営発表も許される（目的が正しければ手段はすべて正当化される）」という考え方こそ、私は国を滅ぼし多くの国民を殺すものだと考えている。

歴史の分野においては、「話の面白さ」より真実が最優先されることは言うまでも無い。

とくに「秀吉の侵略戦争には国民全員が反対だった」などとする歴史学界の先生方には、ぜひともこの『少年H』(初版本に限る。文庫や映画は内容が一部修正されている)と『間違いだらけの少年H』を併読していただきたい。そして、山中夫妻の他の著作も熟読することをお勧めする。「戦前」と「敗戦後」で人間の態度がいかにころりと変わるか、如実にわかるからだ。合わせて拙著『コミック版 逆説の日本史 戦国三英傑編』(小学館)も読んでいただければ幸いである。この問題について詳しく述べたつもりだからだ。

■国際社会に初めて「人種差別撤廃」を求めた国は大日本帝国だった

ついでにと言ってはなんだが、二〇一九年に放映されたテレビ朝日開局六十周年記念ドラマ『やすらぎの刻《とき》〜道』(倉本聰《くらもとそう》脚本)についても一言感想を述べたい。この作品は現代の「やすらぎの郷《さと》」という芸能人専用の高級老人ホームと戦前の山梨《やまなし》県の山奥の村が交互に舞台になっていて、その山奥の村では大日本帝国の満洲政策そして戦争遂行に翻弄される零細農民たちを描いている。私も毎日視聴していたのだが、ちょっと気になるシーンがあった。それは、主人公の住む農村から国策によって多数の満蒙《まんもう》開拓団が派遣されることになり、主人公の友人たちも満洲へ渡ることになったのだが、目的地はすでに満洲人によって基本的な開拓がなされ、その後に日本人たちが入植すると聞かされた時の主人公の反応である。最初に開拓した満洲人の農民たちを追い払うことになるからかわいそうだ、と彼は考えたのである。問題はこの反応だ。本当に当時の少年、それも少年Hほど天才では無い（笑）山奥育ちの一少年が、そういう感想を抱くだろうか？

　あのころの少年たちは軍国主義の思想統制の中で生きていた。学校では、満洲は大日本帝国が築いた王道楽土《おうどうらくど》（この世の天国）で、五族協和《ごぞくきょうわ》（日本人も満洲人も仲よく暮らしている）と教えていた。一方、マスコミはそうした国策礼賛報道を繰り返し、朝日新聞に至っては読者に歌詞を公募し「東洋平和のためならば　我等がいのち捨つるとも　なにか惜しまん日本の　生命線はここにあり　九千万のはらからと　ともに守らん満洲を」（『満洲行進曲』大江素天《おおえそてん》作詞　堀内敬三《ほりうちけいぞう》作曲）と、満洲を守らなければ日本は滅びる、と散々国民をあおり立てていた。この歌は大ヒットし、あちこちで歌われていた。影響力は甚大である。

　日本の主張がすべて一方的で問題があったわけでは無い。イギリスもフランスも植民地から激しい収奪を繰り返し、白人は有色人種をまともな人間だとは考えていなかった。だから、そうした非白人の盟主として大日本帝国が立ち上がり、彼らを叩き潰すべきだという考えは当然「正義」と受け取られた。多くの人が忘れているのか、それとも戦後教育で故意に無視されているのか、国際社会に初めて人種差別撤廃を求めたのは戦前の日本つまり大日本帝国である。一九一九年（大正8）のことで、これは日本民族の人類に対する大きな貢献の一つと言っていい。具体的には、第一次世界大戦後に構想された国際連盟に対し、その規約に日本が人類史上初めて人種差別撤廃条項を盛り込もうとしたが、アメリカ・イギリスの反対で潰されたのである。イギリスの反対理由には英連邦下のオーストラリアが白豪《はくごう》主義（白人至上主義）の権化だったという事情もあった。当然、日本いや大日本帝国はアメリカやイギリスやオーストラリアを戦争で叩き潰さない限り、人種差別撤廃など永遠に実行できないと思っただろう。そういうことも語らねば、歴史の記述としては公正とは言えない。

ただ『やすらぎの刻〜道』に話を戻せば、これはあくまでドラマであって歴史の記述では無い。確かに主人公が周りの人間とはまったく違う感想を抱くような人物でなければ「ドラマにならない」のかもしれないが、あえて言えばドラマの上で主人公がそうした「洞察」を示すには、視聴者を納得させる「ドラマ上の理由」が欲しいところである。そして『少年H』の轍《てつ》を踏むことだけは避けていただきたいと、個人としては思う。

脚本界の大御所であり大ベテランに対し大変に失礼な暴言になってしまったかもしれないが、その点は深くお詫《わ》びする。だが、せっかくだからもう少し戦中派の方々に「若僧の暴言」を聞いていただきたい。

あなたたちは「飢え」ということを知っているだろう。私は知らない。少なくとも、生まれてから食料が無くて困ったということは一度も無い。しかし、歴史の研究者として「飢え」がどんなにみじめで人間としてもっとも不幸な状態かは知っている。ただ、あくまで机上の書物から得た知識で、実感でも体験でも無い。それを本当に体で知っているのは、あなたたち戦中派のはずだ。今、北朝鮮では多くの国民が餓死しているという。国連の報告だから間違いあるまい。戦前満洲を「王道楽土」と散々持ち上げていた朝日新聞は、戦後は一転して北朝鮮を「労働者の天国」として礼賛していた。それに騙《だま》された多くの人たちが「帰国」したころから国民が飢えていたことは、今では常識である。しかし、そうしたマスコミの礼賛報道によって独裁者の体制は延命し、今も指導者だけがでっぷりと肥って国民は飢えているという状態が続いている。戦中派のあなた方は今の北朝鮮の国民がどういう状態にあるか、実感としてわかるはずだ。始終腹をすかしながら言いたいことも言えず、自分たちの国は世界一で、それは「兵隊さんのおかげです」と信じ込まされて一生を終えるのである。あなたたちの同級生にあたる彼らの大部分は、おそらく生涯「満腹」という言葉を知らずに死ぬだろう。今や世界中のほとんどの国で中身にさえこだわらなければ満腹など「当たり前の幸せ」であることを知らずに、である。

それでもいいのか？

そうなったことについて、あなたたちには重大な責任があるはずだ。

もちろん北朝鮮を戦争で叩き潰すべきだ、とか、北朝鮮を結果的に延命させた言論人を抹殺しろ、などとは言わない。それは平和と民主主義の原則に反する。しかし批判の声を上げることはできるはずだ。戦中派とその悪しき後継者の中には、いまだに北朝鮮礼賛の姿勢を崩さず、たとえば独裁体制を礼賛している朝鮮学校を国費で援助しろなどと主張するマスコミ、言論人がいる。こうした組織や人間のやりたい放題を、なぜ批判の声も上げずに見過ごすのか、私はまったく理解できない。

「暴言」はこれぐらいにして、ウィッテ発言に戻ろう。別に話を逸《そ》らしたつもりはない。戦争というものを理解するには相当な常識と知識が必要であるということ、とくに物事を冷静に論理的に考えられない日本人にとって、戦争の歴史的評価はきわめて難しい課題だということを理解してもらいたかったのである。

では、ウィッテはどうなのか。やはり「後出しジャンケン」つまり「敗戦後の態度豹変」なのか？　それはどうも違うようだ。彼は戦前から日露開戦には反対していた。だからこそ敗戦後、日本との平和交渉で全権大使に任命されたのである。彼の発言は真実ととらえていいだろう。つまり、ニコライ2世の「偏見」が日露戦争を起こした重大な要因の一つであったことは間違い無いということだ。

■「満洲、旅順の次は朝鮮、そして最終的には日本もロシアの餌食に」という恐怖

要するに、大日本帝国とロシア帝国が戦争することになったのは、ニコライ2世が大津事件によって徹底的な日本嫌い、いや日本を憎悪する人間になってしまったことが大きな原因の一つである、ということなのである。

もっとも、こうした見解に真っ向から異を唱える研究者もいる。ニコライ2世の日記を詳細に研究した保田孝一は、その著書の中で次のように述べている。

この日記を見る限り、当のニコライは、大津事件の後でさえも、日本に対して決して悪い印象を持っていなかった。（中略）日露戦争の前にも、戦争中にも、戦後にも、また日露関係が良いときにも悪いときにも同じ調子である。加害者の津田三蔵《つださんぞう》を憎むとか、日本人を軽蔑するようなことは決して書いていないのだ。

（『最後のロシア皇帝　ニコライ二世の日記』保田孝一著　朝日新聞社刊）

この見解が百パーセント正しければ、ウィッテらの「証言」は敗戦責任をニコライになすりつけるためのウソということになるのだが、この問題の最終結論はしばらく措《お》いてお

こう。

日本が日清戦争で清国から獲得した遼東半島を返還せよとの強引な圧力、「三国干渉」の主導者はロシアであった。ところが一方で、ロシアは義和団事件の鎮圧を口実に大軍を派遣し清国の領土である満洲を実質的な占領下に置いた。そればかりか、日本海に「露出」したとは言え、ウラジオストクを得ただけでは不満であると、同じく清国領内の不凍港旅《りょ》順《じゅん》および大《だい》連《れん》を租《そ》借《しゃく》するという掟破りの手段に出た。なぜ掟破りかと言えば、そもそもロシアが三国干渉に踏み切ったのは「清国からむやみに領土を奪うべきではない」という大義名分に基づくものだったからだ。ところが、そういう口実で日本に遼東半島を返還させておきながら、その遼東半島の要衝の旅順・大連を租借という形で実質的に奪ったのである。これが「ロシア帝国の横暴」の中身である。

そして、そのような横暴なロシアが満洲や旅順だけで満足するはずが無い。さらに南下して日本の「領分」である朝鮮半島にも手を出すに違いない、と当時の日本人は考えた。朝鮮半島が制圧されれば次は日本の番である。ロシアによる東京占領だってあり得ない話では無い。現にロシアは野望を貫くために「アムール川の流血」つまり清国人の大虐殺を実行した国ではないか。だから一刻も早くロシアを叩くべきだ、と考えたのが対露強硬派の元老山県有朋や桂《かつら》太《た》郎《ろう》といった面々であった。一方、戦争などしなくても「満韓交換」でロシアと平和共存できるではないか、というのが元老伊藤博文の主張だったが、伊藤を支持する者は政府部内にはほとんどいなかった。現在つまり戦後の日本は「平和国家」になったので山県のような「好戦的」な人間よりも、あくまで平和を求めた伊藤を高く評価する向きがあるが、これは偏見というものだろう。当時は隙あらば弱国を叩いて自国の領土を拡張しようという帝国主義の時代だった。

横暴だったのはロシアばかりでは無い。イギリスはアヘン戦争そしてアロー戦争という理不尽な戦争で中国から香港を奪った。ドイツも自国人の宣教師が殺されたのを理由に軍隊を送って膠州湾《こうしゅうわん》を租借で奪い、フランスも広州湾《こうしゅうわん》を租借した。ドイツとフランスは三国干渉のメンバーである。ロシアと同じく日本には「清国に領土を返せ」と圧力をかけながら、自分たちはちゃっかりと清国の領土を奪っていたのだ。この時期、最初に清国に手を出したイギリスが「おとなしくしていた」のは、ボーア戦争で南アフリカの領土を増やそうとしていたからである。国が大きくなれば当然軍事力も増し脅威となる。ロシアはそれをアジアで実行しようとしていた。それに対して戦うことはまさに自衛戦争でもあるのだ。この時期、欧米列強つまり「キリスト教徒白人連合」は有色人種を「劣等人類」として蔑視していたことも忘れてはならない。

「一刻も早く」というのには理由があった。そもそもロシアの首都モスクワから見ればウラジオストクのある日本海に面した沿海州、渤海《ぼっかい》に面し東シナ海にも出撃できる旅順・大連は東の果て「極東」である。ロシアは西はヨーロッパに、東はアジアにつながるという大国だが、やはり政治的経済的な中心は西のヨーロッパ側であった。軍隊も本軍は西側におり、東側は何かと手薄である。これを一挙に解決する手段があった。西のモスクワから東のウラジオストクまでをつなぐ鉄道を敷設することだ。シベリア鉄道である。

この世界最大の長さ（約９３００キロメートル）の鉄道は、当初モスクワ〜ウラジオストク間では無く、ウラル山脈東側のチェリャビンスクからウラジオストクに至る約七千キロメートルで、単線であった。しかし、ロシアから見ればこれまで陸路を延々と馬か徒歩で横断しなければならなかったのが、兵員でも軍需物資でもいくらでも運べる体制が整ったことになる。一八九一年にこの鉄道は建設が開始されたのだが、ウラジオストクで行なわれた起工式にロシア帝国を代表して臨席したのは皇太子、つまり後の皇帝ニコライ２世その人であった。鉄道は反対側のチェリャビンスクからも工事が進められ、早くも二十世紀初頭の一九〇三年にはほぼ全線が開通した。「ほぼ」というのは途中に巨大なバイカル湖があり迂回するルートを建設するまで、取りあえず連絡船で湖を渡る形にしたからである。しかしこの建設も急ピッチで進み、日露開戦後にはなったが一九〇四年に開通した（次ページ地図参照）。

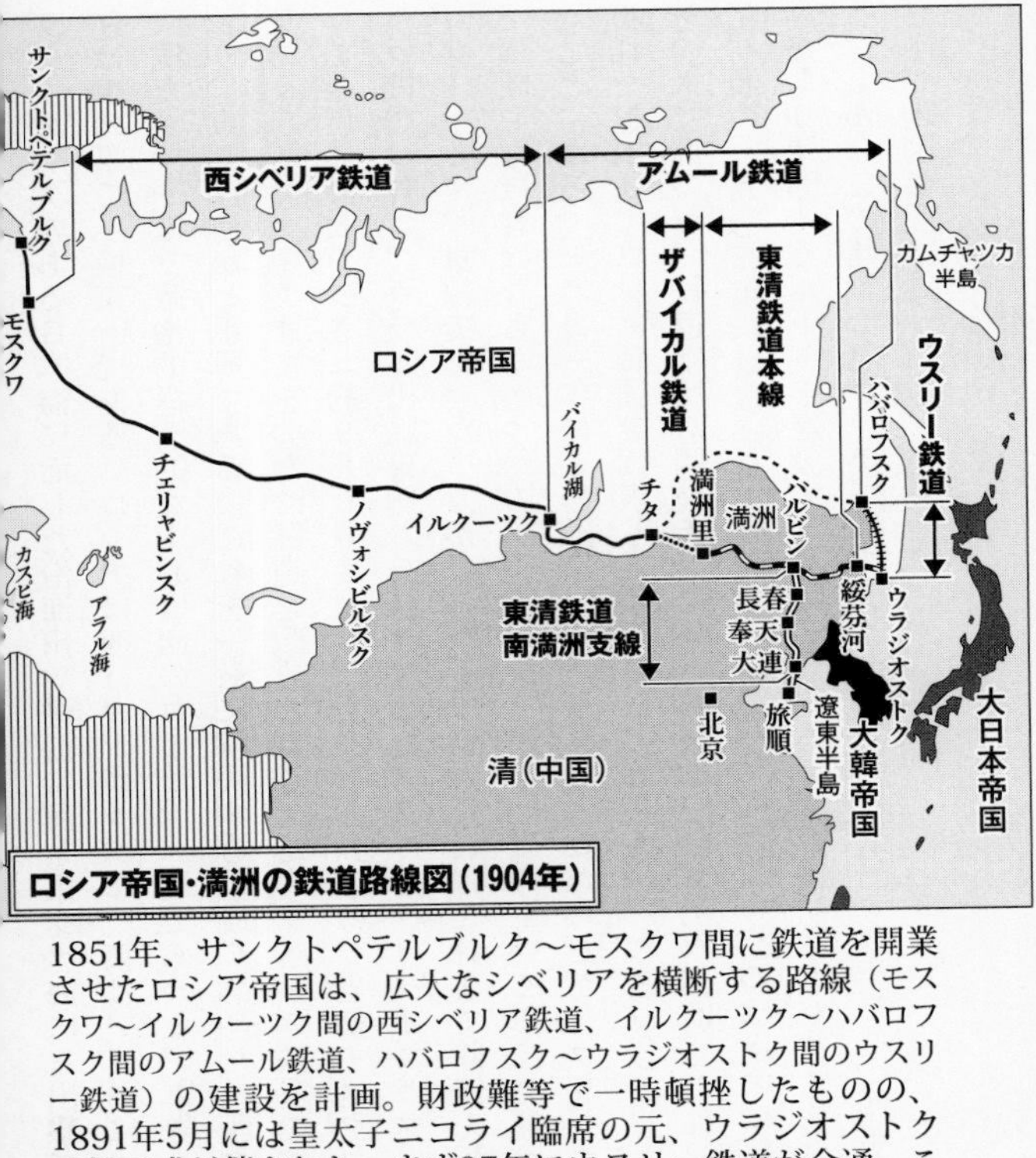

1851年、サンクトペテルブルク〜モスクワ間に鉄道を開業させたロシア帝国は、広大なシベリアを横断する路線（モスクワ〜イルクーツク間の西シベリア鉄道、イルクーツク〜ハバロフスク間のアムール鉄道、ハバロフスク〜ウラジオストク間のウスリー鉄道）の建設を計画。財政難等で一時頓挫したものの、1891年5月には皇太子ニコライ臨席の元、ウラジオストクで起工式が催された。まず97年にウスリー鉄道が全通。この路線が1903年に東清鉄道本線〜ザバイカル鉄道経由でチタまでつながったことにより、シベリア鉄道はいちおうの開通を見た

■「臥薪嘗胆」を合い言葉に戦争準備のための増税に耐えた日本国民

一方で、ロシアは清国内を通過し旅順・大連とシベリア鉄道を結ぶ鉄道まで建設していた。

東清《とうしん》鉄道である。

> 日清戦争後、ロシアが中国東北地方に建設した鉄道。シベリア鉄道に接続する満州《まんしゅう》里《り》・綏芬河（すいふんが）間の本線と、ハルビン・大連間の支線からなる。満州事変後、日本に移譲、のちソ連に移管。１９５２年ソ連から中国に返還され、現在は長《ちょう》春《しゅん》鉄路という。東支鉄道。
>
> （『デジタル大辞泉』小学館刊）

この一部が、日本移管後は南満洲鉄道（満鉄）になる。

それにしても、なぜロシアは清国領土を通過する鉄道を建設することができたのか？

じつは清国とロシアの間に秘密の条約があったのだ。露清《ろしん》密約（露清同盟密約）という。

1896年6月3日、モスクワにおいて清国全権李鴻章《りこうしょう》とロシア外相ロバノフ・ロストフスキー、蔵相ウィッテとの間で調印された条約。(中略)その要点は、(1)日本がロシアの東アジア領、中国、朝鮮を侵略した場合、両国は相互に軍事的援助を行い、単独では講和しない、(2)清国はロシアがシベリア鉄道を黒竜江《こくりゅうこう》・吉林《きつりん》両省を横断して建設することに同意し、その敷設・経営権を露清銀行に与える、(3)条約の期限は15年間、である。(以下略)

(『世界大百科事典』平凡社刊　項目執筆者井上裕正)

これも、義和団事件後の平和交渉と並んで「困った時の李鴻章」(『逆説の日本史　第24巻　明治躍進編』参照)の最後のご奉公と言うべきものだが、注目すべきはこの密約は完全に秘密として守られ、たとえば日露協商路線を推進していた伊藤博文などもまったく知らなかったということである。伊藤は後にウィッテらと会い日露協商交渉を進めているが、ロシアは最後までこの秘密を明かさなかった。実際には対日露清同盟が結成されていたわけで、腹の底で笑っていたかもしれないロシアに伊藤は操られていたというわけだ。

政治家も含めた日本人全般は、この事態をどう見たか？　もう一度言うが、この秘密はバレていなかった。すなわち、日本から見れば清国は何の見返りも無いのにロシアに自国領土内に鉄道建設されている、どうしようもない弱い国ということになる。まさに「アムール川の流血や」を歌った寮歌の歌詞「満清すでに力つき」である。日清戦争後の清国は、かつて勝海舟が期待していたように欧米列強の侵略に立ち向かうよりも、むしろそれと結んで新しい敵である日本と対決する道を選んだのだが、たった一つ確かなことはもう清国（中国）はアジアの盟主では無い、ということだ。まさに「仰ぐはひとり日東の　名もかんばしき秋津島」なのである。

だからこそ、国民は大日本帝国の戦争準備に耐えた。具体的には重税ということだ。陸軍のみならず、とくに海軍は旅順を本拠地とするロシアの旅順艦隊に対抗できる大艦隊を建造する必要があった。のちに聯合《れんごう》艦隊と呼ばれるものだ。だが、ロシア帝国の規模は大日本帝国をはるかに上回る。艦隊も西側のアジアに展開する旅順艦隊だけで無く、東側のバルト海に展開し宿敵トルコをけん制するバルチック艦隊があり、要するに艦隊を「二セット」保持していた。日本はどんなに逆立ちしても「一セット」しか揃えられない。「早い話がロシアが日本に優ること、面積において五十倍、人口において三倍、国家予算において十倍、常備軍において五倍という非常なる差があった」（『日露戦争史１』半藤一利《はんどうかずとし》著　平凡社刊）のである。それでも日本はきわめて短期間に、「一セット」だけにしても軍備を整えた。

そして特筆すべきことはこの間、民衆が重税への不満を訴えなかったということだ。明治初期のころは、地租改正《ちそかいせい》など新しい国家財政のシステムに対し、重税は許さんと庶民が一揆を起こしたではないか。そういうことが日露戦争の直前のこの時期には、まるで無かったのである。

三国干渉以降の日本には、国民の流行語があった。スローガンと言ってもいい。「臥薪《がしん》嘗胆《しょうたん》」である。由来の故事はご存じだろう。耐えに耐えて仇敵に報復するということだ。第二章で述べたが、ある意味では「臥薪嘗胆」の日本的ドラマ化と言うべき講談『(赤穂《あこう》)義士《ぎし》銘々伝《めいめいでん》』を桃中軒雲右衛門《とうちゅうけんくもえもん》が、弟子の牛右衛門《うしえもん》(宮崎滔天《みやざきとうてん》)や後援者のジャーナリスト福本日南《ふくもとにちなん》らの協力を得て完成させたのは、日露戦争開戦直前の一九〇三年(明治36)のことである。教育も文化娯楽も報道も「ロシアの不正義を討つべし」という方向性でまとまりつつあったのだ。豊臣秀吉の「唐入り《からいり》」のところでも述べたように、そうした国民意識の統一が無ければ戦争など実行は不可能なのである。

露清密約をまるで知らなかったにしろ、伊藤があくまで戦争に反対だったのは、「もし負けたらどうなるのだ」という不安が頭を去らなかったからだろう。思い出していただきたい。伊藤はあの幕末の長州《ちょうしゅう》藩で、英米仏蘭の四か国連合艦隊に武器の近代化もせず挑みかかった攘夷《じょうい》に凝り固まった武士たちが、いかに惨憺たる敗北を喫したか、その目で見ているのである。確かにロシア帝国は横暴で不正義だ。だが、相手が悪だからといって「正義は必ず勝つ」わけではない。現にイギリスは「不正義のきわみ」であるアヘン戦争に勝利しているではないか。幕末の混乱を通じて徹底的なリアリストになった伊藤には、まさに攘夷に凝り固まり「外国人は皆殺しにしろ」と叫んでいた長州の武士たちと、「ロシア討つべし」と熱狂している国民が重なって見えたのだろう。

しかし、戦争経験者であり下関《しものせき》戦争の敗北も知っている伊藤の見方がすべて妥当だったかどうかと言えば、もうおわかりのようにそうとは言えない。「ロシアの野望は際限が無い。シベリア鉄道が完全にモスクワまでつながってしまえば、もう日本は絶対にロシアに勝てなくなる」。ならば「清水《きよみず》の舞台から飛び降りるつもりで戦うしかない」。これもお気づきだろうか。じつは一九四一年（昭和16）、アメリカ、イギリスを中心とする、四か国どころではない連合国との開戦に踏み切った、当時の軍部と同じ思考パターンである。ではまったく同じなのかと言えば、決してそうでは無い。そのことはおいおいあきらかにしていくつもりだが、とにかくここで認識していただきたいのは、当時の日本人にとってロシア帝国とは、まさに「二十世紀の東洋」にはびこる「怪雲」そのもので、これを打ち払う他に「東洋平和」を達成する道は無いと、ほとんどの日本人が考えていたという歴史的事実なのである。

■イギリスを味方にして日露戦争を勝利に導いた「ニコポン」総理桂太郎

元老伊藤博文は、同じく長州出身の元老山県有朋とくらべれば「民主的」な政治家だった。確かに憲法問題については、より民主主義的なイギリス流の憲法を排除し君主の権限が強いプロシア流を採用したが、議会は政党政治によって運営されるべきだという信念の持ち主だった。伊藤が初代総理大臣を務めた時は政党内閣では無かったが、その後かつては鋭く対立した大隈重信《おおくましげのぶ》が板垣退助《いたがきたいすけ》と組んで憲政党を組織し選挙で多数派を獲得して内閣総理大臣になった時も、妨害はしなかった。政党政治が定着することを望んでいたからである。ちなみに、この時の内閣（第1次大隈内閣）は大隈の「隈」と板垣の「板」を取って隈板《わいはん》内閣と呼ばれた。これが藩閥内閣に歯止めをかけた日本初めての政党内閣で、一八九八年（明治31）のことだった。ただし、大隈自身は衆議院に議席を持っていなかった。大隈は伯爵で華族であるがゆえに衆議院に立候補することはできなかったからである。この傾向はその後も続き、伊藤は日本の政党政治を推進するために自ら立憲政友会という政党を立ち上げて総裁となり、総選挙に勝利して内閣総理大臣を拝命したが、やはり華族（侯爵）であるため衆議院に議席は持っていなかった。伊藤は初代内閣総理大臣でもあり、政友会総裁になるまで三度内閣の首班となっているが、これは藩閥内閣だった。この時、つまり一九〇〇年（明治33）十月に成立した第四次伊藤内閣が、伊藤としては初めての政党内閣である。日本に政党政治を定着させたいという思いがあったのだろう。そして伊藤はこの時満五十九歳、つまり数え年六十で還暦である。すでに元老の身分でもあるし、これが「最後のご奉公」という感覚もあったのかもしれない。当時の六十歳は、今と違って相当な老年である。また、翌年一九〇一年つまり「二十世紀最初の年」の一月二十二日には大英帝国イギリスの象徴ビクトリア女王が薨去《こうきょ》し、逆に日本では四月二十九日（現在は「みどりの日」だが、昭和天皇在世中は「天皇誕生日」であった）に、後に昭和天皇となる裕仁《ひろひと》親王が生まれた。時代は十九世紀から二十世紀に入ったのである。伊藤には、時代の変わり目であるという深い感慨があったはずだ。ともあれ、この内閣は一年続かず、伊藤自身の総理大臣辞任をもって終止符が打たれた。政党嫌いの山県からさまざまな妨害工作を受け嫌気が差したという見方もあるが、とにかく伊藤は辞任し伊藤内閣は崩壊したのである。

その後を受け継いだのは、山県の直系で同じ長州出身の陸軍大将でもある桂太郎だった。組閣当時の一九〇一年（明治34）、桂は満五十三歳だったから若返りと言えるかもしれないが、桂は山県の「傀儡《かいらい》」であるというのは世間一般の常識で、閣僚にも山県系の人材が選ばれた。この男、山県有朋や伊藤博文にくらべれば知名度は低く、その歴史上の行動もあまり深く認識されていないが、じつは日本近代史に決定的な影響を与えた人物である。戊辰《ぼしん》戦争に従軍した後にドイツに留学し、陸軍の基礎を築いた山県を助けて参謀本部を独立させた。日清戦争でも軍功を挙げて子爵となり、台湾総督にも任ぜられた。その後、軍政畑の重鎮である山県の意向の下に陸軍大臣として山県内閣や伊藤内閣にも入閣した。特筆すべきは、先に述べた隈板内閣にも入閣したことだ。政党政治嫌いの山県の「子分」が、なぜ日本で初めての政党内閣である隈板内閣に入閣したのか？　じつはこれには裏があった。「大隈内閣にたいしては閣僚として内部からの瓦解をはか」ったのだ（『世界大百科事典』平凡社刊「桂太郎」より一部抜粋。項目執筆者由井正臣《ゆいまさおみ》）。つまり、山県の「イヌ」だったのである。その後の経歴は次のようなものだ。

（前略）また1900年の義和団事件では中国出兵を積極的にすすめ、列強の仲間入りを果たした。これらの活動を通じて桂は単なる軍人から長州閥の嫡子としての政治家に成長した。01年5月第4次伊藤内閣総辞職のあと後継首班におされ、山県系官僚を網羅して内閣を組織した。政綱に日英同盟締結の方針をかかげ、02年1月これを実現し、内閣の威信を高めた。その後日露関係の切迫するなかで、03年6月対露方針を決定、内閣を改造して開戦外交を展開、04年2月の日露開戦後は戦争遂行に全力を傾けた。(中略) 07年には日露戦争の功により侯爵となり、翌年には西園寺内閣のあとをうけて第2次桂内閣を組織し、対外的には10年に韓国を併合、その功により公爵に陞爵(しょうしゃく)、対内的には社会主義・無政府主義者を徹底的に弾圧し、大逆事件では幸徳秋水ら12名を死刑に処した。11年首相を辞任し元勲優遇の詔勅をうけ元老となった。(以下略)

(引用前掲書)

おわかりだろう。後に述べることになるだろうが、大日本帝国の歴史的分岐点と言える日韓併合には元老伊藤博文は消極的であった。その伊藤が朝鮮人テロリストに暗殺されたことをきっかけに強引に併合を推し進めたのは、桂なのである。この功績で桂は華族としては最高の公爵になった。「親分」の山県と並んだのである。一方で大逆《たいぎゃく》事件の直接の責任者でもある。桂にとって大恩人の山県は当時としては超高齢の八十三歳まで生きたが、晩年の山県に対し桂はしばしば軽視する行動をとったという。また、桂の仇名は「ニコポン」であった。誰にでもニコニコと笑いかけ肩をポンと叩いて「頼むぞ」などと言ったからだ。このあたりで豊臣秀吉を連想するのは私だけではあるまい。もちろん、それは『太《たい》閤記《こうき》』に描写されているような「立身出世の神様」というよりは、大恩人織田信長《おだのぶなが》の死をいいことにその息子たちを蹴落として天下を奪った、実際の秀吉である。秀吉も「人たらし」で有名であった。

だが、それでも桂が、まさに秀吉のように政治家として軍人として優秀であったことは紛れも無い事実である。有能な人物でなければ国運を賭けた戦争で日本を勝利に導くことはできない。日本がロシアに勝つための最低条件が、イギリスの支持を取り付けるということであった。軍事面もそうだが、当時イギリスは世界一の経済大国であったことも忘れてはいけない。戦争となれば膨大なカネを必要とする。すでに国民に重税を課している日本にとって、残りの資金は海外の援助に頼るしかない。イギリスにそっぽを向かれたらそんなことは不可能である。

情報戦略の点でも、イギリスは他の欧米諸国とくらべて一歩も二歩も先を行っていた。イギリスのクオリティ・ペーパー（庶民では無くエリートの読者が多く、国の動向を左右する情報を与える新聞）『タイムズ』は世界一の国家であるイギリス国民の動向を決める指針であり、同時に世界の世論の形成にも寄与していた。幕末、多くの長州人そして日本人がイギリスを含む西洋諸国の人々にテロを次々に仕掛けていた時代、『タイムズ』は日本の将来性を高く評価し日英同盟の可能性すら予見していたこと（『逆説の日本史　第20巻　幕末年代史編Ⅲ』参照）を思い出していただきたい。この時点でイギリス人は、同胞を何人も攘夷を叫ぶ武士、つまり日本人テロリストによって殺害されているのである。通常なら絶対に手出しをすべきではない公使館もテロの対象になっている。後に内閣総理大臣となる伊藤博文ですら、英国公使館焼き討ち（正確には建設現場焼き討ち）を実行しているのである。そういう状況では、日本の新聞なら「被害者の立場に立つ」などと称し感情的な非難を繰り返すばかりだろう。残念ながらイギリス人は報道という分野において、あるいは歴史分析という分野において、日本人よりはるかに能力が高いと認めざるを得ない。

そのイギリスを代表する通信社がロイターである。新聞は基本的に自国が守備範囲で外国に支局や特派員を置く場合もあるが、全世界はとてもカバーできない。そこでそうした新聞などのマスコミに対して情報の収集および提供を業とする組織ができた。これが通信社であり、ユダヤ系ドイツ人のポール・ジュリアス・ロイターが日本の明治維新前の一八五一年に創立したものだ。言うまでも無く、「情報は力」である。最近の研究で、すでに日清戦争のころから日本は外交官青木周蔵《あおきしゅうぞう》をとおしてロイター通信と深い関係を持っていたことがわかった。こういう情報戦略が苦手なのが日本人の弱点なのだが、さすがに幕末という「戦国時代」を切り抜けてきた日本人は他の時代の日本人とはひと味違うようだ。日本はイギリスを味方にすると同時にロイター通信も味方に引き込むために常々努力していた、と評価していいだろう。

■「火中の栗」を拾い帰国した小村寿太郎を守った桂の「男気」

さて、優秀な政治家の条件に「人事が上手」というのがある。織田信長、豊臣秀吉を見れば一目瞭然だろう。内閣総理大臣となった桂太郎は外務大臣に小村寿太郎《こむらじゅたろう》を迎えた。小村は山県、桂と同じくイギリスと誼《よしみ》を通じロシアに武力で対抗すべきという論者であったと同時に、当時の外務省ではもっとも優秀な外交官の一人と目されていた人物であったからだ。

小村は一八五五年（安政《あんせい》2年）日向《ひゅうが》国飫肥《おび》藩の藩士の子として生まれた。桂よりは七つ年下ということになる。長崎で英語を学び文部省から特別留学生に選ばれて渡米し、ハーバード大学に入学。優秀な成績で卒業した。大学では法律を学んだので帰国後は一時外交官では無く裁判官の道を歩んだが、おそらく英語能力を買われたのだろう、外務省に転じ、そこで陸奥宗光《むつむねみつ》の知遇を受けて日清戦争直前期、清国代理公使を務めた。日清戦争をサポートし、駐米、駐露、駐清公使を歴任し、義和団事件解決のための国際会議には日本全権として出席した。言わば日本の国権を拡張することに尽力したわけだが、その理由は一刻も早く大国となって不平等条約改正をめざすためであったようだ。日露戦争後の話だが、小村は桂の韓国併合路線を積極的に支持し、関税自主権の回復にも成功しているからである。法律家から外交官に転じたのも、そもそも条約改正を自らの手で達成しようと考えたからかもしれない。小村の身長は五尺（約150センチメートル）そこそこで当時の日本人の中でも低いほうだったが、各国の外交官からもその能力は高く評価されていた。

これも日露戦争後の話だが、小村はロシアとの講和条約（ポーツマス条約）を結ぶためにアメリカに赴いた。これは「貧乏くじ」であり「火中の栗を拾う」ことであった。なぜなら日本は勝つには勝ったが、もう戦争を続ける能力は無くロシアはそれを見透かしていたからである。小村は日本のために、大衆から見たらきわめて不利な条件で講和条約を結ばなければならなかった。もちろんそのことは優秀な外交官である小村にはじゅうぶん予測できたことだが、国のためにあえて損な役目を引き受けたのである。詳しくは後に述べることになるが、国民は真相つまり「日本に継戦能力無し」を知らされていなかった。だから、ロシアに安易な妥協をしたとして小村を激しく非難し、暗殺を狙っている者すらあるという噂が流れた。そこで帰国した小村を迎えた桂と海相の山本権兵衛《やまもとごんべえ》は両脇にピタリと寄り添い、自分たちの体を盾に小村を守った。桂という人物、私はあまり好意を持っていないが、こういうところはさすがである。秀吉もそうだったが、「ニコポン」だけでは天下は獲れない。やはり男気も必要だということだろう。

要するに、この年誕生した第一次桂内閣は日露戦争に「シフト」した「戦争内閣」であったということだ。少し時がさかのぼるが、桂内閣発足後わずか一か月後の一九〇一年（明治34）七月、日本のイギリス公使館からきわめて重要な情報がもたらされた。日本の林董《はやしただす》公使に対しイギリスのヘンリー・ランズダウン外相が、朝鮮における日本の利権は、（ボーア戦争で獲得した）トランスバールにおけるイギリスの利権と同じものだ、と語ったというのである。言うまでも無くこれは外交的なサインと受け取るべきで、イギリス側が日本と軍事同盟を結んでもいいと示唆したということだ。

その報告を受けて、桂は直ちに元老たちへの根回しを始めた。日英同盟に最初から乗り気の山県には必要無いが、むしろ日露協商を推進したいと考えている伊藤を説得してからことを運ばないと、せっかくの方向性が潰される可能性があるからだ。

しかし伊藤はあくまで戦争に反対で、日英同盟に難色を示した。

■「栄光ある孤立」を捨て日本を対等のパートナーとして選んだ大英帝国の思惑

ちょうど、アメリカのエール大学から名誉学位を贈るという話があり洋行の準備を進めていた伊藤博文は、この際ロシアの首都サンクトペテルブルクに立ち寄ってウィッテらと協商の可能性を探りたいと言い出し、九月になって日本を出発した。

日英同盟を推進したい桂太郎首相にとっては、体制を固める好機である。話は前後したが、桂がそれまで外交官であった小村寿太郎を外務大臣に抜擢したのはこの時である。イギリスはこれまで、「栄光ある孤立」などと称して他国との軍事同盟には消極的だった。そんなことをしなくても大英帝国は独立してやっていける、というプライドあってのことだ。しかしボーア戦争にはほとほと手を焼き、その結果アジアをロシアの思いどおりにさせてしまった。ロシアは完全な占領という形では無かったが満洲を勢力下に置き、喉から手が出るほど欲しかった旅順、大連という、艦隊を太平洋に展開できる不凍港を獲得した。そしてシベリア鉄道と東清鉄道の建設およびその連結をもって、ヨーロッパ側からこの地へ兵力を送れる体制を築きつつあった。このまま放っておけばロシアは大英帝国にとってきわめて危険なライバルに成長し、アジアの利権、とくに中国に対する権益がすべて奪われかねない。

そこでイギリスが、アジアにおけるパートナーとして注目したのが日本だった。明治維新のころはまったく列強に対抗できなかった軍事力も、日清戦争で清国を圧倒できるほどの成長を遂げたし、何よりも義和団事件で日本軍がロシアとは違う信義を各国に示したのも大きかった。つまり、「日本は信頼できる」ということだ。アジアに展開している国としては他にフランスとドイツがあったが、フランスはロシアと固く結んでおり、ドイツとは利害関係が対立する部分があって同盟しにくい。しかし、ヨーロッパ側に一切軍を展開していない日本なら、そうしたしがらみが無い。だからこそイギリスのほうから日本に同盟を組まないか、というアプローチがあったのだ。とにかくロシアのこれ以上の勢力拡大を抑えること、それはイギリスにとっても日本にとっても共通の利益である。

伊藤が外遊を楽しんでいる間に、桂、小村コンビはイギリス公使の林董と緊密な連絡をとって日英同盟の交渉を進めていた。ひょっとしたら、なぜ日本側の代表は「公使」であって「大使」では無いのか、と思われる向きがあるかもしれないので説明しておこう。じつは日本は、イギリスにもアメリカにも「大使」を置けない。幕末以来の課題である不平等条約によってそれが認められていないのだ。つまり、欧米列強にくらべて一段「格下」ということである。外交官であった小村寿太郎がそのことを無念に思っていたことは容易に想像ができる。

しかし、いくら桂首相が元老山県有朋の了解を得ていたとしても、同じく元老の伊藤博文の意向は無視できない。伊藤はそのころアメリカからヨーロッパに渡りロシアに向かう途中パリに滞在していたが、ある程度日英同盟の形ができた段階で林公使はロンドンから報告に赴いた。もちろん、桂・小村コンビの意向を受けてのことである。「あの爺《じじ》い、うるさいから、情報は耳に入れておけ」といったところだっただろう。あるいは、もうここまで日英同盟の話が進んだのだから日露協商のほうは断念してくれ、ということだったかもしれない。しかし、伊藤も元老としてのプライドがある。ロシア行きの方針は変えずにサンクトペテルブルクに向かった。慌てたのは桂である。伊藤の行動をイギリスは、日本は日英同盟と日露協商の二股をかけているように見るだろう。せっかくイギリスは日本を「信義ある国」と評価してくれているのに、これではすべてぶちこわしになる。そこで桂は、「伊藤公の訪露はあくまで一私人としてのものである」とイギリス政府に弁明しなければならなかった。イギリスは逆にそうした二股外交が得意な国である。だから桂の言い分をあまり信用しなかった。どう考えてもこの時期、日本の元老の中でもっとも明治天皇に信頼されている伊藤が、わざわざロシアを訪ねるのはおかしいからである。本当に日英同盟を望んでいるのなら、たとえ一私人の行動であれ自粛するのが筋だろう、と外交巧者のイギリスは考えたのである。実際にはそれは「元老のプライド、伊藤のわがまま」だったのだが、イギリスはそんなこととは夢にも思わず、逆に深読みをした。日本側は本気でロシアとイギリスを両天秤にかけ、日英同盟が上手くいかねば直ちにロシアと協商を結ぶつもりではないか、と考えたのである。そう考えるなら、一刻も早く、しかも日本が乗り気になるように有利な条件で、日英同盟を結ぶことがイギリスにとって最大の利益になることになる。皮肉なことに、伊藤の行動は日英同盟を促進させる結果となった。結果的に交渉は半年近くにおよんだが、一九〇二年(明治35)一月三十日、ロンドンにおいてイギリスのヘンリー・ペティ・フィッツモーリス（第5代ランズダウン侯爵）外相と日本の林董公使との間に同盟条約が調印された。まず冒頭に「日本とイギリスはひとえに極東における現状および平和の維持を希望し、清帝国、韓帝国の独立と領土保全を維持すること。両国において各国の機会均等を保全する」という趣旨の前文があり、全部で六条の条文がそれに続いている。第六条は、取りあえずこの協定は五年間有効である、という期間を定めたもので、第一条から第五条はわかりやすく述べれば次のような内容になっている。

第一条　日本は清帝国および韓帝国に有する、イギリスは清帝国に有する権益が、他国の侵略的行動および内乱によって「侵迫」された場合は、日英両国はそれを擁護するため必要欠くべからざる措置（軍事行動）をとる。

第二条　もし日本あるいはイギリスが第一条にある権益を守るため他国と戦争におよんだ時は、もう一方の国は厳正中立を守り合わせて他国がこの戦争に加わることを防止するよう全力を注ぐ。

第三条　もし日本があるいはイギリスがこの目的で複数の国と交戦する場合は、もう一方の国は戦闘に参加する。

第四条　日本およびイギリスは、いずれも協議をせずに第一条にいう利権を害する協定を他国と結んではならない。

第五条　日本およびイギリスは、第一条にいう利権が侵される危険を感じた時は直ちにもう一方の国に通告しなければならない。

文中、韓帝国とあるのは朝鮮国が日本の強い影響を受け、ついに一千年以上続いた中国の冊封《さくほう》体制から脱却し、国号を大韓帝国に改め朝鮮国王高宗《コジョン》が皇帝に即位したからである。もはや中国皇帝の家臣である朝鮮国王ではないぞ、ということだ。そして、それまで中国に遠慮して立てていなかった独自の元号も定めるようになった。もちろん、これも日本を見習ったものだ。「国王」と名乗っている間はそういうことはできない。つまり、東アジアにおいて国家元首が「皇」の字を用いることは中国からの独立を意味する。だから日本もこの時代、高宗のことはちゃんと皇帝と呼んで尊重した。また、正式な場所では彼らの国家のことを大韓帝国と呼んだ。ところが現代の韓国は、いまだに天皇のことを「日王」と呼ぶ。中華人民共和国ですら天皇と呼ぶのに、じつに失礼な態度である。何が何でも韓国を擁護する日本の一部のマスコミ、文化人、大学教授はこのことをどう考えるのか、ぜひ見解を表明していただきたい。

■日英同盟前文に盛り込まれていたアメリカへの「配慮」とは？

さて、話を日英同盟に戻そう。この日英同盟には公表されなかった密約もついていた。それは海軍同士の連携を定めたものだったが、その後日本とイギリス双方の海軍担当者が協議した結果、イギリス艦隊がアジアにおいて日本艦隊を支援するという形は取らないことが決まった。つまり、日本海軍はイギリスと同盟は結んだとは言え、独力でロシア艦隊を相手にしなければならなくなったのである。

そもそも条文をもう一度読んでいただければわかるが、この同盟は日本がロシアに宣戦布告したところで、直ちにイギリスが参戦してくれるわけではない。ただ、フランスやドイツがロシアとともに日本と戦うという形にならないように、外交によるけん制など最大限の努力をする、というだけだ。もちろん、それでもフランスやドイツが参戦するならイギリスが相手になるということだから、この両国に対する「抑止力」にはなるし「三国干渉」の防止にもなるが、結局日本は単独でロシアと戦わなければならないのである。

以上のことを頭に置いて、教科書にも載っているあの有名なジョルジュ・ビゴーの風刺画（次ページ参照）を見ると、じつに的確にポイントをとらえていることがわかるだろう。タイトルは「火中の栗」。栗を焼いているのはロシアで、日本（少年）に取ってこいとけしかけている（自分は一緒に行かない）のがイギリス、その後ろに立って様子を見ているのがアメリカである。アメリカは南北戦争という内戦があったこともあり、中国への進出が遅れた。気がついた時はヨーロッパ列強が中国を「分割」していた。それに対して一八九九年（明治32）、アメリカは国務長官ジョン・ヘイが「清国における通商権などを平等とし、各国が機会均等で活動できるべきだ」という「門戸開放（機会均等）宣言」を出した。早い話が「オレも仲間に入れてくれ」ということであった。このころ、アメリカは日本に少なからず好意を抱いており、半世紀後に双方が憎しみ合って戦う（太平洋戦争）ことなどまったく考えられない状況だった。だからこそ日英

パリ生まれのジョルジュ・ビゴーは、日本美術研究のため来日し陸軍士官学校の画学教師を務めた。だが、日本人を辛辣に風刺する作品を発表して当局にマークされるようになり帰国した。上は日英同盟締結当時の極東の利権情勢を風刺した傑作『火中の栗』（写真提供／Alamy/アフロ）

同盟の前文は、このアメリカの「門戸開放宣言」に配慮した内容になっているのである。

ビゴーの風刺画でわかるように、日本は英米両国にくらべればまだ「子供」だった。それでも、いや、それだからこそ、この日英同盟締結は日本にとってきわめて大きな喜びであった。「栄光ある孤立」を続けてきた世界一の国家大英帝国が、日本を対等のパートナーとして選んだということだからだ。

この時は誰一人として心から喜ばなかった者はあるまい。あの時代の日本と英国では、全く提灯に釣鐘という縁組だった。(中略)それが公表せられて、日英の国旗が見渡す限りの家々の門口に交叉してかけられた日の愉快さは、どんなだったろう。私たちはまだ、ほんの学生で外交のことも何もよくは解らなかったけれども、それでも晴々した心持ちと、いい後楯を得たという安心とが出来た。

(『明治大正見聞史』生方敏郎《うぶかたとしろう》著　中央公論新社刊)

すでに述べたように、「二十世紀になる怱々《そうそう》」に皇孫殿下(裕仁親王。後の昭和天皇)の誕生もあった日本である。本当に「新しい世紀がきた」という感慨を多くの国民が抱いたということだ。しかし、「アムール川の流血」という「暗雲」もある。これは一刻も早く取り除かなければいけない。なぜなら、シベリア鉄道が西から東につながってしまえばロシア帝国は大変な脅威になるからだ。では、日本は日英同盟締結に成功したことによって一気にロシアとの戦争の道に進んだのかと言えば、じつはそうではなかった。

当時の日本人の考え方を一言で言えば、「イギリスが日本の味方についた。これでロシアもこれまでのような横暴な振る舞いはできまい」ということだった。つまり、「戦争の危険は回避された」というのが、意外なことに多くの国民の実感であった。一刻も早くロシアを叩くべきだ、という元老山県有朋、首相桂太郎、外相小村寿太郎の思いとはまるで反対の方向に世論は向かっていた。

要するに、ロシア帝国が本来は清国の領土である満洲を完全に支配してしまうこと、これが日本にとって最大の「暗雲」であった。そうなれば、次は朝鮮いや大韓帝国、そして日本がロシアの餌食になる可能性が高まるからである。ところが、この日英同盟締結の二か月後、ロシアと清国は新しい条約を結んだ。なんと、それは「ロシアは段階的に満洲から撤兵する」という内容のものであった。それならば、日本の「暗雲」は血なまぐさい戦争におよばなくても打ち払われることになる。日本国民は「これも日英同盟のおかげだ。日本の外交的勝利」だと狂喜乱舞した。

ところが――。

■「宗教」を無視した日本歴史学界の考察は世界に通用しない

さて、これまでの流れを少し整理しておこう。

日本の明治維新の目的は、イギリスなど欧米列強の「食い物」になった清国(中国)の二の舞を踏まないように、国家を西洋近代化して欧米の植民地にされない強い国家を造ることだった。そのために最大の障害となったのが、朱子学である。朱子学は「孝(先祖への忠誠)」を何よりも重要なものと考えるため、祖法(先祖の決めたルール)をきわめて重視する。だから中学生でも理解できるはずの「火縄銃を捨てて連発銃にする」ことができない。これが決定的に不可能だったのは中国・朝鮮つまり清国であり朝鮮国であり、日本にもせっかく島津斉彬《しまづなりあきら》が造った最新式のライフルを廃棄処分にしてしまうような朱子学の狂信者がいたが、幸いにも「朱子学では戦ができぬ」と言った高杉晋作《たかすぎしんさく》や勝海舟、坂本《さかもと》龍馬《りょうま》のように朱子学を脱却した柔軟な頭脳の持ち主がいたために、黒船来航から十五年かかったものの、なんとか明治維新という西洋近代化を実現することができた。ちなみに清国や朝鮮国は、国家の官僚をすべて科挙《かきょ》という「朱子学の試験」で選ぶ中央集権の国家であったため、高杉や坂本のような自由な考えの持ち主が幕藩体制という地方分権の中で活躍するという形が作れなかった。勝が理想としていた東アジアの日本、中国、朝鮮の三国が一体となって欧米列強に対抗するという路線が上手くいかなかったのも、そのためである。

それどころか、あまりにも中国・朝鮮の「朱子学中毒」がひどかったため、絶望した勝のライバル福澤諭吉は『脱亜論』を書いて欧米列強の仲間入り（脱亜入欧）をして国力を拡張していくしかないと日本人に呼び掛け、明治の日本は結局これを国是（国の大方針）として採用した。その結果が日清戦争であり、日露戦争をはさんで韓国併合につながっていくわけである。日本の独立を保つためには、ロシアがさらなる大帝国に成長し満洲を完全に勢力下に置くことを断固として阻止しなければならなかった。満洲が完全にロシアの「領域」となれば、次にその魔手は朝鮮そして日本に伸びてくるに違いないからだ。しかし、単独では日本の十倍以上の国力を持つロシアに対抗できない。どうするか悩んでいるところに、イギリスが手を差し伸べた。イギリスもロシアがヨーロッパからアジアにまたがる大帝国になることは望んでおらず、それを少しでも阻止できるならば日本と同盟をしてもいい、と考えたからである。日本は、世界一の国家イギリスが日本を対等な軍事同盟の相手として選んでくれたことに狂喜した。しかし、その日英同盟が直ちにロシアと戦うという選択肢につながったのでは無く、むしろこれでロシアとの決定的な衝突が避けられると多くの日本人が考えた、というところまで書きつづってきた。

これから先のことを少し述べておくと、日本は日露戦争を決断し、激戦の末に満洲からロシアを追い払うことに成功するわけだが、その結果「満洲は日本の生命線」という意識が日本人の間に高まり、言わば日本の「外堀」である満洲だけで無く「内堀」とみなした朝鮮国を何とか日本の領域に加えなければいけないという強迫観念にとらわれるようになった。その結果韓国併合を行ない、さらには傀儡国家である「満洲国」を建国して中国から領土を奪うという方向に進むことになる。そして、その満洲に対するこだわりが国際連盟脱退、日独伊三国同盟、最終的には英米など連合国との戦争につながっていくことになる。

この『逆説の日本史』シリーズの愛読者には周知のことであろうが、私がなぜプロの歴史学者でも無いのに日本の通史を書いているかと言えば、日本歴史学界の学者の方々ほとんどすべてが宗教を無視して歴史を書いているからだ。日本人には日本人独自の宗教がある。もっとも、キリスト教やイスラム教と違い非常にわかりにくいのは事実であるし、時代によってもかなり傾向が違う。たとえば、江戸時代はあきらかに朱子学の時代である。そして宗教（この場合は朱子学）の影響を無視して歴史を語るなど、世界中どんな国でも行なわれていない方法論である。それでは歴史の実態はつかめない。現に「島津斉彬のライフルが廃棄された」という歴史的事実は、朱子学の影響以外では絶対説明できない。にもかかわらず、これまでの歴史学はそれを無視してきた。単なる「保守派」あるいは「愚か者」の行動として片づけてきたのだ。だから、西洋近代化しなければ国は亡びるという明確な現実を目にしながら、なぜ日本では明治維新達成に十五年もかかり、中国や朝鮮ではついに自力で西洋近代化できなかったのか、ということについても説明しない。無視しているのである。それでは歴史の解明にならない。事実の羅列に終わってしまうだけだ。

最近、『それでも、日本人は「戦争」を選んだ』（加藤陽子《かとうようこ》著　朝日出版社刊）という本を読んだ。すでに名著という定評があるらしく、私もこの本に多くのことを教えられた。その学恩については深く感謝の意を表したい。ちなみに、著者は東京大学大学院教授でバリバリの歴史学者である。ただし、残念ながら従来の歴史学者と同じで宗教を無視して近代史を考察している。そう言うと加藤教授は、「いや、私はきちんと宗教的要素も把握している」と答えるかもしれない。確かに、この著作には次のような一節がある。

日本古来の慰霊の考え方というのは、若い男性が、未婚のまま子孫を残すこともなく郷土から離れて異郷で人知れず非業《ひごう》の死を遂げると、こうした魂はたたる、と考えられていたのですね。（中略）鎮《しず》まるべき条件を欠く、戦によって亡くなった者の魂は、後世にたたりをなす御霊《みたま》となる、との折口の考えは、普通の人々にも確かに共有されていたことは、次に引く例からもわかります。

文中「折口」とあるのは、言うまでも無く民俗学者にして歌人の折口信夫《おりくちしのぶ》（釈迢空《しやくちようくう》）のことで、「次に引く例」とは、ある父親が外地で戦死した息子の骨を拾ってやらなければ親として気が済まないばかりでなく、天の道理にも反すると考えていた、というものである。しかし問題は、加藤教授がこの「信仰」に触れたのは「太平洋戦争が、日本の場合、受け身の形で語られることはなぜ多いのか」つまり、なぜ日本人は加害者では無く被害者としての意識が強いのか、という疑問に対する考察としてである。逆に言えばそれだけでしかない。つまり、この本の帯にある最大のテーマ〈普通のよき日本人が、世界最高の頭脳たちが、「もう戦争しかない」と思ったのはなぜか？〉という部分には、こうした宗教的視点からの考察がまったく無いのである。大変もったいないことであるし、さらに言えばこの本は世界に通用しないだろう。これを読んで加藤教授は怒り心頭に発し、「素人が何を言うか！」と叫ぶかもしれない。だが、これからなぜ私がそう思うか論理的に説明するので、どうか冷静に聞いていただきたい。

■非合理な戦争を続け戦後も「憲法九条」を変えられない日本という国の「論理」

まず最初に、お読みいただきたい新聞記事がある。つい最近と言ってもいい二〇一九年の八月十二日付『中日新聞』の朝刊に記載された古賀《こが》誠《まこと》元自民党幹事長のインタビュー記事である。この記事の見出しに「憲法9条は世界遺産」とあるように、古賀元幹事長は絶対に九条を変えるべきではないという意見の持ち主で、その理由について次のように述べている。

「改憲議論はしっかりやらないといけない。戦後七十四年たち、見直さなければならないものもあるかもしれない。現行憲法で守るべきは九条。とりわけ立憲主義と平和主義。国民の中で、自衛隊を違憲だと言っている人がいるのか。災害などで出動する隊員に国民は感謝している。あえて憲法に書く必要性が本当にあるのか（以下略）」

発言のほんの一部分だが、スタンフォード大学で研究員もやっていたという加藤教授にちょっと想像していただきたい。これをそのまま英語に訳してアメリカの学者に見せたらどういう反応が返ってくるか、である。おわかりだろうか。これが「世界に通用しない」

ということである。なぜなら、古賀元幹事長のこの発言は論理的に完全に矛盾しているからだ。立憲主義とは何か？　国家権力が勝手なことをして国民の権利を侵害しないように、明文化された憲法でコントロールするということだろう。自衛隊は英語ではJapan Self-Defense Forces。直訳すれば「日本国防軍」であり、国民の権利や自由をもっとも侵害する可能性のある軍隊を憲法で徹底的に縛り、国民を守るのが立憲主義である。つまり、立憲主義を守ると言いながら自衛隊を「憲法に書く必要」は無いと言っている古賀元幹事長の言葉は、世界のどの国でも一年生議員ならともかく、ベテランの政治家としては絶対にあり得ないものなのである。本当に立憲主義と言うのならば、直ちに「自衛隊を廃止せよ。現行憲法は戦力を一切認めていない」と言うべきだし、それでは国民の安全を守れないと思うならば、「九条は改正し自衛隊を憲法に明記すべきだ」と言うべきなのである。論理的にはこれ以外の態度は考えられない。

しかし、日本の現状はそうでは無いということをこの記事は示している。この発言がそのまま記事になったということは、記者も「先生、その発言は論理的におかしいですよ」と言わなかったということだ。つまり日本人にとっては、この「非論理」のほうが常識だということである。こういう状態を「宗教」と呼ぶ。具体的には、論理的にはあり得ないことを主張することだ。

ここで、古賀元幹事長にも一言申し上げたい。あなたの発言を茶化そうなどという気持ちは毛頭無い。私もあなたの指摘する次のような歴史的事実は、きわめて重要だと考えている。

「先の四年間の戦争で三百万人が犠牲になったが、大半が最後の一年間で亡くなった。（中略）私の父もだ。まさに政治の貧困。あそこでやめていれば原爆も東京大空襲も沖縄戦もない」

（引用前掲紙）

まさにそのとおりなのである。では、なぜ敗色濃厚なのにやめられなかったのか。これは加藤教授の〈普通のよき日本人が、世界最高の頭脳たちが、「もう戦争しかない」と思ったのはなぜか？〉という疑問にも通じる問題提起である。「政治の貧困」と言えばわかったような気になるが、それでは完全な説明にはならない。当時の政治家が「愚か者」だったとしているだけだ。また、加藤教授は前出の著書でさまざまな国際情勢や日本の政治状況や国内事情などを分析し原因としているが、それでもなぜあんな非合理なことをしたのか、つまり開戦したこと、そして敗色濃厚になっても戦争をやめなかったのか、それらのことについての完全な説明になっていないと私は思う。

もうおわかりかもしれない。日本人はなぜ戦死者の遺骨収集にこだわるのか？　加藤教授が正しく指摘しているように、それをしなければ「天の道理」に反し、死者が「祟《たた》る」と考えたからである。

では、なぜ多くの日本人は「憲法九条改正絶対反対」と考えるのか。それは、その憲法は三百万人を超える尊い犠牲の上に成り立ったと考えるからである。つまりそれは「憲法を変えることは犠牲者たち（の霊）が許さない」と考えることで、わかりやすく言えば日本古来の怨霊《おんりょう》信仰なのである。

戦争を始めた軍部に無理やり徴兵され外地で非業の最期を遂げた人は、遺骨を日本に帰還させるという形で「鎮魂」しなければならない。では、そういう一般人では無く自ら職業として軍人を選んだ人間はどうか？　彼らは「死んだら靖国《やすくに》で会おう」と決めていた。そこは一般人と違うし、彼らのうちの戦死者は「日本の生命線」である満洲を守るために犠牲となり「英霊」となった、と考えられていた。

そこで考えていただきたい。何十万人の尊い犠牲によって得られた満洲を絶対に放棄できないと考えるなら、たとえ「これから何万人犠牲になる可能性（実際には三百万人が死ぬというとんでもない結果になったが）があろうと戦争をやらざるを得ない」という決断になるではないか。

今、北朝鮮という国が日本にミサイルの照準を定めている。撃ち込んでこない可能性のほうが確かに高いが、撃ち込んでくる可能性もゼロとは言えない。そうなれば、人口過密な日本では数万人が犠牲になってもおかしくない。その危機を防ぐには外交的努力はもちろんだが、直接の防衛システムすなわち軍隊を持つしかない。だが、九条はそれを認めていない。それでも憲法を変えてはいけないということは、論理的に考えれば「これから何万人犠牲になる可能性があっても憲法を守るべきだ」と考えていることになる。

つまり、日本は戦前も戦後も宗教で動いているのである。

もちろん、それが非合理な戦争に突入しいつまでもやめられなかった最大の理由であることは言うまでも無い。この問題はきわめて重要なので、もう少し続けたい。

■戦局が不利になっても無謀な戦いをやめようとしなかった軍部にあった「潜在的恐怖」

憲法改正問題、とくに憲法九条を変えることについては日本人の間に巨大な反発がある。今でこそ「憲法改正問題」と言えるが、一昔前は憲法に「改正」など無く「改悪」しかない、と断じる人々も存在した。それも決して少数派では無かった。この問題に関しては本来論理的であるべき学者や、物事を冷静に客観的に見られなければ仕事にならないはずの弁護士などでも、きわめて感情的かつ非論理的になるケースが少なくない。

前節で紹介した日本を代表する政治家の一人である古賀誠自民党元幹事長の場合もそうで、「立憲主義を守れ」と言っておきながら「自衛隊を憲法に明記する必要は無い」などと主張するのは、非論理の極みである。この問題に関しては日本人はなかなか冷静になれず、感情に走る人が多いのでもう一度繰り返すが、決してあなたたちの思いを茶化そうとしているのでは無い。

冷静に論理的に考えれば、日本国憲法九条は日本が軍隊を持つことを禁止している。自衛隊は言葉でどうごまかそうと軍隊である。そして北朝鮮が日本にミサイルを撃ち込んできた場合、それを迎撃するのは軍隊の仕事である。それゆえ、軍隊を持ってはならないという憲法九条の規定は、日本国に日本国民を守らせることを禁じている欠陥憲法と言わざるを得ない。これは論理的に考えれば誰でも到達する結論のはずで、外国語に訳してもどこの国でも受け入れる考え方だろう（逆に、前節で述べたように古賀氏の主張は外国では絶対に受け入れられない）。

では、どうしてこのように非論理的なのか。それはすでに述べたように、これが日本人の宗教だからである。この文章を読んでいる人々の中にも、「井沢元彦は人間のクズだ。ことあろうに平和憲法を欠陥憲法と批判するなど何事だ！」と思っている人が、ひょっとしたらいるかもしれない。この感情をもう少し詳しく述べると、次のようになるだろう。

「この平和憲法は、戦争で不幸な死を遂げた三百万人もの尊い犠牲によって成り立ったものだ。それを変更するなどということは彼らの死を無駄にすることであり、まともな人間の考えることでは無い」

ところで、古賀氏のような戦中派にとっては軍部、とくに陸軍の横暴が腹に据えかねているはずである。無謀な戦争を始め、戦局が圧倒的に不利になってもやめようとしなかった。せめて、なぜもっと早くやめなかったのか？　その批判はじゅうぶんにわかるが、私が彼らの心情を代弁すると次のようになるだろう。

「この東洋平和は日清、日露戦争以来日本のために戦って死んだ数万人の尊い犠牲によって成り立ったものだ。その成果である満洲を放棄することは彼ら英霊の死を無駄にすることであり、まともな日本人の考えることでは無い」

おわかりだろう。要するに、戦前の陸軍も戦後の護憲派も同じ宗教（この場合は怨霊信仰）で物事を考えているのである。「死者の尊い犠牲を無駄にするな」とは、「そんなことをすると彼らが怨霊になり祟りをなす」という潜在的恐怖（つまり信仰）である。日本人がそれと自覚せずして「言霊《コトダマ》」や「穢《けが》れ」という信仰に強い影響を受けてきたことはご存じのとおりだ。このことは、拙著『日本史真髄』（小学館刊）にも詳述しておいた。

それゆえ、本当に「過ちを繰り返すまい」と考えるならば、「言霊」や「穢れ」やこうした信仰が日本人の心に存在することを直視し、それを克服することだろう。それができていれば、戦前「確かに満洲を放棄することは犠牲者の死を無駄にすることにはなる。しかし、日本を滅亡させるよりはマシである」という冷静な判断が下されたはずだし、戦後も「確かに憲法九条を変えることは犠牲者の死を無駄にすることになるかもしれない。だが、日本人の安全を守るために改憲は必要である」という合理的な決断になるはずである。しかし、残念ながら現状はそうなっていない。このままでは将来の歴史家に「普通のよき日本人が、世界最高の頭脳たちが『憲法は絶対変えられない』と思ったのはなぜか？」などという批判の書を書かれてしまうかもしれない。

■「満洲からの全面撤退」を一方的に反故にしたロシアの「えげつなさ」

さて、本題に戻ろう。

日英同盟が成立したのは一九〇二年（明治35）一月三十日のことである。公表されたのは二月に入ってからだが、じつは成立以前の一月二十三日に重大な事件があった。この事件については次節で述べよう。ここでは、日英同盟がその後の政治情勢に与えた影響について述べたい。

当時、ロシアと清国は満洲からのロシア軍撤兵問題について協議中であった。強引に居座り続けるロシア軍を清国は何とか追っ払いたい。しかし、ロシアはせっかく手に入れた不凍港旅順を含む満洲の権益を手放したくない。それでも出て行けと言うなら清国よ、もっと権益をよこせ、というのがこの交渉にあたるロシアの基本姿勢であった。

そこで、日英同盟締結によってイギリスの後ろ盾を得た日本は、これ以上ロシアが清国から権益を得ることは国際的な合意である中国の門戸開放つまり列強が平等に清国を「食い物」にできるという方針に反する、とクレームをつけたのである。同盟締結の時に、日本がこの「世界的な方針」に配慮して、アメリカを日英の陣営に引き込むべく同盟協定の前文を調整していたことは、すでに述べたとおりだ。そして目論見どおり、アメリカも日本の意見に同意する旨をロシアに伝えた。

これに対してロシアは、翌三月に入って盟友関係にあるフランスと共同宣言を発表した。露仏共同宣言が発表されるという一報に、日本では緊張が高まった。それは当然、日英そして米が歩調を合わせた清国における機会均等（実際にはロシアがこれ以上の勢力を拡大することの阻止）を求めることに、ロシア側はフランスと組んで激しく反発するだろうと予想したからである。

ところが、この共同宣言は案に相違して、確かにロシアとフランスがアジアにおいても連携するという意向は示したが、それ以上の好戦的な主張は無くロシアは日英同盟で宣言された清国、大韓帝国の「独立」（これもとくに韓国は日本の「領域」であるという意味なのだが）を一部容認する姿勢を示したのである。日本側はまさに半信半疑であっただろう。しかし、それればかりでは無かった。四月に入るとロシアは清国との間に、十八か月以内に満洲からロシア軍を完全に撤退させ、この地を清国に「還付《かんぷ》」することを確約した協定を結んだ。この協定のことを日本では「満洲還付条約」と呼び、日英同盟が成立した時と同じように狂喜した。

そもそもロシアの脅威とは何か。それはロシアが満洲を事実上占領状態に置き、シベリア鉄道でヨーロッパ側から兵員や物資を補給し、清国から「奪った」不凍港旅順を艦隊根拠地とし、朝鮮半島そして日本の植民地化に乗り出す、という悪夢である。その「悪夢」、ロシア側から見れば「野望」を達成するための最低条件は、ロシア軍が満洲に駐留し続けることである。ところがこの露清協約（満洲還付条約）はロシアが満洲を放棄し全面撤退するというのだから、日本人にとってはこれほど望ましいことは無かったのである。

一般的日本人の心情を代弁すれば、「イギリスの威光は凄い。あのロシアが、イギリスが日本の味方になったことによって強硬な態度を改め、満洲から手を引くことに決した。われわれは戦わずしてロシアに勝った。これは日本外交の大勝利だ。これで東洋平和も達成されるだろう」ということだったのである。

喜んだのは日本だけでは無い。当時清国は依然として西太后《せいたいこう》が最高権力の座にあった。清国にとって日本は東アジアにおいて有史以来初めて「対等」を認めさせられた国であり、それは「中国」には不愉快きわまりないことであった。そして自分の支配下にあったはずの朝鮮半島も日清戦争に負けることによって日本に「奪取」されてしまったわけだから、好意の持てる存在では無い。だからこそ、すでに述べたように一時清国はロシアと、日本が攻めてきた場合は共同して対抗するという密約すら結んでいたのである。それもこれも、ロシアに単独では対抗できなかったからだ。ところが、そのロシアが日英同盟成立という国際情勢の大変化の中、満洲から撤退してくれるという。清国にとっては、長年の懸案事項が労せずして解決されるというわけだ。喜んだ西太后は日本の公使を呼んで、とくに感謝の意を示したという、まさに明治維新以来まったく考えられなかった対応である。

ロシアの盟友であるフランスも喜んだ。フランスはロシアが日本と戦争におよんだ場合、ロシア側から参戦を求められる可能性がある。しかし日英同盟にあるとおり、もしフランスがこの戦いに参戦したら、今度はイギリスを相手にしなければならなくなる。戦争をすれば負ける可能性もあるし、よしんば戦いに勝ったとしてもロシアにくらべてフランスが得るものはきわめて少ない。つまり、フランス国内にもこれ以上ロシアとの関係を深めるべきでは無い、という意見もあったのだ。また、逆にロシアとの関係を維持すべきだという論者も、「ロシアによるロシアのための戦争」にフランスが引き込まれることは国益に反するという思いがあった。それゆえフランスも、このロシアの方針転換を大歓迎したのである。

ここで、この第三章のタイトルを改めて見ていただきたい。「ロシア帝国の横暴と満洲」である。ロシア帝国の横暴とは、これまで述べてきたように「アムール川の流血」そして満洲を事実上占領状態に置いたことなのだが、それだけでは無い。じつはロシアはこの「満洲還付条約」つまり国際的に宣言した清国との間に結ばれた「国と国との約束」を守らず、一方的に反故《ほご》にしてしまったのである。しかも、そのやり方はきわめてえげつない。十八か月と述べたのは、六か月ずつ三段階にわたって撤兵を完了するという意味なのだが、ロシアは確かに第一段階の撤兵をこの年の十月に実施した。しかし、翌年四月に予定していた撤兵は理由にならない理由をつけて先送りにしたあげくに、七項目の新たな要求事項を清国に突きつけた。無条件で撤兵するはずが、逆に撤兵することを条件に新たな権益を求めたのである。まさに変節であり、世界各国は失望落胆した。問題はどうしてこのような事態になったのか、だ。

ロシアは当初から撤兵する気など毛頭無く、シベリア鉄道が完成するまでの時間稼ぎとしてそういうことを言い出したのではないか、という見方もあった。とくに、日本では最初からロシアは信用できないとしている元老山県有朋、首相桂太郎、外相小村寿太郎あたりはそのように考えたようだ。ではそれが真相だったかと言うと、どうもそうでは無さそうなのである。と言うのは、この還付条約を結んだ時点と、ロシアが第二次撤兵を渋った時点では、ロシア帝国の権力中枢に異変があったからだ。還付条約が結ばれた時点でロシア政府を動かしていたのは、日露の対立については穏健派とも言うべき蔵相セルゲイ・ウィッテ、外相ウラジーミル・ラムスドルフ、陸相アレクセイ・クロパトキンであったが、彼らは力を失い皇帝ニコライ2世は強硬派に操られるようになってしまった。その代表が内相ヴャチェスラフ・プレーヴェ、そして侍従武官アレクサンドル・ベゾブラゾフらであった。

じつは、なぜ穏健派が退けられ強硬派が重んじられるようになったのか、はっきりとはわかっていない。何か明確な政変のようなものがあったわけでも無い。ただ一つ言えるのは、ロシア帝国は大日本帝国とはまるで違って皇帝の権限が強く、皇帝ニコライ2世の思いが強く政治や外交に反映される国家だったということだ。

歴史家半藤一利は、『日露戦争史　1』（平凡社刊）の中で「野心家のドイツ皇帝ヴィルヘルム二世がピタリとご意見番としてついていた」として、熱烈な黄禍論《おうかろん》者でありニコライ2世とは血縁関係もあるドイツ皇帝ヴィルヘルム2世が、ニコライ2世をそそのかしていたのではないか、としている。

では黄禍論とは、いったいどのようなものか？

■大日本帝国陸軍の体質を暗示する「八甲田山雪中行軍遭難事件」

黄禍論とは、どのようなものか？

そのことを語る前に、前節で予告したように一九〇二年（明治35）一月三十日の日英同盟成立直前の、一月二十三日に起こった重大な事件について述べたい。それは八甲田山《はっこうださん》雪中行軍遭難事件である。

帝国陸軍第八師団の歩兵第五連隊が青森市から八甲田山麓の田代新湯《たしろしんゆ》に向かう雪中行軍の途中で、訓練への参加者二百十名中なんと百九十九名が死亡（遭難死は193名、6名は救出後病院で死亡）という、世界山岳史上から見ても最大級の惨事であった。ただ、いかに大事件だと言っても単なるアクシデントなら歴史の問題としてことさらに取り上げる必要は無い、という考え方もできる。しかし、この事件は大日本帝国陸軍あるいは当時の大日本帝国の体質を考えるにあたって、きわめて示唆に富む部分があるのでその観点から取り上げたい。事件の細かい部分については多数の研究書が出されているので、興味のある方はそちらをご覧いただきたい。

この事件を分析するにあたって、じつは一つ大きな障害がある。もっとも「障害」という表現が適切かどうかわからないが、それはこの事件を小説化した『八甲田山死の彷徨《ほうこう》』(新田次郎《にったじろう》著)と、それを映画化した『八甲田山』(脚本橋本忍《はしもとしのぶ》　監督森谷司郎《もりたにしろう》)の存在である。私が、ずっと以前に「忠臣蔵錯覚《ちゅうしんぐらさっかく》」という言葉を使ったことを熱心な読者は覚えているかもしれない。実際にあった「赤穂事件」を日本人は最初に「忠臣蔵」という脚色されたフィクションで知ることがほとんどなので、学者に至るまでフィクションの影響を受けた錯覚に陥っている。具体的に言えば、歴史的事実とは違うことを「事実」だと思い込んでしまっているということだ。この雪中行軍遭難事件に関しても、「忠臣蔵」ほどでは無いものの映画『八甲田山』が名作と言っていい出来栄えで多くの日本人が観ているために、「映画錯覚」が生じているのである。「障害」というのはそのことだ。そこでまず映画『八甲田山』のストーリーを紹介するところから、事件全体の分析を始めたい。もっとも、この映画をまったく観たことの無いという人にとっては俗に言う「ネタバレ」になるのだが、ミステリー映画の犯人をバラしてしまうのとは違うのでそこはお許し願いたい。

ところで、もっとも基本的な知識だが八甲田山という山は無い。箱根山《はこねやま》や八ヶ岳《やつがたけ》が無いのと同じだと言えば、山に詳しい人はおわかりだろう。つまり八甲田山というのは一つの山の名称では無く、連峰の総称なのである。八甲田連峰と呼んだほうが正確かもしれない。

さて、明治三十五年、八甲田周辺を守備範囲としていた陸軍は日露戦争を想定した訓練を行なう必要を感じていた。もちろん大陸に渡って寒冷地で戦うこともそうだが、逆にロシア艦隊が青森地方に攻めてきた場合、艦砲射撃によって海沿いの補給路が分断されることも考えなければならなかった。万一そういう事態に陥った場合、たとえ季節が冬であろうと内陸の八甲田を越える形で補給路を確保しなければならない。そのために、師団長は青森歩兵第五連隊の神田《かんだ》大尉（北大路欣也《きたおおじきんや》）と弘前《ひろさき》歩兵第三十一連隊の徳島《とくしま》大尉（高倉《たかくら》健《けん》）を呼び、それぞれ青森と弘前から兵を引き連れて八甲田越えをするように命じる。二人の大尉は意気投合し友情を深め、冬の八甲田で合流しようと約束する。弘前の徳島隊は少数精鋭で数日かけて八甲田を踏破する計画だった。一方、青森の神田隊はむしろ初心者に雪中行軍を体験させるということが主眼となっており、全体の行程も二泊三日で露営《ろえい》（狭義ではテント等は用いず雪洞を掘るなどして宿泊すること）は一日だけ。一泊目は温泉に泊まる予定だった。両隊はほぼ同時に出発したが、不幸なことに神田隊は第一日から猛吹雪に見舞われて道を見失い、露営をする羽目になる。しかも猛吹雪のためソリで食料や装備を運ぶという計画が頓挫し、ろくに食事も取れないままに極寒の環境に晒されることになった。さらに、神田大尉の直属の上官である山田《やまだ》少佐（三國連太郎《みくにれんたろう》）が視察と称して同行していたのだが、雪をよく研究していた神田大尉の判断にことごとく異を唱え、その結果部隊は猛吹雪の中を休養も取らずに歩きまわることとなり、体力の限界に達した兵士が一人また一人と倒れていくことになった。結局、神田大尉を始め兵士のほとんどが凍死した。山田少佐はかろうじて生き残り陸軍病院に収容されるが、責任を感じて拳銃自殺する。こうした中、徳島隊は一人の犠牲者も出さずに無事八甲田を踏破した……。

以上が映画『八甲田山』の概略だが、実際の事件とフィクションとの最大の違いは、二人の大尉が友情を深めるどころか、まったく交流が無かったというところだ。つまり青森の神成文吉《かんなりぶんきち》（実名。以下同じ）大尉と弘前の福島泰蔵《ふくしまたいぞう》大尉はまったく別個に雪中行軍計画を立て、偶然にも同じ時期に実行したに過ぎない、ということなのである。また、神成の上官山口鋠《やまぐちしん》少佐が雪のことについてまったく知識が無いのにしゃしゃり出て神成大尉の的確な判断を覆したというのは、まさにまったくのフィクションであり、そのような事実は無い。

じつは神成大尉自身も雪中行軍については素人と言っていい状況にあり、遭難死の原因の多くは彼の知識不足にあったと言っても過言では無い。もちろん、最大の原因は想定外の猛烈な吹雪が数日間続いたというところにあるのだが、青森隊は弘前隊とくらべてさまざまな点で準備の不備があった。もし二人の大尉が事前に会っていたとしたら、経験深い福島に神成はさまざまな助言を求めただろう。しかし、実際の青森隊は弘前隊が実行していた「水筒の水は一杯に詰めない」という初歩的な対策すら実施していなかった。極寒の中で水筒の水はきわめて凍りやすく、一度凍結してしまうと元へ戻すのは難しい。しかし、少し隙間を空けておくと歩くたびに水は振動するので凍結しにくくなる。川や滝など流れる水がなかなか凍結しないのと同じである。また、弁当なども雑嚢（リュック）には入れずに体に巻いておくべきなのだ。そうしないとカチカチに凍結してしまい、食べることが困難になってしまう。

■士気と名誉を重んじる軍隊にとって悪天候に「負ける」ことは恥辱である

第一日目を温泉泊にしたのも、結果的にはまずかった。兵士の多くは、一日目は温泉に泊まれるのだからと寒冷対策を疎かにした者もいたからだ。たとえば靴下などに発熱作用のあるトウガラシを巻き込んでおくと凍傷予防になるが、それを怠った兵士も多くいた。また、弁当が凍ってしまった時は体に巻いておけば再び食べることができるのだが、それを捨ててしまった者もいた。温泉でじゅうぶんな食事を取れると考えたからである。さらに不幸だったのは、一日目の行程約二十キロのうち十九キロを踏破してしまったことだ。なぜそれが悪いのかと思うかもしれないが、人間あと一キロで温泉までたどり着けると考えると、その時点で無理をする。たとえば行軍を中止して雪洞を掘り露営しようなどとは考えなくなってしまうのだ。冬の雪山で猛吹雪に襲われたら俗に言うホワイトアウトの状態になり、自分の進む方向が確認できなくなるから本当は一切動かず体力の消耗を避けるのが一番いい。もし青森隊が予定の半分しか行軍できなかったら、中止しようとか引き返そうという判断になったかもしれないが、なまじ行程の十分の九以上を消化してしまったために、あと少し頑張れば大丈夫だと思ってしまったのである。もちろん慎重な意見を述べる人間もいたが、もう一つまずかったのはこれが軍隊であったということだ。軍隊はなによりも士気と名誉を重んじる。悪天候に「負けて」しまうことを恥辱と取った士官が大勢いたのである。悲惨な事故が起こる時はいつでもそうだが、悪い条件が幾重にも重なる。まさにこの遭難事故はその典型であった。

筆者は若いころよく山登りをした。と言っても垂直な岸壁を登るなどということでは無く、山歩きと言うべきかもしれない。そして冬には決して山に入らなかった。臆病者だからである。今はどうだか知らないが、昔は山小屋にたどり着く直前の場所に「ここで冬、〇人が遭難死した」という標識が立っていた。その場所は、夏なら鼻歌交じりでスキップして行ける距離なのである。数百メートルどころか山小屋まで数十メートルの場合も少なくなかった。

現在は、ＧＰＳという便利なものがあるので昔とは条件が違ってきたが、山で猛吹雪に襲われたら安全な場所で（あるいは安全な場所を作り）動かないというのが、今でも登山の常識のはずである。だが青森隊はこれも不幸と言うべきかもしれないが、文明の利器を持っていた。方位磁石（コンパス）である。確かにこれがあれば視界がゼロになっても方向がわかると理屈では考えられる。しかも、繰り返すが極寒の環境から見ればまさに「極楽」の田代新湯まであと一キロである。そこで夕刻になって青森隊は田代まで先遣隊を派遣し、ルートを探ろうとした。ところが、たった一キロ、往復でも二キロで帰ってくるはずの先遣隊がいつまでたっても帰ってこない。そして、なんと夜もかなり更けてから先遣隊は本隊の最後尾に到達した。つまり、雪の中を大きく一周して戻ってきてしまったのだ。方位磁石はあまりの低温のために凍りついてしまい、方向を見失った先遣隊は直進しているつもりでじつは大きく周回していた。前にも述べたことがある、リングワンダリング（輪形彷徨《りんけいほうこう》）である。人間、視界を失うと必ず大きく周回してしまうとい

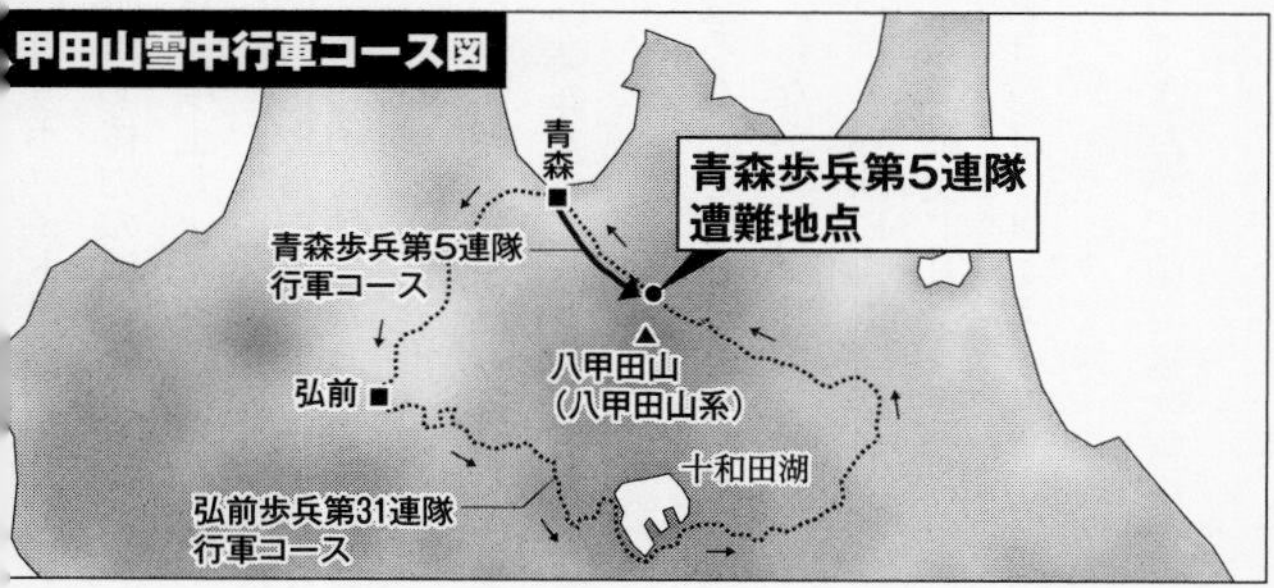

う、あの現象である。これがあるからこそ動いてはならないのだ。さすがに先遣隊がぐるりと一周してきたらしいということは本隊にもわかったので、ここで初めて露営つまり雪洞を掘って動かずにいようという判断がなされた。しかし、ここで大きな計算違いが生じた。なんと、食事は飯盒炊爨《はんごうすいさん》で提供されることになっていたのだ。このような状況下で火を起こして飯を炊くのは大変な労力を必要とする。本来なら土が見えるまで雪を掘って頑丈な地面に竈《かまど》を作るべきなのだが、雪が深過ぎてそれもできなかった。やむなく雪上で火を焚いたが雪が溶けてしまい、炊事がきわめて困難だった。結局、生煮え飯（消化に悪い）が何とか提供されたようだが、本来なら火など使わなくてもいい食料を持参すべきだった。この時代には、まだ後に広く用いられる「乾《かん》パン」は無かったが似たものはあったし、干し柿など乾燥食品は存在した。しかし、それを携行するという発想は少なくとも青森隊には無かった。

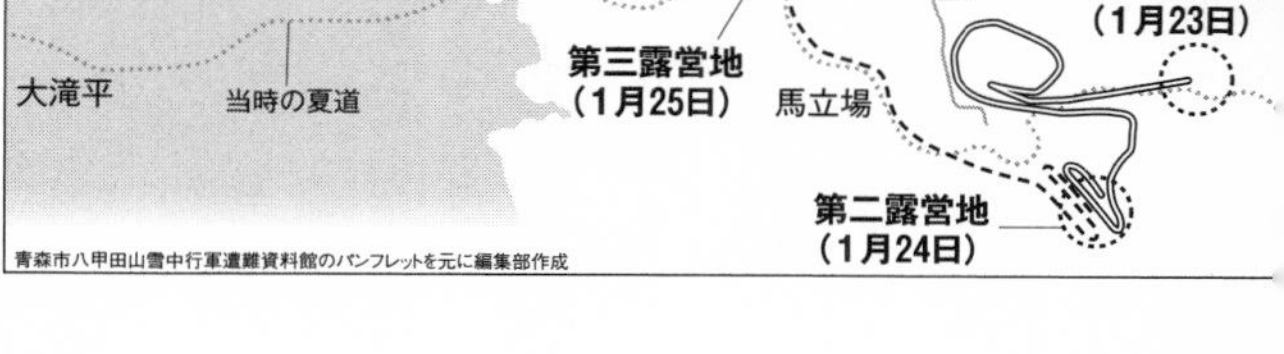

青森市八甲田山雪中行軍遭難資料館のパンフレットを元に編集部作成

これから先は書くのに忍びない。詳しくお知りになりたい方は、先に述べたようにさまざまな研究書が出されているのでそれを参照していただきたい。要するに青森隊は数日間続いた最大級の吹雪に悩まされ判断を誤り、やたらと動き回って露営を繰り返し体力と気力を消耗し、兵士が次々と倒れていったのである。八甲田には現在ロープウエーが建設されており、高いところからこの事故現場を一望することができるが、夏なら鼻歌交じりは無理でも健脚の人間ならばさほど難しいコースでは無いし高低差も少ない。しかし、太平洋側からの寒気と日本海側からの寒気が衝突する八甲田は冬は「地獄」となる。地元の猟師ですら冬の八甲田には入らないのである。

そして、さらなる不幸が重なった。青森にある連隊本部はこの遭難に気がつかなかったのだ。この時代はまだ部隊ごとの無線電信は無い。本部が歩兵第五連隊の遭難に気がついたのは出発から二日たった一月二十五日だった。そして翌二十六日早朝に救援隊が一応派遣されたのだが、装備が不じゅうぶんで二重遭難を恐れてやむなく引き返した。そして翌二十七日早朝再び出発し、ルートの途中の大滝平《おおたきたい》で雪中に仮死状態で佇立《ちょりつ》していた後藤房之助《のすけ》伍長を発見した。ここで初めて後藤伍長の報告によって第五連隊が「全滅」したことがわかり、翌二十八日から本格的な救援活動が開始された。

今、その後藤伍長の銅像がルート途中の馬立場《うまたてば》に建立されている。

■二〇一九年に起きた韓国史に特筆される「重大事件」

さて、引き続き八甲田山雪中行軍遭難事件について述べたいが、その前に現代の韓国できわめて重大な動きがあったのでお知らせしておきたい。これはひょっとしたら歴史の分岐点として韓国現代史、いや韓国史の年表に将来特筆大書されることになるかもしれない事件であるからだ。

それは、韓国の歴史学者(近代経済史専攻)である李栄薫《イヨンフン》ソウル大学名誉教授が代表著者となって発表した単行本『反日種族主義』が、十万部を超えるベストセラーになったことだ。李教授はこれまで韓国では、「親日派の売国奴《ばいこくど》」として知られていた。いや、これも正確に言おう。現代の韓国では「親日派＝売国奴」である。その反日体制の頂点に立つのが文在寅《ムンジェイン》大統領である。

反日は「絶対の正義」であるから、日本はなにがなんでも「悪」でなければならない。だから歴史教育においてもこの原則は貫かれている。すでに述べたように、韓国はずっと中国の「属国」であったというのが真実の歴史だが、子供たちには「朝鮮半島の国家は悠久の昔から独立国であったが、それを唯一邪魔したのが日本である」というデタラメを教えている。しかも、その反証となる「大清皇帝功徳碑《だいしんこうていこうとくひ》」という石碑があったのだが、その碑文は文政権下において塗り潰された。だからこそ文大統領は、日本が韓国をホワイト国から除外した程度のことで「盗人猛々《ぬすっとたけだけ》しい」と罵《ののし》るわけである。彼らにとって日本は「絶対悪」であるからだ。国民のほとんどすべてがそう信じているからこそ、彼は大統領になれた。

その背景には、戦後の韓国がずっと行なってきた歴史捏造《ねつぞう》教育がある。なにがなんでも日本は「悪」だと国民を「洗脳」する教育で、これには保守も革新も無い。ここも正確に言うと、北朝鮮寄りの左翼勢力は最初から完全な歴史捏造教育を行なってきたが、保守的な右派勢力は表向きはそれに賛同するものの裏では「国民を団結させるためのやむを得ぬ方便」という意識が少しはあった。だから保守派においては昼間の公式発言と夜間の宴席の発言はまるで違うということも一昔前はあったのだが、今やそういう風潮は完全に姿を消した。なぜなら、そうした洗脳教育で育った子供たちが大人になり社会の中枢を占めるようになったからだ。マスコミもすべて、つまり保守と革新の区別無く反日一色となった。そうしなければ新聞は売れずテレビは視聴率が落ち、反日を少しでも緩めれば国民から糾弾されるからである。

韓国の歴史学界も例外では無かった。彼らは歴史の専門家である。洗脳用の教科書がいかにデタラメに満ちているか、彼らだけは真実を知っている。学者に限らず歴史家の使命は歴史の真の姿を追究すること、そして民主主義国家における歴史家の責任はそうした真実の歴史の姿をためらわずに国民に告げることだろう。だが多くの学者は、いやほとんどすべての韓国の歴史学者はそうした義務を放棄している。だが、そうした中にもほんのわずかだが勇気ある歴史学者たちがいる。その代表的な一人が李教授なのだ。じつは、李教授は韓国国内においては「親日派」のレッテルを貼られているが、厳密にはそうでは無い。かつて李教授は、学者として公平かつ客観的に、具体的に言えば日本統治時代のデータに基づいて、韓国の教科書で強調されている日韓併合時代に日本が朝鮮人民を収奪したというのは間違いで、むしろ併合時代に朝鮮半島の経済はレベルアップしたという学説を発表した。これは学説であって、異論があるならデータに基づく客観的な反証を挙げて反論すればよい。それが民主主義国家の原則である。しかし韓国では、マスコミが一方的に「この学説はけしからん」と糾弾した。李教授を糾弾した韓国マスコミの記者たちは、間違い無く論文の根拠となるデータなど検証していないだろう。なぜなら、すでに述べたように歴史洗脳教育と並行して行なわれた漢字追放運動によって、今の韓国人の多くはまったく漢字が読めなくなっているからだ。日韓併合時代の古文書など読めるはずがない。一方、李教授は古文書解読の専門家で、韓国古文書学会の会長を務めていたこともある。冷静に考えれば、このようなマスコミの批判は民主主義国家においてはあり得ないのだが、李教授は徹底的に非難された。韓国のマスコミというものが、いかにレベルが低いかこの事実だけでもよくわかるだろう。しかし、洗脳教育によって真実を知らされていない韓国民は、マスコミの尻馬に乗って李教授を売国奴呼ばわりした。普通の人間ならここで絶望し、あきらめるところだろう。だが、李教授はあらゆる妨害や弾圧にも屈せず、その後も学者としての良心に基づき自己の学説を発表し続けた。深く敬意を表したい。

もちろん、今でも韓国の歴史学界の大多数は教授に批判的である。北朝鮮を理想の国家と考え日本を絶対悪とすることを学問の目的と勘違いしている歴史学者と、うっかり教授を弁護して親日派のレッテルを貼られるのが怖い歴史学者が混在しているのだろう。だが、中には勇気があり、このままではいけないという真の愛国心を持った歴史学者もいる。そういう人たちがこの『反日種族主義』の出版に踏み切った。これまでの韓国なら直ちに「売国奴」の罵声とともにマスコミの袋叩きに遭い、国民の支持を失って闇に葬られただろう。これは誇張では無い。かつて同じように韓国の捏造歴史教育を告発した歴史家金完燮《キムワンソプ》の著作『親日派のための弁明』（韓国人が自分の著書に親日派という言葉を使う勇気に気がついていただきたい）は、韓国内では逆に「歴史を捏造している」と批判され「青少年有害図書」に指定されてしまったのである。二〇〇二年のことだ。

こういうことを知れば、同じく韓国の歴史捏造教育を告発した内容の『反日種族主義』が曲がりなりにもベストセラーになったということが、韓国の歴史にとっていかに画期的なことかわかるだろう。もっとも本に対する評価は真っ二つに分かれており、とくにこれを批判する人々はこの本のことを「ゴミ」と呼んでいるという。まだまだ韓国人が真の歴史を認識するには時間がかかるということだ。逆に言えば、洗脳教育はそれだけ恐ろしいということでもある。

私は二〇一九年の八月に韓国に取材に行ったが、その時もっとも驚いたのは若い人たちが朝鮮戦争における卑怯な不意打ちで数十万人の韓国人を殺した北朝鮮よりも、少なくとも戦後はそうした形では一人の韓国人も殺していない日本を「悪」だと言い切っていたことだ。まさに洗脳教育の大勝利である。日本にもかつて「ソビエトは労働者の天国。中国の文化大革命は人類の偉業。北朝鮮はこの世の楽園」などと報道し教育し、日本人を洗脳しようとしていたジャーナリストや知識人がいたが、本当に彼らの陰謀が成功しなくてよかったと、つくづく思う。ただし、その残党はいまだにマスコミ界に跳梁跋扈《ちょうりょうばっこ》しているので、日本国民は二度と騙されないように警戒すべきだろう。見分けるのは簡単だ。もうおわかりのように、現在の日韓関係悪化については日韓基本条約という国と国との約束を守らない韓国にすべての非があり、これは国際的常識でもある。そして、なぜ韓国がそんな国際的信用を失うような愚かな行動に出るのかと言えば、李教授が徹底的に批判しているように反日を国是にしてしまったからだ。だから、そんな政権とは一切妥協すべきでは無い。にもかかわらず「日韓友好」とか「国際協調」とか耳触りのいい言葉を唱えて韓国いや文政権を擁護するような人間は、北朝鮮の支持者かあるいは何も事情がわかっていない無知な人間と考えるべきだろう。かつて、そういう連中は北朝鮮についても「平和愛好国家」で「ミサイルでは無く人工衛星の実験」で「北朝鮮は日本人拉致《らち》などはしていない。そんなことを言うのは右翼だ」と主張していたことを、どうかお忘れなく。

それにしても情け無いのは、韓国のマスコミだ。歴史家が過去の真実をあきらかにする義務があるように、ジャーナリストは現在の真実をあきらかにする義務がある。にもかかわらず韓国のマスコミは、反日という国是に協力するだけで義務を果たそうとしない。私の知る限りでは、反日という韓国を滅ぼしかねない国是に対して批判的な韓国マスコミは存在しない。将来、歴史年表を作るとしたら二〇一九年の韓国の欄には、「この時代、韓国には真の歴史家はいたが、真のジャーナリストは存在しなかった」と書かねばならないだろう。情け無く悲しい話だ。もっと悲しいことは、それが民主主義国家における最大の不幸の一つであることを、当の韓国民が理解していないということである。

■じつは世界に向けて発信されていた雪中行軍遭難事件

さて、気を取り直して八甲田山雪中行軍遭難事件に戻ろう。青森市幸畑《こうばた》には、八甲田山雪中行軍遭難資料館がある。なぜこの場所かと言えば、ここは現場から数キロメートル離れてはいるのだが犠牲者を葬った幸畑陸軍墓地があるからである（左写真参照）。資料館の正面玄関を入ると中央ホールに馬立場に建立された後藤房之助伍長の銅像のレプリカがある（次ページ写真参照）。

ここを訪ねて一番の収穫は、この八甲田遭難事件がじつは世界に向けて発信された重大事件であり、日本のマスコミもこぞって報道していたという事実がわかったことだ。読者の皆さんもこの事件が陸軍の恥として秘匿され、あまり世間に知られてはいなかったのだと思い込んではいないだろうか。それは「八甲田で見たことは口にはしてはならない」という言葉を宣伝文句に使った映画『八甲田山』のもたらした「映画錯覚」なのである。恥ずかしながら、私もその錯覚にとらわれていた。だが、この資料館には「八甲田山雪中行軍遭難の絵」と題する展示があり、説明板に「イタリア・

雪中行軍の犠牲者199名は事件翌年に官修の幸畑陸軍墓地に葬られた。大隊長山口鋠少佐を中心として左右に神成文吉大尉以下10名の士官の墓標が並び、さらにその左に95名、右に94名の兵士たちの墓標が立てられている（写真提供／筆者）

ミラノ市で当時発行された絵入り新聞『ラ・ドメニカ・デル・コリョーレ』で紹介された雪中行軍遭難事件。海外でも関心の高かったことが伺えます」とある。もちろん外国だけでは無い。国内でも『東京日日新聞』『時事新報』『萬朝報《よろずちょうほう》』といった当時の一流紙がこぞって取り上げており、それは決して軍を礼賛するものでは無く、むしろ軍の失態を批判する論調である。とくに手厳しいのは同年二月六日に発行された『萬朝報』で、展示によると次のような内容（一部抜粋。旧仮名を新仮名に改めたもの）である。

第一（の問題点　引用者註。以下同じ）一月二十四日は旧暦十二月十二日にて青森の俗□「山の神の日」と唱えて古来幾百年間大暴の絶いしたことなく、市民も村民も互いに相警めて外出せざるの例にて、現に其の前日も天候険悪の兆しありたるに、第五連隊の一隊は之を顧みずして出発したり。

後藤房之助伍長の銅像の前に立つ、取材中の筆者。後藤伍長は仮死状態で佇立している状態で救助され、その後蘇生したものの両手両足を切断。郷里に帰り村会議員を務めた（写真提供／筆者）

第二、其の幸畑を経て田茂木野に至りし時、農民出でて其の到底前進すべからざるを切言して之を諫止せしも、隊長等は之を叱り飛ばして進行したり（中略）之を率ゆるもの秋田、山形等の人にて其の兵また青森のもの無く、全く青森の雪に経験なし。
第三、行軍隊風雪の難に遭へる時、若し穴を掘りて茲に密集し、携帯の食料、薪炭をたのみて静かに風止み雪つもるるを待つべきに、雪はるるを待つべきに、倉皇し惶惑して風を冒し、雪を衝いて連日頻りに彷徨し竟に道を失するに至りしは、殆ど求めて死を急げるに斉し。

さて、現代語訳は必要だろうか？　もちろん現代人にとっては死語となってしまった漢語もあるし、たとえば「茲」などは「ここ」という読み仮名が無ければ判読が難しいかもしれないが、基本的にはこの百年以上前の文章のおおよその意味は理解できるはずである。では、なぜ理解ができるのだろう？

漢字を追放しなかったからである。漢字を追放した韓国では、ハングルに書き直す時にいくらでも史料を改竄することも、最初からデッチ上げの史料を捏造することもできる。だから、古文書の専門家である李教授の主張がなかなか受け入れられない。原文を見れば一目瞭然、ということにはならないのだ。この漢字追放は、国民に真の歴史を知られないための陰謀だという説もある。うがった見方と言い切れないのが、韓国のもう一つの不幸である。

■「多くの人が死ぬほど原因追究が困難になる」という日本軍の宿痾

八甲田山雪中行軍遭難事件は、映画『八甲田山』のもたらした「映画錯覚」によってその実像が大きく歪められていることは、先に述べた。「映画錯覚」とは簡単に言えば「忠臣蔵錯覚」(『逆説の日本史　第14巻　近世爛熟編』)と同種のもので、フィクションのほうがあまりにも有名になり過ぎたため事実と違うことが事実と信じられてしまう、ということである。

では、どこがどう歪められているのか。この『逆説の日本史』で取り上げるべき点はどこにあるのか?

まず、二百名近い犠牲者を出した青森歩兵第五連隊の責任者であった山口少佐(映画『八甲田山』では三國連太郎演じる山田少佐)が、事件の責任を取ってピストル自殺したという「話」である。これは軍の公式発表であり、映画の原作である『八甲田山死の彷徨』でもそのように描かれている。しかし、山口少佐が死んだのは救出され病院に収容された直後と言ってもいい時期であり、彼の両手指は重い凍傷でまったく動く状態では無かった、それどころか、救出されたばかりで身動きもままならなかったという可能性もある。いずれにせよ、自分でピストルの引き金を引くなどということは不可能な状況であった可能性が高い。

この問題を徹底的に追究した弘前大学医学部麻酔科の松木明知《まつきあきとも》名誉教授は、著書『八甲田雪中行軍遭難事件の謎は解明されたか』（津軽書房刊）で、この凍傷の問題を指摘するとともに次のように述べている。

第五連隊長の津川謙光中佐は少佐の遺族に「山口少佐は遭難の責任を取ってピストルで自決した。しかしこのことが倉石大尉（映画『八甲田山』では加山雄三《かやまゆうぞう》演じる倉田《くらた》大尉　引用者註）など部下の士官に知られると、彼らも責任を感じて後追い自決をする恐れがあるから内聞にして欲しい。」と説得したという。（中略）第五連隊兵舎に隣接する青森衛戍《えいじゅ》病院に入院した山口少佐の病室は一番奥にあったが、その隣（手前）が倉石大尉の病室であった。山口少佐がピストルで自決したとすると、ピストルの発射音が隣室の倉石大尉の耳に入らない訳はない。少佐の死は夜の八時半のことだったから発射音は日中より一層強烈に響くはずである。

つまり、当時の状況から見て山口少佐の死は「ピストルによる自決」とは考えにくいのである。では、なぜ山口少佐は死んだのか？　犠牲者の中には、病院に収容されてから手当ての甲斐も無く死んだ兵士もいるから、そういう死に方ならそのまま発表すればよい。それが「自決」と発表されたのは、じつは本人を誰かが死に至らしめたということだろう。それは陸軍上層部である、というのが松木名誉教授の「陸軍による密殺説」である。言うまでも無く、それは本人の死をもって責任追及を終わらせるのが目的である。

この松木説に私は基本的に同意する。基本的にと言うのは、では陸軍の上層部のどのあたりがこの陰謀を命令したのか。現地の最高責任者である師団長レベルなのか、それとも中央の陸軍中枢部がそれに関与していたのか、という点でまだまだ検討の余地があると思うからだ。あるいは責任をうやむやにするという点で、山口少佐は衰弱死したのをあえて自決と偽装したという可能性も考えられる。

いずれにせよ、大日本帝国陸軍はその崩壊まで、現場の責任者が「責任を感じて自決した」のでこれ以上の追及はやめる、という問題処理のパターンを持っていた。後に起こる、いや帝国陸軍によって引き起こされた、ソビエト陸軍との実質的戦争ノモンハン事件は、日本側の大惨敗に終わった。そして、その惨敗の責任は現場の兵士にはまったく無く（むしろ兵士は不利な条件下ながら敵を散々苦しめた）、無謀な計画と性能の劣った兵器でソビエト軍に立ち向かわせた関東軍の参謀たちにあった。しかし､現地の指揮官が次々に｢責任を感じて自決した」ために「武士の情け」でこれ以上責任は追及しないということになり、結局参謀たちは何の責任も取らず、さらに無謀な作戦で大日本帝国を滅亡に追い込んだ。

そうした傾向が、日露戦争直前のこの時期からすでに明確なものになっている。そのことを証明するのが、この八甲田山雪中行軍遭難事件に対する陸軍の処理なのである。だからこそ、この事件は重要なのだ。

「責任を感じて潔く自決」すれば責任問題をうやむやにする、という傾向はすでに日清戦争のころからあった。古志正綱《こしまさつな》少佐のことを覚えておられるだろうか。『逆説の日本史第二十四巻　明治躍進編』で詳しく述べておいたが、古志少佐は戦地において現地部隊への補給を突然担当させられたが、当然ながら準備不足および経験不足のため任務に失敗した。そこで責任を感じて自決してしまった。その部分に詳しく述べておいたが、帝国陸軍はその設立当初から崩壊に至るまで「補給」を軽視するという傾向があった。そのためにどれだけ多くの将兵が戦わずして犠牲となったかしれない。しかし、日清戦争を通じて補給が円滑に行なわれず現地の兵士を徹底的に苦しめたという事実は反省材料となることは無く、その後の戦いでも何度も同じ過ちが繰り返された。つまり、日本軍の宿痾《しゆくあ》というか悪癖となったのである。

そうした悪癖を排除する方法は一つしか無い。当事者が死なずに、生きて軍法会議の場などで広く問題提起することである。それは世界中の軍隊で今も行なわれていることだ。しかし日本では、陸軍でも海軍でもそれが行なわれなかった。そんなことをすれば「卑怯未練な自己弁護」と非難されるからである。一方、死ねば英霊あるいは軍神として評価される。遺族も保護される。ここが日本軍の最大の欠点と言うべき部分だろう。どんな組織でも欠陥はある。その欠陥が指摘されることによって、組織は自己を改善することができる。ところが、日本軍はその手段が徹底的に排除されていた。それもこの八甲田山遭難事件のように多くの人間が死ねば死ぬほど、それを招いた欠陥の原因追究が封じ込められるという恐るべき状態である。これに日本軍はそもそも神の子孫である天皇が指揮官であって必ず勝つ不敗の軍隊であるという信仰が重なれば、もうどうしようもないということがわかるだろう。

では、なぜ多くの人が死ねば死ぬほど原因追究が困難になるかと言えば、「その死を名誉あるものにしたい」という感情が働くからである。これもじつは怨霊信仰なのだ。「その死を名誉あるものにしたい」は、「その死を無駄にしない」と似ているようでまったく違う。本当に「その死を無駄にしない」と考えるなら、責任は徹底的に追及しなければばいけない。たとえ死者の名誉を傷つけることがあっても、だ。この雪中行軍ならば、実質的指揮官であった青森第五連隊の神成大尉（映画では北大路欣也演じる神田大尉）はあまりにも雪山登山に無知であった。それが真実なのである。しかし、責任はむしろその素人同然の神成大尉を指揮官に任命し雪中行軍を実行させた上層部にある。また前出の『八甲田雪中行軍遭難事件の謎は解明されたか』には、雪中行軍自体は遭難事件の十年前から第五連隊で実行されており、荷物は背負って（ソリではなく）運搬すべきであるなどという教訓を得ていたのに、それがまったく生かされていなかったことも指摘されている。これも軍法会議などできちんと問題にされていれば、システム上の欠陥として指摘されていたかもしれない事実である。

すでに述べたように、映画の宣伝文句にも使われた「八甲田で見たことは決して口にしてはならない」というのは、この事件自体が秘匿されたという意味では無い。むしろ全世界に報道された。秘匿されたのは再発防止につながるはずの数々の情報であった。また映画では、弘前第三十一連隊の福島大尉（映画では高倉健演じる徳島大尉）は地元の案内人に対して丁寧な対応をした人間として描かれているが、実際はそうでも無かったようだ。そして、この「八甲田で見たことは……」という言葉を口にしたのは福島大尉で、その結果民間でこの問題が検討されることが著しく遅れたという見方もある。

事件後、陸軍大臣寺内正毅《てらうちまさたけ》の呼び掛けで募金が行なわれ現地に後藤房之助伍長（映画では新克利《あたらしかつとし》演じる江藤《えとう》伍長）の銅像が建立された。後藤伍長は最後まで神成大尉の命令を守って歩み続け、雪中で仮死状態で立っているところを救助隊に発見されたという人物である。本人は結局貴重な生き残りとなったので「軍神」にはしてもらえなかったが、銅像が建てられるとは破格の扱いである。それは雪中行軍の犠牲者に対する慰霊でもあっただろう。おわかりだろうか。これが「その死を名誉あるものにする」ということで、「その死を無駄にしない」ということとは似て非なるものだということだ。

ここがわからないと日本軍も、ひいては日本人も理解できない。まさに日本史を理解するコツの一つでもある、ぜひとも理解していただきたいと思う。

■ドイツ皇帝が自ら描き欧米各国首脳に贈った「黄禍の図」

さて、それでは話を元に戻そう。ずいぶん寄り道が続いたので読者もこの雪中行軍の前の話題を忘れてしまったかもしれないが、それは黄禍論である。では黄禍論とは何か？

黄色人種がやがて世界に災禍をもたらすであろう、というヨーロッパで起こった説で、yellow peril (danger, terror)、gelbe Gefahr、péril jauneなどの訳語。もっとも早いのはドイツ皇帝ウィルヘルム２世で、彼が画家クナックフスH.Knackfuss（１８４８—１９１５）にいわゆる〈黄禍の図〉を描かせ、それをロシア皇帝ニコライ２世に送ってから、黄禍論はヨーロッパにおいて問題となった。それとともに日本と中国においても、三国干渉の結果として逆に〈白禍〉が叫ばれるようにもなった。ちょうど日清・日露戦争後のことで、それはあたかもJ・A・deゴビノーの《人種不平等論》（１８５３—55）やH・S・チェンバレンの《19世紀の基礎》（１８９９—１９０１）があらわれ、それが前述のウィルヘルム２世や、のちのヒトラーの《我が闘争》の思想にも影響した。

（『世界大百科事典』平凡社刊　項目執筆者橋川文三）

その「黄禍の図」なるものが、次ページの絵である。原画は他ならぬヴィルヘルム２世が描き、それをプロの絵描きであるヘルマン・クナックフスに「清書」させたものである。まず、画面左手上に輝く十字架にご注目願いたい。言うまでも無くキリスト教そして神の力を象徴している。その光に照らされて岩場の上に立つのが大天使ミカエルで、それに注目している男女がヨーロッパ各国の象徴である。そして深い峡谷を挟んで向こう側にいるのが「黄色人種」を象徴する龍と、それに乗って光り輝いている仏陀《ぶつだ》である。そして大変見えにくいが、じつは眼下の平野はところどころ燃えており、あきらかに向こう側の侵略の「魔の手」がこちらに迫っているのが感じられる。当然、大天使ミカエルはその脅威つまり「黄色人種のキリスト教白人社会への侵略」を団結して阻止しようと呼びかけているというわけだ。この画像は複製され、ロシア皇帝ニコライ2世だけで無く欧米各国の首脳にも贈られた。つまり、ヴィルヘルムはまさに大天使ミカエルのつもりでいたということだろう。このまま放っておけばとんでもないことになるぞ、ということだ。

もっとも、この絵がニコライに贈られたのは単にヨーロッパの団結を求めたのでは無く、ヴィルヘルムはニコライの関心を東洋、とくに日本に振り向けるのが主な目的だったというのが定

「黄禍の図」。大天使ミカエルの隣で手をかざす女性はフランス、盾と剣を持つ女性はドイツ、彼女の肩に手を置く女性はロシア、イギリスの盾を持つ女性の手を取る女性はオーストリアを象徴している（プロイセン絵画資料館蔵。写真提供／ユニフォトプレス）

説だ。つまり、ヨーロッパにおけるオスマン帝国との勢力争いで優位に立つために、ロシアの力をアジアに注がせようとしたというのだ。ニコライが黄禍論に目覚め日本との戦いに踏み込んで行けば、ヨーロッパに注ぐ力は減殺されドイツは有利になる。もちろん、それは黄禍論が単なる政治上の策略でヴィルヘルムに黄色人種に対する蔑視が無かった、という意味では無い。むしろ、それは大いにあった。逆に今から考えると不思議なことかもしれないが、少なくとも日本に対しては欧米列強の中でもそうした差別感を持たない国もあった。イギリスがその筆頭である。これも当然で、日本はアジアにおけるイギリスの代理人として十分に利用できるからだ。そうした考えが日英同盟として結実したのは言うまでも無い。

■わずか二十数年で「友好国」から「鬼畜米英」に変わったのはなぜか

ドイツ皇帝ヴィルヘルム2世が蒔《ま》いた「黄禍論」という「種」。直接の目的であるロシア皇帝ニコライ2世をして日本との戦争に踏み切らせるという点では、まあまあ成功したと言えなくも無い。実際に日露戦争はロシアが日本に対して強硬な姿勢を取り続けること、具体的に言えば日本が望んでやまない満洲からの撤兵を拒否したために「実現」した。ロシア帝国は大日本帝国と違って皇帝ニコライ2世の裁量権が大きいので、この点ではヴィルヘルム2世の働きかけが影響を与えたことも考えられる。「まあまあ成功した」というのはそういう意味である。

しかし、ヴィルヘルム2世が最終的に目的とした「欧米のキリスト教徒の団結による黄色人種の排除」は、この二十世紀初頭の時点では失敗に終わった。欧米キリスト教徒連合の一角を占めるはずのイギリスが日本と組み（日英同盟）、アメリカもこれを支持したからである。しかし、あくまでそれは「この時点」の話であって、ヴィルヘルム2世の蒔いた黄色人種に対する悪意と偏見の「種」は、黄禍論という大木となって日本を徹底的に苦しめることになる。ヴィルヘルム2世が最初に主張した黄禍論ではその「悪の主体」は中国であったが、後にそれは日本だと認識されるようになる。日本が日露戦争に勝って列強の一角として名乗りを上げたが、中国は朱子学の影響で相変わらず自力での近代化ができず「眠れる獅子」のままだったからである。

そして皮肉なことに、この黄禍論がもっとも大きな花を咲かせたのは世界一の大国に成長したアメリカだった。この後、アメリカでは日本人に対する凄まじい人種差別が行なわれるようになる。私はこのことが日本と英米が戦争におよんだ原因の一つと考えている。

さて、佐久間《さくま》勉《つとむ》という人物の名前をご存じだろうか？　大日本帝国海軍軍人だが、帝国海軍が滅んで七十年以上経過した今も、世界的には日本海海戦の東郷平八郎《とうごうへいはちろう》などと並んでもっとも有名な帝国海軍軍人の一人だろう。日本人だけが戦後軍事の徹底的無視あるいは軽視という風潮の中で、その名前を忘れている。さすがに辞書にはその名前が載っていた。

さくま－つとむ【佐久間勉】
［1879～1910］軍人。海軍大尉。福井の生まれ。第六潜水艇長として潜航訓練中、遭難。死ぬまで報告を書き続けた。
（『デジタル大辞泉』小学館刊）

日露戦争後の一九一〇年（明治43）のことである。佐久間は当時最新鋭の艦船だった潜水艇に部下十四名と乗り組み訓練に出発したが、事故が起こり（それ自体は佐久間の責任だとされる）潜水艇は海底に沈み動けなくなった。当時は潜水艇を救助するシステムなど無い。死を覚悟した佐久間は空気が無くなり窒息する寸前まで指揮を執り、部下を励まし持ち場につかせ、明治天皇に自分のミスで潜水艇を失ってしまったことを詫び、このことで日本海軍が潜水艇開発に消極的にならないよう望むとともに、あわせて部下の家族の後見を願う遺書を残した。この行動は海軍軍人の模範として日本のみならず世界中で称賛された。

佐久間記念交流館（福井県若狭町《わかさ》）の語り部が語る。

「国内では修身の教科書に取り上げられたこともありました。米国ではセオドア・ルーズベルト大統領により、遺言の英訳を刻んだ銅板が米国立図書館に設置され、日米開戦後も撤去されていません。またイギリスの王室海軍潜水史料館でも佐久間と第六潜水艇について説明されています」

（『SAPIO　2018年7・8月号』小学館刊）

つまり、一九一〇年には日本と英米の関係はこれほど良好だったのである。ところが、それからわずか三十一年後の一九四一年（昭和16）、日本は「鬼畜米英《きちくべいえい》」を叫んで両国（正確には連合軍）と戦った。国と国との関係がたった一年やそこらで変わるはずが無いから、仮に十年かかって悪化したとしても一九一〇年から数えてわずか二十数年で英米は「友好国」から「鬼畜」になったのである。すでに述べたところだが、一九〇二年（明治35）に成った日英同盟は日本人をして狂喜乱舞させたのである。それがいったいぜんたい、なぜ、こんなことになってしまったのか？

いかに戦争の主体となった陸軍が英米を「鬼畜」と呼んでも、国民がそれについてくるとは限らない。しかし、それこそ司馬遼太郎がそのエッセイ『無題』で指摘したように、昭和一けた生まれの青少年は女子も含めてそのように思っていたはずである。たとえばこんな歌がある。

『若鷲《わかわし》の歌（予科練《よかれん》の歌）』西條八十《さいじょうやそ》作詞、古関裕而《こせきゆうじ》　作曲

一．
若い血潮の　予科練の
七つボタンは　桜に錨《いかり》
今日も飛ぶ飛ぶ　霞ケ浦《かすみがうら》にゃ
でっかい希望の　雲が湧く

予科練とは、そういう学校があったわけでは無く一つの制度で、海軍飛行予科として徴兵年齢に満たない少年たちを海軍の下級兵士として養成するためのシステムであった。そのいわばCMソングとして作られたのがこの歌で、あの「歌を忘れたカナリヤは」の西條八十が作詞している。それだけでも驚きだが、問題はこの四番である。

四．
生命《いのち》惜しまぬ　予科練の
意気の翼は　勝利の翼
見事轟沈した　敵艦を
母へ写真で　送りたい

「母へ写真で送りたい」とは、なんという凄まじい憎悪だろう。敵艦が轟沈つまり爆発など起こしてあっという間に沈めば、それだけで多くの将兵が死ぬ。人間、必ず家族というものがいる。ベテラン士官や兵なら妻や子供がいるだろうし、独身の兵には両親つまり母親もいる。そういう人たちを悲しませるようなことをしておいて、その様子を母に見てもらいたいというのである。戦国時代の武士の母親ならば、息子が初陣《ういじん》で敵の首を取ってきた時「でかした」と褒《ほ》めたかもしれない。しかしそれは日本の歴史においてもあくまで例外で、通常母親というものはいかに国の運命がかかった戦争であっても、息子が人を殺すことは好まないものである。それなのに、この歌は「母は喜ぶ」と想定している。実際「軍国の母」にはそういう人も少なからずいた。ここで日本は戦国時代に戻ったとすら言えるのである。

日露戦争のころは与謝野晶子《よさのあきこ》が「あゝ（嗚呼）をとうと（弟）よ、君を泣く、君死にたまふことなかれ（中略）親は刃《やいば》をにぎらせて、人を殺せとをし（教）へしや、人を殺して死ねよとて、二十四までをそだてしや（以下略）」と歌い、もちろん国策に反すると激しい非難を受けたものの、母親あるいは女性というものはそういうものだという弁護論もあった。それがたった二十数年でこうした心情は跡形も無く消えている。

『若鷲の歌』を軍歌と表記する向きもあるが、これは軍人の作でも無く、軍隊内で歌われたものでも無い。むしろ戦時歌謡（軍事歌謡）と呼ぶべきで、注目すべきは大ヒットしたということである。国民はこれを拒否するどころか共感を示したのである。

そして、またまた引き合いに出して大変恐縮なのだが、私が加藤陽子東大教授の著作『それでも、日本人は「戦争」を選んだ』（朝日出版社刊）、ひいては多くの日本の歴史学者による太平洋戦争にかかわる分析をもろ手を挙げて評価することができないのは、これも理由の一つである。キリスト教という宗教を土台とする黄禍論が、とくにアメリカにおける排日および日本人差別を増大させたことを軽視しては（国際政治力学の分析だけでは）、日本が「鬼畜米英」という「憎悪の結論」を出したことを的確に説明できないと考えるからである。

■寮歌に歌われた日英同盟締結当時の日本人の「気分」

いずれにせよ、それが問題になるのは佐久間艇長の例を見てもわかるように日露戦争後の話なので、ここは日英同盟締結の時点に話を戻そう。読者の頭は少し混乱しているかもしれないが時系列で整理すれば、一九〇二年の日英同盟成立直前にあの八甲田山雪中行軍遭難事件は起こった。遭難した兵士たちは、日英同盟の成立を知らずに死んだわけである。

そして、当時世界一の大国とも言うべきイギリスが日本を対等のパートナーとして選んでくれたことに対し、日本人が欣喜《きんき》雀躍《じやくやく》したことはすでに述べたところだ。そして多くの日本人の感想は「これでロシアと戦争しても大丈夫だ」では無く、「これでロシアも引き下がるだろう」であった。日本とロシアが戦争になっても、日英同盟の規約ではイギリスに参戦の義務は無い。中立を保つだけである。しかし、フランスやドイツといった日本に三国干渉を仕掛けた「お仲間」が参戦すれば、イギリスも参戦することは規約にある。つまり、日英同盟はフランスやドイツに対する抑止力にはなる。しかもこの時代、イギリスが世界一の軍事大国であると同時に経済大国であったことも忘れてはいけない。つまり、財政面のバックアップも期待できるということだ。さらに、日本と同じく日の出の勢いのアメリカの経済力もイギリスを通じて日本の味方となった。だから、ロシアとしてもこれ以上満洲への駐留を続けて戦争におよぶようなことは無いだろう、というのが大方の日本人の予測、いや希望的観測であった。

この時代の雰囲気を如実に伝えてくれる歌がある。旧制第一高等学校寮歌「第十二回紀念祭東寮寮歌（通称『嗚呼《ああ》玉杯《ぎょくはい》に花うけて』）」で、一番の歌詞は一度は聞いたことがあるのではないか。次のようなものだ。

一．
嗚呼玉杯に花うけて
緑酒《りょくしゅ》に月の影やどし
治安の夢に耽《ふけ》りたる
栄華の巷《ちまた》低く見て
向《むこう》ヶ岡《がおか》にそそり立つ
五寮の健児《けんじ》意気高し

（矢野勘治《やのかんじ》作詞　楠正一《くすのきしょういち》作曲）

一九〇二年、まさに日英同盟成立の年にこの寮歌は作られた。前年の一九〇一年（明治34）、同じく一高の東寮第十一回紀念祭寮歌として作成された『アムール川の流血や』（塩田環作詞、栗林宇一《くりばやしういち》作曲）は時代の雰囲気をよく伝えた名曲であってすでに紹介したところだが、この『嗚呼玉杯に花うけて』はそれ以上に評価が高く、日本三大寮歌の一つとされている。ただ筆者はこの歌をあまり評価はしていない。また東京大学（一高は東大の前身）にケンカを売るようで誠に恐縮なのだが、一番の歌詞は悪文の典型だと私は考えるからだ。

文章とくに歌詞というものは美辞麗句をいかに上手く当てはめるかが評価の分かれ目である、という観点からはこの作品は大変優れたものだと言えるだろう。今も歌い継がれているのがその証拠だし、のちに佐藤紅緑《さとうこうろく》が『あゝ玉杯に花うけて』という小説を書きベストセラーとなり映画化されたことも、この歌がいかに人気があったかを示している。

しかし事実は指摘しなければならない。それが歴史家の使命だ。文章あるいは歌詞の目的が達意つまり自分の信条や主張を伝えることならば、この一番の歌詞は日本歌詞史上最低の悪文だということは、議論の余地が無いほど確かな事実なのである。

もう一度この歌詞を読んでいただきたい。そのうえで質問をしたい。「杯《さかずき》で美酒を飲んでいるのは誰ですか？」

「一高生に決まっているだろう」ですって、確かに私の経験ではほとんどの日本人がそう思っているのだが、違いますよ。もう一度よく読んでください。

歌詞の冒頭に出てくる人々はお花見かお月見でもしているんでしょう。地面にムシロを敷いて杯を重ねている連中は、「これでロシアとの戦争も無くなった」という「治安(平和)の夢」に惑わされている一般大衆です。だからそこは酒場や娯楽のある「栄華の巷」なんです。そこを「低く」つまりどうしようもないなと思い、国を憂いている真の愛国に目覚めたエリートは、一高の五つの寮で勉学しているわれわれだ、という意味なんです。

言われて初めて気がついた人のほうが圧倒的多数だろう。つまり、この作詞者の言いたかったことは「平和ボケの一般大衆と違ってわれわれ一高生はエリートだ」ということなのに、それがわかっていない人があまりにも多い。そしてその理由は受け手の理解力不足では無く、作詞者の一番言いたいことである「五寮の健児意気高し」という文章が最後にきて、それに至る文章がすべて最後の文章の修飾句になっているという、文章構造の異様さにある。とくに日本語は英語のように結論が先に出てくるということが少ないので、こうした誤解を生みやすい。

ともあれ、そうした欠点を抜きにすれば、この寮歌は当時の日本人の気分をよく表わしているといえるだろう。とくに注目すべきは、「エリートは決して油断していなかった」という点である。

■同盟締結後の大日本帝国に「南進」政策があり得なかったワケ

二十世紀は言うまでも無く一九〇〇年では無く、翌年の一九〇一年（明治34）一月一日から始まった。その年の四月二十九日、大正天皇に待望の男子（後の昭和天皇）が生まれ国民は歓喜したが、前年起こっていた義和団事件を奇貨としてロシアが「アムール川の流血」（江東六十四屯中国人住民虐殺事件）を起こしたばかりか、中国領の満洲に大量派兵を行ない事実上の占領下に置くという「暴挙」に出たため、日本の不安は高まるばかりだった。もしもロシアが満洲を完全に自分のものにしてしまえば、次は朝鮮そして日本がロシアの餌食になる。そのうえロシアは本来の中心部であるヨーロッパからユーラシア大陸を横断したシベリア鉄道を建設しており、これが完成してしまうとウラル山脈、バイカル湖あたりで交通が不便なため事実上分断されていたロシア帝国が一つとなり、アジアに全力を注ぐことができるようになる。日清戦争以来、中国はヨーロッパ列強の「草刈り場」になっていたが、列強相互がけん制し合うことによって一応の軍事バランスは取れていた。ところが、なぜロシアが突出して中国に強い勢力を持つようになったかと言えば、イギリスがアジアに手を出せなくなっていたからである。その原因はボーア戦争であり、日本人はあまりこの戦争に注目していないが、じつはこの時代の歴史にこの戦争はきわめて大きな影響を与えている。団塊の世代以上の日本人なら、「イギリスにとってのボーア戦争は、アメリカにとってのベトナム戦争のようなものだった」と考えればわかりやすいのではないか。もちろん思想的背景は大きく違うが、「世界一の軍事力を誇る大国が本国から遠く離れた局地戦争をすぐに片がつくと甘く見て軍事力を投入したが、敵がゲリラ戦術に転じたため苦戦を強いられ、軍事力も国力も消耗した」と総括すれば、共通点は明白だろう。イギリスは中国に兵力を投入できなくなった。そこでロシアは満洲に進出したのである。以前述べたように、義和団事件における北京攻防戦で日本軍が主体となったのもこのためである。その背後には、イギリスが日本に対して派遣軍を増強するように依頼した、という事実があった。つまり、このころから「日英同盟」は実質的に始まっているのである。この攻防戦いわゆる「北京の55日」における日本軍の活躍は、イギリスの課した「日本は同盟するに値する国か」「アジアにおけるイギリスの代理人となってロシアに対抗できるか」という「試験」に見事に合格したものだと言えよう。だから、この事件もボーア戦争と並んで日本の近代史に決定的な影響を与えた事件と言えるのである。

私がたびたび指摘しているように、現代の日本の歴史学はあまりにも細かく専門分野を分割し過ぎ、全体を見とおすという視点に欠けている。だが、この『逆説の日本史』シリーズの読者ならご存じだろう。イギリスはいつごろから日本を「同盟国候補」と見ていたか？

幕末からである。それも当時の保守派だけでは無く、後に明治政府を創始する薩摩《さつま》藩、長州藩の面々も口々に攘夷を叫びイギリス人と見れば斬り殺していたころ、イギリスのタイムズ紙は日本人の持つ潜在能力に着目し将来の同盟の可能性すら示唆していた（『逆説の日本史　第20巻　幕末年代史編Ⅲ』参照）。このあたりが、当時イギリスを世界一の帝国にしたイギリス人の底力と言うべきものだろう。前にも述べたが、日本人なら同胞が殺されたことに必要以上に過敏に反応し、冷静な分析をすることはきわめて困難であったに違いない。感情的な反発は冷静な判断を狂わせる。残念ながら今の日本のマスコミにもそういう傾向があることは、マスコミ評論も含めての私の著書の愛読者ならよくご存じだろう。この民族的欠点を改めるためには、やはり「歴史に学ぶ」のが一番効率的で確実な方法だと思う。

話を戻そう。たとえば、交通事故を分析すると衝突事故などの場合、ほんの三十秒、多くても三分間の時間のずれがあれば事態が回避できた、ということは少なくない。歴史上の事象もそうで、ささいな偶然や事故が歴史の分岐点に影響を与えることも少なくない。逆に言えば未来はさまざまな可能性の「束《たば》」であるということで、歴史を分析するにはそうした現実に起こった事とは別の可能性、つまり「ｉｆ」も同時に考えなければ、本当に歴史を分析したことにならない。

日露戦争に至る状況の分析の中で一つ留意しなければいけないことは、あくまで日本から見て北の方向である朝鮮（韓国）や満洲をめざすのでは無く、つまり「北進」では無く「南進」政策はあり得なかったか、という検討である。日本があくまでロシア軍の満洲からの撤退にこだわるのは、それが完全に定着してしまうと次は朝鮮、そして日本が狙われてしまうからである。しかし理論的可能性としては朝鮮を放棄する代わりに、その維持に必要な兵力や財力を南の地域に展開し、国力を拡大してロシアに対抗するという考え方もある。日本は日清戦争の勝利によって獲得した「北」の遼東半島はロシアなどの三国干渉によって放棄させられた。だが、「南」の台湾は日本領として手元に残った。ならばこの台湾を海軍の一大基地として整備し、南シナ海から中国に「進出」すればいいという方法論も一応は成立するのである。では、なぜそうしなかったのか？　台湾の対岸である中国福建省《ふっけんしょう》あるいは揚子江《ようすこう》流域あたりはイギリスの「縄張り」だったからだ。そうでなければ日本はロシアとの直接対決は避け、南進政策を取ったかもしれないのである。またこの事実は、イギリスとの友好関係が解消されれば日本にとって南進政策は現実のものとなる可能性を示している。実際、日本が「鬼畜米英」を叫んで太平洋戦争に突入した時、海軍はアメリカの真珠湾《しんじゅわん》を奇襲したが、ほぼ同時に陸軍がイギリス領マレー半島を奇襲したのを、多くの日本人は忘れている。まさに歴史は「可能性の束」なのである。

■ロシアの満洲還付条約不履行で決定的になった「日露開戦やむなし」の方針

さて、こうした状況の中、外交当局は日英同盟の可能性を模索していた。元老伊藤博文の主唱した、ロシアとの決定的な対立を避ける日露協商も一部で模索されていたが、これはロシア側の同意を得られなかった。その最大の原因は、やはり強大なロシア帝国が「大日本」帝国などは軍事的脅威と考えていなかったからだろう。前にも述べたように、国家予算でくらべればロシアは日本の十倍以上の規模を持っているのである。しかし、ボーア戦争に手こずっている間に、ロシアのアジアに対する影響力がますます拡大していくことを懸念したイギリスが日本に同盟を申し入れた形となり、一九〇二年（明治35）早々日英同盟は成立した。この間、ロシアとの開戦を想定した陸軍の訓練の中で「八甲田山雪中行軍遭難事件」が起こり、一方で海軍はロシア艦隊に対抗するため艦隊を整備しつつあった。そのために国民に重税が課せられ野党は反発したが、重税反対の動きは大きなうねりとはならなかった。明治の初期と違い、国民の国政参加意識が深まり、ロシアの脅威に対抗するためには重税もやむを得ないという国民的コンセンサスがあったからだと思われる。それがあったからこそ、逆に戦争が終了し講和条約が結ばれた時、「なぜもっと賠償金を取らないのか」という形で国民の不満が爆発し暴動事件が起こった。この点は後に詳しく述べるが、じつは「取らない」のでは無く「取れない」というのが実態であったのだが、それが国民には上手く伝わっていなかったのである。

とにかく、日英同盟に国民は狂喜乱舞した。世界一の軍事および経済大国であり、それがゆえに他の国とは同盟関係を持とうとしなかったイギリスが、初めての対等なパートナーに日本を選んだのである。日本が一流国家になったことを認められただけでなく、これでロシアも横暴なことはできまい、という国民の安心感がこの狂喜乱舞の理由であった。その後、ロシアは満洲からの完全撤兵を宣言し清国に実行を約束した。この協定を「満洲還付条約」と名づけた日本人は、これも日英同盟のおかげだ、イギリスの威光は素晴らしい、と歓迎した。そして国民は「玉杯に花うけて」酒を飲み、「治安の夢に耽」り始めたが、社会の指導層は「ロシアのことだ、完全に撤退するまでは油断できない」と考えていた。

そして、その不安は的中した。

確かに一九〇二年十月にロシアは満洲からの第一次撤兵を実行したのだが、翌一九〇三年（明治36）になると四月八日に予定されていた第二次撤兵を中止してしまった。要するに協定違反のさまざまな要求を清国にぶつけ、当然受け入れられないとする清国の「背信」に抗議するという形で居座ったのである。ヤクザの言いがかりと同じことだ。

そこで、元老伊藤博文、山県有朋、桂太郎首相、小村寿太郎外相の四人が四月二十一日、京都郊外にある山県有朋の別邸無鄰菴《むりんあん》に集まり今後の対応を協議した。そして、後に桂が残した日記によれば、この無鄰菴会談で「日露開戦やむなし」の方針が確認されたという。ちなみに山県有朋という人は作庭を趣味としており、そのセンスはなかなかのものである。東京の自宅であった椿山荘《ちんざんそう》もそうだが、一見の価値がある。また、無鄰菴は当時会談が行なわれた部屋がそのまま保存されており、一般公開されている。

もちろん、「開戦やむなし」の決定は国家の最上層部のものであり（この時点ではそこまで確定的では無かったという見解もあるが）、一般人はそんなことを知らない。しかし、ロシアが約束を破って満洲からの撤兵を中止したという情報は、新聞などを通じて国民に伝わった。なまじ「治安の夢」に耽っていた故にショックは大きい。茫然自失そして憤怒である。余談だが、一高生藤村操《ふじむらみさお》が遺書「巌頭之感《がんとうのかん》」を残し日光華厳《にっこうけごん》の滝に投身自殺したのは、翌月の五月二十二日である。遺書にあった「大なる悲観」とは、この日本人の大不安のことだったかもしれない。

そして、いわゆるインテリ層もこのロシアの横暴に対して激しく反発した。それを象徴するのが「七博士《しちはくし》建白《けんぱく》事件」である。この事件は、かつては「東大七博士建白事件」と呼ばれていたが、正確には一人が学習院大学の教授なので最近はこう呼ばれる。概略は次のようなものである。

日露戦争の直前、７人の学者が開戦論を唱えて桂太郎首相に意見書を提出した事件。東京帝国大学教授戸水寛人《とみずひろんど》、寺尾亨《てらおとおる》、小野塚喜平次《おのづかきへいじ》、金井延《かないのぶる》、富井政章《とみいまさあき》、高橋作衛《たかはしさくえ》および学習院教授中村進午《なかむらしんご》は、１９０３年６月、日清戦争後の遼東半島返還の際、日本が不割譲条件を留保しなかったこと、および義和団事件後の各国撤兵に際してロシア軍の満州（現、中国東北部）からの撤退を詳細に規定しなかったことをあげて政府を非難し、あわせて対露開戦を求める建白書を桂首相と小村寿太郎外相に提出した。彼らはその一方、新聞紙上にそれを公表、政府を軟弱外交と非難し、開戦世論をあおった。（以下略）

（『世界大百科事典』平凡社刊　項目執筆者藤村道生）

この七人のうち、戸水寛人は後に「バイカル湖以東のロシア領も日本領としてしまえ」と主張したので「バイカル博士」と呼ばれたという逸話の持ち主である。もちろん「開戦世論をあおった」のはこの人たちばかりでは無い、頭山満《とうやまみつる》らのアジア民族主義者たちも盛んに演説会を開き雑誌や新聞に寄稿し、開戦論を展開した。

現在の日本は一応「平和国家」なので、「開戦論＝悪」だと思っている人は少なくない。

だが、この時代は違う。帝国主義という弱肉強食の時代であり、早い話が当時この状況が放置されていたら、最悪の場合われわれは今ロシア語をしゃべっているという可能性すらあるのである。だから一概に悪とは言えない。戸水が「バイカル湖以東領有」を叫んだのも現在の常識では誇大妄想にしか聞こえないかもしれないが、当時の日本人にはシベリア鉄道を分断させせなければならないという思いがあり、それを貫くための最良の策はバイカル湖周辺を占領することだという意識があったことを忘れてはいけない。だがそれでも、この戸水という人物の行動について私は批判的である。それどころか彼は今後日本の運命に大いにかかわってくる人物なので、ぜひこの名は記憶されたい。

とにかく一九〇三年の日本は、「日露開戦やむなし」の方向性で固まりつつあった。

第四章

特別編

『逆説の日本史』は〈評論の必要は無い〉。井沢元彦は〈推理小説家に戻る〉べきか？

■宗教の本質がまったくわかっていない「呉座反論」

私がこの『逆説の日本史』の第一巻から説いてきたことは、現代のプロの日本の歴史学者たちが実行している歴史解明の方法に多くの欠陥がある、ということである。それを『第一巻　古代黎明編』では「日本の歴史学の三大欠陥」として指摘した。三大欠陥その一が「日本史の呪術的側面の無視ないし軽視」。その二が「滑稽とも言うべき史料至上主義」。その三が「権威主義」である。第一巻を上梓したのは一九九三年（平成《へいせい》5）だからすでに四半世紀を超えているが、この「日本の歴史学界には三大欠陥がある」という基本的な考え方を変えるつもりは無い。

ただ、その文言（表現）については少し変えたほうがいいだろうとは思っている。たとえば、その一は「日本史研究における宗教の無視」、その二は「滑稽とも言うべき史料絶対主義」と言い換えたほうがわかりやすいだろう。また、その三の「権威主義」についても「社会的常識を無視した権威主義」と言い換えたほうがいいかもしれない。これについては、第一章で紹介した『甲陽軍鑑《こうようぐんかん》』が明治《めいじ》以来ずっとインチキ本の扱いを受けていた実例（61ページ〜）をご参照いただきたい。

しかし、ここでまず問題にしなければいけないのは、本章のタイトルにもなっている歴史学者・呉座勇一《ござゆういち》という人物が私に浴びせた厳しい批判である。私は、歴史ノンフィクションを書く以前は推理作家であった。推理小説というのはフィクションであり虚構でもある。つまり両者はまったく違うもので、ノンフィクションを書く場合は絶対に虚構を交えてはならない。それは新聞記事に存在しないデータを入れるようなもので、物書きのルールの基本と言ってもいい。

ところが、呉座（第二章でも述べたように、本書ではすべての敬称を略している）は最終的に私の『逆説の日本史』シリーズあるいはそのダイジェスト版である『日本史真髄』（小学館刊）において展開した井沢仮説を、私が『逆説の日本史』を連載している『週刊ポスト』二〇一九年三月二十九日号で〈論評の必要は無い〉と決めつけた。そこで、それは学者の態度としていかがなものかと反論すると、呉座は同誌四月十九日号で〈人生の大先輩である井沢氏にこれ以上恥をかかせては気の毒であるからと考えたからである〉と述べ、最終的には〈推理小説家に戻られてはいかがだろうか〉とまで述べた。念のためだが、〈 〉内は呉座自身の言葉であって、すべて前出の『週刊ポスト』誌上に掲載されたものである。

誰が見てもあきらかなように、これは歴史家・井沢元彦の完全な否定である。「死刑宣告」と言ってもいい。他のことならいざ知らず、これに対して反論を述べなければ、これまで四半世紀以上にわたって続けてきた私の歴史研究、それを支持してくれた多くの人々の厚志を無駄にすることになる。そのために本書では、この第四章をあえて設けた。

ちなみに呉座は、ベストセラー『応仁《おうにん》の乱 戦国時代を生んだ大乱』（中央公論新社刊）の著者でもあり、この本について私は教えられることが多かった。私が『逆説の日本史』で応仁の乱のことを書いたのは二十年前（『第8巻　中世混沌編』）で、そのころからくらべると、やはりさまざまな研究が進んだようだ。『逆説の日本史』はまだ完結していないが、完結の暁には過去にさかのぼって各巻の改定作業を行なわなければならないだろう。呉座の著書は、その際の有力な参考資料の一つである。何が言いたいのかと言えば、呉座は歴史学者として優秀であるということだ。

ところが、その優秀な歴史学者が「宗教」の本質がまるでわかっていないのである。私が今一番知りたいのは、この「無理解」が呉座個人の問題なのか、それともいわゆる日本の歴史学者全般にかかわる問題なのか、ということだ。先に結論を言えば、私は日本のほとんどの歴史学者が呉座と同じであろうと考える。以下その根拠を述べよう。

呉座が前出の『週刊ポスト』誌上で私の歴史研究を〈論評の必要は無い〉と決めつけた最大の理由は、次のようなものである。

私が『日本史真髄』において「いわゆる飛鳥《あすか》時代には、天皇一代ごとに宮都が移転していた。それは天皇の死のケガレを嫌う、ケガレ忌避《きひ》信仰という宗教があったからだ」という理論を展開したところ、呉座は実際には飛鳥時代の宮都は天皇一代ごとに移転せず建物を使い回していた、という最新の考古学の調査結果（これは確定した事実である）を示し、井沢が言うように天皇一代ごとに宮都が移転していたという事実は無い。本来ならそうした調査結果もちゃんと〈勉強〉しておくべきなのに井沢はそれを怠っている。だからこそ〈もし勉強するのは億劫で、推理だけしていたいと言うのなら、推理小説家に戻られてはいかがだろうか〉と決めつけたのである。

さて、これが冒頭に述べた「日本の歴史学の三大欠陥」を如実に表わした事例だということに、お気づきだろうか？　説明しよう。

キリスト教の『新約聖書』には、イエス・キリストが行なったというさまざまな奇蹟《きせき》（神にしかできないこと）が述べられているが、キリスト教徒なら誰でも知っている最初の奇蹟は、イエスが婚礼の席で出された六つの甕《かめ》の水をすべてワインに変えた、というものだ（「ヨハネによる福音書第2章」）。さて、ここで現代の化学者が「水をワインに変えるなど現代の技術でも不可能で、少なくともイエスが活躍した紀元一世紀にはそんな技術は絶対に存在しない」と断言したとしよう。この言葉には多くの人間はうなずくだろうが、ではそれがキリスト教という信仰が無かったという証明になるだろうか？

もちろんなるはずが無い。いかにそんなことは不可能だと科学的に証明したとしても、宗教は科学では無い。「イエスがそれを行なった」というのは「宗教的真実」であり、それを信じるのが宗教だ。呉座反論はこのことがまったくわかっていない。

実際には「宮都は天皇一代ごとに移転せず建物を使い回していた」ということが科学的事実として如何に証明されようと、当時の記録である『日本書紀《にほんしょき》』には「天皇一代ごとに宮都が移転していた」という「宗教的真実」が書かれているのである。つまり、「実際はともかく理想はそのようにしたいという信仰（宗教）」があったことは、まったく否定されないのである。

■日本の国家形成期から存在していた「話し合い絶対主義」

この宗教という、歴史を考える際に絶対に必要な要素に対する〈不勉強〉は問題だ。キリスト教抜きの西欧史、イスラム教抜きの中東史など〈論評の必要は無い〉のだが、日本の歴史学者のほとんどはそれをやっているようだ。これも証拠を挙げよう。

聖徳太子《しょうとくたいし》の「憲法十七条（十七条憲法）」については、知らない人はあるまい。たとえば、日本を代表する高校の歴史教科書である『詳説　日本史B』（山川出版社刊）の二〇一九年版では、本文にその説明として「憲法十七条も豪族《ごうぞく》たちに国家の官僚《かんりょう》としての自覚を求めるとともに、仏教を新しい政治理念として重んじるものであった」とあり、合わせて原文の一部が掲載されている（下図参照）。

確かに、「憲法十七条」において「豪族たちに国家の官僚としての自覚を求める」条文、また「仏教を新しい政治理念」とする条文はある。原文の「十二に曰《いわ》く」であり、「三に曰く」もそう考えていいかもしれない。また、「二に曰く」にある「三宝《さんぼう》」とは「仏法僧《ぶっぽうそう》」つまり仏そのものと、その教え、そして僧侶のことであるから、この教科書の本文は間違っているとは言えない。しかし、ここで読者の皆さんには、常識を働かせて

憲法十七条

一に曰《いわ》く、和《わ》を以《もっ》て貴《たっと》しとなし、忤《さか》ふること無きを宗《むね》とせよ。

二に曰く、篤《あつ》く三宝《さんぼう》を敬へ。

三に曰く、詔《みことのり》を承《うけたまわ》りては必ず謹《つつし》め。君をば則《すなわ》ち天《あめ》とす、臣をば則ち地《つち》とす。

十二に曰く、国司《くにのみこともち》・国造《くにのみやつこ》、百姓《おおみたから》に斂《おさ》めとることなかれ。国に二《ふたり》の君なく、民に両《ふたり》の主《あるじ》なし。率土《くにのうち》の兆民《おおみたから》、王《きみ》を以て主とす。

十七に曰く、それ事は独り断《さだ》むべからず。必ず衆《もろもろ》と論《あげつら》ふべし。


（『日本書紀《にほんしょき》』、原漢文）

欲しい。それは、憲法でも独立宣言でもなんでもよいのだが、重大なことは第一条に書くのが人類共通の常識ではないか、ということである。この教科書には、第一条に関してなんの説明も無い。それはきわめておかしなことだと気がついていただきたいのだ。では、第一条には何が書かれているのか？「和《わ》を以て貴《たつと》しとなし」は有名だが、『日本書紀』の原文はもっとずっと長い。まずそれを示そう。

一曰、以和爲貴、無忤爲宗。人皆有黨。亦少達者。以是、或不順君父。乍違于隣里。然上和下睦、諧於論事、則事理自通。何事不成。

〈書き下し文〉
一に曰く、和を以て貴しと為し、忤《さか》ふること無きを宗《むね》とせよ。人皆党《たむら》有り、また達《さと》れる者は少なし。是を以て、或いは君父《くんぷ》に順《したが》わず、乍《また》隣里《りんり》に違う。然れども、上和《かみやわら》ぎ下睦《しもむつ》びて、事を論《あげつら》うに諧《かな》うときは、すなわち事理おのずから通ず。何事か成らざらん。

これを現代文に訳してみよう。

人間にとって一番大切なのは和を保ち、それを乱さないことである。しかしながら人はグループを作りいがみ合い、また全体を見ている者は少ない。だから、父や主君に従わなかったり隣人同士で争いを起こしたりする。しかし、上も下も協調し合い事柄を話し合いで解決すれば、物事はすべて正しく何事も達成することができる。

ここで「論う」という言葉がある。現代語では「揚げ足取り」の意味で使われる場合もあるが、古くからの意味は「是非を論じる」「話し合う」だから、そのように訳した。ちなみに、後半の条文を仏教学者の中村元《なかむらはじめ》は「しかしながら、人びとが上も下も和らぎ睦まじく話し合いができるならば、ことがらはおのずから道理にかない、何ごとも成し遂げられないことはない」（『日本の名著（2）聖徳太子』中央公論社刊）と訳している。このほうがわかりやすいかもしれないが、要するに聖徳太子が言っているのは「和を保つことが人間にとって一番大切（第1条）で、そのためにはすべて話し合いで解決せよ。話し合いで解決しさえすればその内容はすべて正しく（道理にかない）、何でも成功する」ということなのである。

　そこで聞いてみたい。私の古くからの読者は当然知っているだろうが、歴史学者の皆さまはこういうことが「憲法十七条」の第一条に書かれていることをご存じだっただろうか？

この教科書の監修者には、これまで私が学問上お世話になった五味文彦《ごみふみひこ》放送大学教授(当時)、加藤陽子《かとうようこ》東京大学教授といった方々が巻末に著作者として名を連ねているのだが、ご両所の専門はそれぞれ中世史、近代史だから多分ご存じ無かったのではあるまいか。もしご存じだったら、著作者としての責任から当然「ここの記述は改めるべきだ」という意見を述べるはずである。

これは論理的には到底あり得ないことを言っている。「どんなことでも話し合いという解決方法で決めれば、その結果はすべて正しく何事も上手くいく」ということだからだ。たとえば、「今度の戦争は実行しよう」と「話し合い」で決めさえすれば、「その内容は絶対正しく」かつ「戦争にも必ず勝てる」かと言えば、そうでは無いことは中学生でもわかるだろう。合理的にあり得ないこと、たとえば「水をワインに変えた」と信じること、それを宗教という。では「憲法十七条」の場合、信仰の対象は何か? それは「話し合い」である。「日本学」の先達である山本七平《やまもとしちへい》は、この信仰の存在に気がつき、これを「話し合い絶対主義」と呼んだ。ただし、山本はそれが日本の国家形成期から存在し、「憲法十七条」にも明記されていることには気がつかなかった。それに気がついたのは私である。

もう一度、第一条をよく読んでいただきたい。「上も下も和らぎ睦びて」とある。これが時代背景を考えればどれほど異常なことかも、歴史学者の方々は気がついていない。時代は七世紀である。聖徳太子はこの時点で摂政《せっしょう》つまり天皇代理であり、この国のナンバー2だ。「オレの命令には絶対服従だぞ。逆らえば死刑だ」と言える立場なのである。この時代は世界中どこでも王者は絶対的な権力者であるから、問題が起こっても「下」と話し合う必要などはまったく無い。それが世界の常識だ。確かに第三条で「詔《みことのり》（天皇の命令）を承《うけたまわ》りては必ず謹《つつし》め（従え）」とは言っている。しかし、それは第三条であって第一条では無い。もっとも重要なことは、天皇の命令に従うことより「話し合いで物事を決める」ことなのである、それで物事が解決された状態を「和」と言う。だから、「和」が第三条の天皇の命令よりも第二条の仏教尊重よりも日本人にとって大切なことなのである。要するに聖徳太子は、というより日本人は「話し合い」という意思決定方法が完全で無謬《むびゅう》なものだと信じているわけだ。

世の中に「憲法十七条」を私的に現代語訳している人は大勢いるが、これに気がついている人は私の知る限り私以外にはいない。なぜそれがわかるかというと、第一条と第十七条がリンクしているからである。ここで論理的に考えていただきたい。第一条において、聖徳太子は七世紀の絶対的権力者でもあるにもかかわらず「物事は話し合いで解決しなさい。話し合いで解決された事柄は内容も正しいし必ず成功する」と言っている。本当にこの解釈でいいのか、と疑う人も大勢いるだろう。では逆に考えてみよう。

「話し合い」による意思決定が完全で無謬なものならば、物事は絶対に「話し合い」以外の方法で決定してはならないはずである。そんなことをすれば決定した「事柄」は正しくもないし失敗することにもなるからだ。

■「大事なことは最初か最後に書く」という世界の常識

では、「話し合い」以外に物事を決定する方法とは何か？　難しく考える必要は無い。「話し合い」とは複数で協議すること、ならばその逆は単数で協議せずに決めること、要するに「独断」である。「憲法十七条」に対する私の解釈が正しいならば、聖徳太子は当然「独断」で決めてはならない、と考えていたはずである。

そこで第十七条を見ていただきたい。「それ事は独《ひと》り断《さだ》むべからず。必ず衆《もろもろ》と論ふべし」。つまり、「独断で決めてはならない。必ず皆の話し合いで決めよ」と書いてあるではないか。確かに漢文も読み下し文も難しいが、現代語訳すれば一目瞭然ではないか。フランス人でもアメリカ人でも中国人でもいいが、日本の歴史はまったく知らないが現代文は読めるという若者に「この文章を書いた人は何を一番強調したかったのだろう？」と質問してみれば、若者は大事なことは最初か最後に書くという世界の常識に照らして、「『物事は話し合いで決めるべきだ』ということでしょう」と答えるだろう。聖徳太子がわざわざ後世の人間が自分の真意を誤解しないように第一条と第十七条で同じことを別の言い方で表現してくれているのだから、普通の読解力を持った若者ならそういう結論に達するはずである。

おわかりだろう。この教科書の解説文を見ればあきらかなように、これを書いた歴史学者は「憲法十七条」の真意がまったくわかっていないのだ。それ以外の結論はあり得ない。これが、私が『逆説の日本史』シリーズあるいは『日本史真髄』において何度も強調している、「日本史研究における宗教の無視」という大欠陥なのである。

逆にこういうことに気がつけば、日本が明治維新という日本史上三本の指に入るほどの大きな改革を成し遂げ新たな第一歩を踏み出そうとした時、明治天皇が先祖の霊に誓う（必ず実行する）という形で内外に宣言された基本方針、つまり「五箇条《ごかじょう》の御誓文《ごせいもん》」の第一条が「天皇に服従せよ」では無く、「廣《ヒロ》ク會議《カイギ》ヲ興《オコ》シ萬機《バンキ》公論《コウロン》ニ決《ケッ》スヘシ」であることも理解できるだろう。お気づきのように、これも現代語訳すれば「何事も話し合いで決めましょう」ということだからである。

また、二・二六事件を起こした青年将校たちの矛盾した行動についても、説明できる。彼らは天皇絶対を叫び、決起した。天皇絶対ということは、不満があっても天皇の決定にすべて従うということである、それが絶対ということだ。にもかかわらず、彼らは昭和天皇が彼らを反乱軍と規定した後も、その聖断に絶対に承服しようとはせず、天皇のほうが間違っているという態度を取り続けたのである。おかしいではないか。こんな矛盾した態度は無い。しかし、日本には「話し合い絶対主義」という宗教があるという認識があれば、この事態も説明できる。もう一度条文をよく見ていただきたい。確かに第三条において「天皇の命令には服従せよ」とあるが、それ以上に重要な第一条において「話し合いで決めたことは絶対に正しい」とあるではないか。青年将校たちは、自分たちで協議して昭和維新の方針を決めた。「話し合い」で決めたことであるからこそ、天皇のほうが間違っていると言えるのである。それ以外に彼らの態度を論理的かつ合理的に説明する方法は無い。

しかし、これまでの日本の歴史学界はそうした矛盾に気がついていながら放置したのか、それとも初めから気がつかなかったのか、まさにこの「説明不能」な状態を無視していた。宗教を無視するからそういうことになるのである。飛鳥時代、宮都が天皇一代ごとに移転したと(実際はどうあれ)『日本書紀』に明記されていたのに、そのきわめて異常な「真実」を説明しようとせず「飛鳥時代」という言葉でごまかしていたのと同じである。こんなことで本当に日本史の実像が解明できるだろうか?

念のためだが、聖徳太子は実在しなかったという説を唱える向きがあることは承知している。しかし、仮に将来何らかの形で「聖徳太子は実在しなかった」ということが完璧に学問的に証明されたとしても、私がこれまで述べたことはまったく崩れない。なぜなら、

「憲法十七条」は他ならぬ『日本書紀』に「偉大な人物が述べた理想の法」として記録されているからだ。つまり、聖徳太子が実在しようがしまいが、そうした信仰があったという事実は、これからも未来永劫否定されないからである。もし「聖徳太子は実在しなかった。だから井沢の理論は成り立たない」などと主張すれば、それは「飛鳥時代、実際には宮都は使い回されていた。だから井沢の理論は成り立たない」という「呉座誤謬《ごびゅう》」と同じことになってしまうので、念のためご注意申し上げる。

この「話し合い絶対主義」がなぜ成立したかについては『日本史真髄』に詳しく述べておいたので、興味のある方はそちらを参照していただきたい。限られた紙幅では到底書き切れないからだが、この「話し合い絶対主義に基づく和」は日本人の信仰の根幹部分で、これについての理解および認識が無ければ、まさにキリスト教抜きの西欧史になってしまう危険性があるということは申し上げておこう。

■それでも否定できないウイルステロによる「孝明天皇暗殺説」

ここではさらに、日本の歴史学界のもう一つの重大欠陥「社会的常識を無視した権威主義」について述べておこう。本稿を執筆している時点で、世界は新型コロナウイルスに悩まされているが、こういう状況だとより理解しやすい歴史上の事例がある。

それは、「孝明《こうめい》天皇暗殺説」である。まず歴史上の常識として誰もが認めるのが、あのタイミングで孝明天皇が崩御したことにより長州《ちょうしゅう》嫌いの孝明帝とは逆の立場の明治天皇が即位し、政治の流れが完全に変わったということだろう。「長州絶対有利」の状況になった。そこで、当時日本で活躍していたイギリスの外交官アーネスト・サトウが「孝明天皇の死は毒殺であると確かな筋から聞いた」などと回想録に書いたこともあり、「孝明天皇は天然痘《てんねんとう》感染で亡くなったのでは無く毒を盛られた」という学説が存在した。しかし、歴史学者・原口清《はらぐちきよし》が孝明天皇の病状記録と天然痘の罹患《りかん》状況を詳しく検討し、孝明天皇は確かに天然痘で亡くなったと結論づけたため、多くの学者はそれで納得してしまったようだが、私はそれでいいのかと言いたい。それでもまだ、孝明天皇の死は暗殺である可能性がある。

なぜなら、当時の日本人は天然痘が伝染病であることも、感染しない方法も知っていた。種痘《しゅとう》である。長州藩などには専門医もいた。だが西洋文明を嫌う孝明天皇は種痘などしていない、一方、明治天皇（当時は祐宮《さちのみや》）も宮中の長州派も種痘をしているから、宮中に患者の膿《うみ》などを持ち込んで接触させても味方は安全である。要するに、死因が天然痘であったことが確定しても、暗殺では無かったとは言い切れない。反対派による「ウイルステロ」の可能性もあったということだ。

最近コンビニに行ったら、コロナウイルス対策ということだろう、カウンターに透明な垂れ幕が懸かっていた。客と店員を濃厚に接触させないためだ。天皇の御所は「九重《ここのえ》の内《うち》」ともいう。天皇は外界から完全に遮断された幾重もの壁の中にいて、めったに外出もしない。そして外部の人間と会う時は、よほど親しい間柄で無い限り御簾《みす》という「バリア」を垂らした状態で会う。つまり天皇は、今の言葉で言えば「隔離病棟」にいるようなもので、もっとも感染とは遠い環境にいるはずの存在なのである。それでも、宮中で天然痘が流行していたというならば話はわからないでもない。天皇の側近たちはやはり西洋嫌いで、彼らは外出することもあるから、外部で感染して天皇も罹患してしまったということならば理解できる。

しかし、実際は孝明天皇だけが発病したのである。おかしいではないか。なぜ女官や近臣の間で流行したわけでも無いのに、宮中ではもっとも感染する可能性が低いはずの天皇だけ発病したのか？　ウイルステロという意味がおわかりだろう。

いくらなんでも天皇暗殺を謀るはずが無い、という反論はあるだろう。確かに、リスクが大きい。しかし、狙ったのは暗殺では無く発病であったとすればどうか。反対派の目的は孝明天皇を退位させることである。暗殺までする必要はまったく無い。そして神道の信者として「ケガレ」をなによりも嫌っていた天皇が、天然痘になった後に回復しても顔に醜い痘痕《あばた》が残れば、それを恥じて退位するであろうことは事前に予測がついた。

やはり、ウイルステロによる暗殺説は否定できない。

また、二〇二〇年二月に『徳川家康《とくがわいえやす》』（藤井讓治著　吉川弘文館刊）という本が出版された。日本歴史学会編集の「人物叢書」の一冊として、である。確かに家康の行動を時系列的に知るにはきわめて有用な労作ではあるのだが、家康がじつは世界宗教史上きわめて異色の「生前に神になることを宣言し実現させた人物」であることに気がついていない。この自己神格化は織田信長《おだのぶなが》が始め、豊臣秀吉《とよとみひでよし》に受け継がれ、家康が完成させた、世界でも珍しい独自の「宗教的実験」であり、それは神の子孫であることで日本の正統な権力者であると主張する天皇家に対抗するための「宗教的政策」なのだが、そうした視点はまったく見られない。これもまた宗教の無視である。

まだまだ言い足りないことはある。たとえば江戸時代の当初から幕末の歴史を研究するには、「朱子学《しゆしがく》」という中国発の宗教の研究を抜きにしては不可能だと私は思うのだが、日本の歴史学界はこういうところも無視している。この点については、『コミック版　逆説の日本史　江戸大改革編』(小学館刊)を、信長、秀吉、家康の自己神格化については同じく『コミック版　逆説の日本史　戦国三英傑編』(同)をそれぞれ参照していただきたい。私の主張を明確に理解していただけると思う。

あとがき

井沢元彦

本文を読んでいただければわかることだが、改めて思うのはいわゆる歴史学界の頑迷《がんめい》固陋《ころう》さである。たとえば、安土桃山《あづちももやま》時代という名称についても私は十数年前から「安土」はともかく「桃山」はおかしい。この時代に「桃山」という地名は無かったのだから、安土大坂時代と言うべきだとずっと主張してきた。この主張には反論の余地など無いはずだが、彼らはそういう「外野」の声には決して耳を傾けない。「織豊《しょくほう》政権の時代」などと言ってゴマカシている。

そのくせ古代史において「帰化人《きかじん》」という呼称は差別的だという批判が出ると、論議もろくにせずに「渡来人《とらいじん》」などと、あっという間に言い換える。じつに情け無い話だが、それでも私はこんな歴史学界と共存をめざしてきたつもりだ。

なぜならば、私の書く歴史は世界史的視野も含めて巨視的に鳥瞰《ちょうかん》的に見る歴史であって、日本歴史学界に属する歴史学者のきわめて狭い分野を徹底的に正確に見ようとする「史料絶対主義」とはまったく違うものだからだ。念のためだが、私はその弊害は指摘しているが歴史学者の仕事を全否定しているわけでは無い。どんな分野でもそうだが、マクロに見る見方とミクロに見る見方が相まってこそ物事は明確に見えてくる。だから私は歴史家と名乗って歴史学者とはまったく違う方法論を取ってきたが、歴史学者の仕事を全否定はしない。それどころか、評価するべきところも大いにあると考えている。それが私の言う「共存」という言葉の意味だ。

　ところが、それが気に食わない人間たちがいるらしい。まったく傲慢《ごうまん》な態度である。「共存」という甘い態度はもはや、いや当初から存在しないのだろう。考えてみれば、彼らに爪のアカほどの謙虚さがあれば「安土大坂時代」もとっくに実現していたはずだ。どうやら、彼らに鉄槌を加えるべき時期が到来したのかもしれない。

　それにしても、日本歴史学界以外の人は私を高く評価してくれる。たとえば、本文中にも紹介した『本が好き、悪口言うのはもっと好き』（文春文庫）の著者で評論家の故高島俊男《たかしまとしお》氏は「滅多に他人を褒めない人」（笑）で有名だったが、私の逆説史観をまとめた『日本史真髄』（小学館刊）を差し上げたところ、「いや、面白かった。シャープですね。至るところ切れ味鋭い。たとえば242ページは痛快ですね。うなりました」と、病床から絶賛の手紙をいただいた。ちなみに242ページには日本には縄文《じょうもん》文化と弥生《やよい》文化の対立があり、それが朝廷と幕府の並立につながったという私の持論が書いてある。

　皮肉なことに、歴史学界以外では私の歴史観を評価してくれる人がどんどん増えている。YouTubeの『井沢元彦の逆説チャンネル』も快調だ。こうした方々の支援を糧に、今後も頑張りたいと思う。そして、改めて末筆ながら高島俊男氏のご冥福をお祈りします。

二〇二二年十月十一日記す

―本書のプロフィール―

本書は、二〇二〇年七月に小学館より刊行された単行本『逆説の日本史25明治風雲編』(『週刊ポスト』二〇一八年十月五日号~二〇一九年十二月十三日号連載の同名シリーズを収録)を文庫化したものです。

小学館文庫

逆説《ぎゃくせつ》の日本史《にほんし》25明治風雲編《めいじふううんへん》

著者　井沢元彦《いざわもとひこ》

二〇二二年十二月十一日　初版第一刷発行

発行人　三井直也
発行所　株式会社　小学館
〒一〇一-八〇〇一
東京都千代田区一ツ橋二-三-一
電話　編集〇三-三二三〇-五九五一
販売〇三-五二八一-三五五五
印刷所――――凸版印刷株式会社

この文庫の詳しい内容はインターネットで24時間ご覧になれます。
小学館公式ホームページ　https://www.shogakukan.co.jp

ISBN978-4-09-407206-8